证券投资基金行为与市场质量冲击

张宗新　著

中国金融出版社

责任编辑：肖　炜
责任校对：刘　明
责任印制：程　颖

图书在版编目（CIP）数据

证券投资基金行为与市场质量冲击（Zhengquan Touzi Jijin Xingwei yu Shichang Zhiliang Chongji）/张宗新著．—北京：中国金融出版社，2014.7

ISBN 978-7-5049-7486-0

Ⅰ.①证…　Ⅱ.①张…　Ⅲ.①证券投资—基金—研究—中国
Ⅳ.①F832.51

中国版本图书馆CIP数据核字（2014）第066627号

出版发行　中国金融出版社
社址　北京市丰台区益泽路2号
市场开发部　(010)63266347，63805472，63439533（传真）
网上书店　http://www.chinafph.com
　　　　　(010)63286832，63365686（传真）
读者服务部　(010)66070833，62568380
邮编　100071
经销　新华书店
印刷　利兴印刷有限公司
尺寸　169毫米×239毫米
印张　12.75
字数　226千
版次　2014年7月第1版
印次　2014年7月第1次印刷
定价　30.00元
ISBN 978-7-5049-7486-0/F.7046

感谢国家自然科学基金（70973023）、教育部“新世纪优秀人才支持计划”（NCET－13－0149）、上海市“曙光计划”（12SG11）、上海市社科规划基金（2013BJB011）的研究资助和支持。

前　言

自中国资本市场诞生20多年来，证券市场规模得到快速发展，上市公司数量超过2500家，股票市值达到30万亿元人民币，市值规模仅次于美国、日本，排名全球第三。在我国股票市场迅速崛起的背景下，投资者结构机构化成为证券市场投资者结构优化的必然路径。1998年3月，我国第一家基金管理公司国泰基金管理有限公司成立，2007年A股“牛市”环境中我国基金业获得迅猛发展，基金份额从5000万份跳跃至2万亿份以上。截至2014年3月，我国共有66家基金管理公司，管理基金1622只，发行份额达到3.21万亿份，管理资产净值2.88万亿元。2007年以来，以证券投资基金为代表的机构投资者持股比重已占我国A股证券流通市值20%以上，证券资产机构化特征趋势已经形成。当前中国证券市场投资者结构机构化的基本背景下，证券投资基金已成为资本市场最重要的机构投资者之一。证券投资基金对证券市场运行的影响日益凸显，证券投资基金行为治理有效性的程度直接关系到证券市场是否稳定、市场效率水平和资本市场透明度以及价值投资理念能否形成等中国资本市场持续、健康发展的关键性命题。

中国证券投资基金业快速兴起和投资者机构化，是否能够成为中国证券市场逐步成熟的重要标志？是否意味着中国证券市场质量已经得到实质性提升？在中国证券市场规模迅速扩张的同时，证券市场运行质量提升成为一个非常关键的课题。衡量一个国家或地区证券市场质量的重要指标就是市场定价效率，证券市场的信息定价和资源配置，很大程度上依赖证券分析的有效性，从而进一步引导定价的有效性。一个价格失真的市场不可能得到资产有效配置的效果，而资产定价效率程度在很大程度上取决于市场参与者的行为治理与机制。大量的实证研究和实践证明，近年来中国资本市场的定价效率已经大大提高，价值投资理念已经得到越来越多投资者的认可和青睐，中国证券市场已经从20世纪90年代的“投机市场”和“赌博场所”，正在向投资市场和资源配置场所转变。但不容忽视的是，在中国资本市场功能大幅提升的同时，关于中国机构投资者的行为治理和功能效应仍存在很大的质疑，尤其是大量经验证据表明，中国证券投资基金仍存在较为严重的行为治理偏差，有效性投资行为治理机制缺失，证券投资基金行为治理并未体现出机构投资者稳定市场和提升市场效率的基本功能，证券投资基金行为“散户化”特征明显，内幕交易、“老鼠仓”、利益输送“潜规则”等不规范行为仍较突出。中国证监会前主席郭树清（2012）在中国证券投资基金业协会成立大会上，指出“中国证券投资基金行为过于投机而非投资，基金行为有待改进”。中国证监会主席肖钢（2013）在《法制强则市场兴》更是明确提出，“资本市场是一个资金场、信息场和名利场，因而必须是法治市场，要高度依赖健全完备的法律制度体系”。可见，无论是学术界还是证券界对中国证券投资基金治理都存在担忧，我国机构投资者能否担任起稳定市场和引导证券市场投资理性化的重任值得质疑和期待！

可见，在中国证券市场规模不断壮大和机构投资者逐渐兴起的同时，资本市场秩序有必要进一步重构，这正如证券市场的“形”和“神”的背离，在中国资本市场规模已经排名全球前列的同时，以证券投资基金为代表的机构投资者的市场内在功能和行为治理效应却有待重构，证券市场质量仍有待于提高。因此，如何优化中国证券市场机构投资者行为治理以提升证券市场质量与市场效率，如何从制度层面重构证券投资基金治理体系是关系到中国证券市场持续、有序稳定发展的关键课题。正是基于对上述问题的思考，本著作以证券投资基金行为与市场质量研究为选题，力图通过金融市场微观结构的研究视角出发准确、及时地捕捉证券投资基金的交易行为，揭示证券投资基金行为对市场质量冲击效应。在研究的过程中，著作引入市场质量测度的多维指标构建市场质量度量体系，应用高频率或超高频率数据和基金交易账户数据科学、准确地捕捉基金交易行为对市场信息流、交易成本、流动性和波动性的冲击效应，检验基金行为是否达到管理层所预期的稳定市场、提高信息效率、提供流动性的政策目的，揭示基金在市场“狂热”和“恐慌”阶段的行为策略及其市场影响，构建数量模型和应用实证研究方法挖掘市场情绪、基金信念调整与市场质量冲击的内在逻辑关系，进而求证基金行为对市场质量的冲击是受市场约束下基金投资组合调整所引致还是受到基金持有人（散户投资者）的情绪影响，对中国证券投资基金行为逻辑进行求解，进而为规范基金投资行为和提高证券市场质量、推动我国资本市场新秩序的建立提供金融学证据。

本著作之所以能够出版，首先要感谢国家自然科学基金（批准号：70973023）、教育部“新世纪优秀人才支持计划”（批准号：NCET-13-0149）、上海市“曙光计划”（批准号：12SG11）、上海市社科规划基金（批准号：2013BJB011）的研究资助和支持。在此，同时感谢上海证券交易所对本人研究证券投资基金行为研究的大力支持和资助，尤其感谢首席经济学家胡汝银教授、刘逖总监、施东辉总监对我所承担的上证联合研究课题计划项目的大力支持。在上证联合课题研究方面，上海证券交易所金融实验室朱伟骅博士后承担了大量数据处理工作，在此一并特别感谢。

在课题的研究过程中，我所指导的多名硕士研究生也先后参加课题研究，积极参加国内外多个高层次学术会议进行课题研究成果交流与宣读，取得可观的研究成果并在该领域发表多篇学术论文，在国内外权威或核心期刊《经济研究》、《金融研究》、《管理工程学报》、China Finance Review International 发表。张潇、缪婧倩、张雪娇、王海亮等同学由于科研成果突出，在复旦大学经济学院研究生奖学金评选中均获得国家奖学金。

此外，课题组成员沈正阳、王爽、杨通旻、张澄、赖雪文、刘雨卉、曹璐、杨万成等研究生同学为课题成果的取得付出了大量劳动，为此一并表示感谢。最后，在课题研究成果的出版过程中，对中国金融出版社戴硕主任、肖炜编辑为本书出版付出的大量辛勤劳动表示感谢。

当然，由于作者水平有限，本书肯定存在许多不足之处，希望今后能够得到有关专家和广大读者的批评和指正。

张宗新

2014 年 6 月

目　录

1 导　论

1.1 选题动因

2006年以来，中国股票市场经历了一轮超级“牛市”和“熊市”的迅速交替，伴随市场由“狂热”向“恐慌”情绪转变，股票市场出现了剧烈的震荡与波动。在证券市场震荡期间，以证券投资基金为代表的机构投资者是否如管理层所期望，能否实现监管部门所预期的提高市场效率、维护市场稳定等效果？基金行为究竟是加剧了股价剧烈波动，还是起到了市场稳定的效应？大力发展以基金为代表的机构投资者是否有助于市场效率的提高？基金投资行为是加速了信息向市场的渗透和传递，还是造成了更大的信息冲击？基金投资行为是否理性化并引导社会公众投资者价值投资理念？这些问题都是关系到我国证券市场以基金为代表的机构投资者持续、健康发展的关键命题。

投资者机构化已经成为全球资本市场发展的基本趋势。早在20世纪70年代，西方发达国家的金融市场就呈现出投资主体机构化的趋势。在美国，由美国证券业协会（Securities Industries Association，SIA）成员所持股票占美国股票总额的比例由1965年的16%上升为2001年的61%（蔡庆丰、宋友勇，2009）。此外，机构交易总量占NYSE市场交易总量的比例也由1989年的70%上升到2002年的96%（Jones和Lipson，2004）。在中国大陆资本市场，证券投资基金近年也出现迅猛发展，快速崛起并成为中国资本市场最重要的机构投资者。截至2013年9月底，证券投资基金数量为1450只，基金份额达到2.89万亿份，资产净值达2.74万亿元。

毫无疑问，证券投资基金行为直接关系到证券市场质量，而市场质量的高低是关系到一个市场是否成熟、资本市场是否具有竞争力的重要体现。改进市场质量可为投资者特别是机构投资者的套利、风险对冲和程序交易等投资决策提供支持；为证券交易所改进市场结构和交易机制设计，从而不断提升市场竞争力提供支持；为证券监管部门维护公平交易秩序和强化机构投资者行为监管提供决策参考。尤其是近年来我国基金业得到快速发展，基金持有A股流通市值的比重已经达到40%～50%，基金行为对市场质量的影响已经不容忽视。然而，通过对我国证券投资基金行为的经验观察发现，基金行为“散户化”特征明显，2006—2007 年开放式基金的平均换手率为 351%、311%；2007 年，长城久恒、天治优选等多只基金的换手率甚至超过 1000%，远远高于市场平均的 841.24% 的换手率水平。同时，基金不规范行为仍普遍存在，操纵股价、内幕交易等问题仍较突出。中国基金法起草工作小组组长王连洲在媒体也公开表示：“基金黑幕”现象从未绝迹，监管仍需加强（王连洲，2006）。目前，学术界和证券界对大力发展证券投资基金能否承担起市场质量提升的重任充满质疑和期待。

针对证券市场投资者结构的机构化特征，学术界对基金行为的研究越来越深入，但是海内外学术界对机构投资者行为如何影响市场质量的相关研究却相对较少。既使机构投资者高度发达的西方市场，学术界依然不能清晰认识机构投资者对市场质量的影响（Boehmer 和 Kelley，2007）。在我国，关于证券投资基金行为对证券市场影响的研究同样是业界关注的热点，国内学者关于基金行为研究主要从市场稳定性的视角入手，检验基金行为是否起到市场稳定的效应（施东晖，2001；祁斌、黄明、陈卓思，2006；何佳、何基报，2007；谢赤等，2008；姚颐、刘志远，2008）。这些传统的重要研究成果揭示了我国基金行为对市场价格波动性冲击，但是如何准确、及时地捕捉基金交易行为，揭示基金行为对市场质量的冲击仍有待进一步深入研究。这主要体现在以下三点：

（1）交易间隔和数据频度问题。国内外学者对基金行为的研究，多侧重于基金季度持股账户和低频率交易数据，而中国证券基金持股期限往往低于 91 天（1 个完整季度）。据统计，2007 年中国全部证券投资基金的平均持股时间仅为 69 天，最短持股时间为 7 天（张宗新等，2008）。应用基金持股季频数据得出的研究结论和基金实际行为之间一定存在较大偏差。而（超）高频数据准确地记录了投资者的动态、完整的交易过程，这就为我们准确、及时地捕捉证券投资基金行为提供了可能。因此，如何应用（超）高频度数据深入挖掘基金行为成为研究的一种切实必要。

（2）市场微观结构的研究视角。由于市场质量是证券市场运行的微观集成，包括流动性、波动性和信息效率的“多维立体”性（Davis 和 Steil，2001）。由此，挖掘基金行为对市场质量的冲击效应，应将关注焦点集中在证券市场运行以及具体交易过程的微观层面。

（3）市场震荡与基金交易行为。在不同市场状态下社会公众投资者情绪存在明显差异（市场大涨期间“狂热”情绪和暴跌期间的“恐慌”情绪），而作为机构投资者的证券投资基金行为应如何变化演绎？不同市场条件下基金行为与市场质量机制存在何种差异？如何在剧烈市场波动背景下发挥基金的稳定市场机制从而提高中国证券市场质量？这些关系到市场质量的关键性问题仍有待于揭示。

针对上述研究的着力点，本研究将从中国证券投资基金行为对市场质量冲击的市场微观结构视角进行展开，应用高频率或超高频率数据和基金交易账户数据科学、准确地捕捉基金交易行为对市场信息流、交易成本、流动性和波动性的冲击效应，检验基金行为是否达到管理层所预期的稳定市场、提高信息效率、提供流动性的政策目的，揭示基金在市场“狂热”和“恐慌”阶段的行为策略及其市场影响，挖掘市场情绪、基金信念调整与市场质量冲击的内在逻辑关系，进而求证基金行为对市场质量的冲击是受市场约束下基金投资组合调整所引致还是受到基金持有人（散户投资者）的情绪影响，进而为规范基金投资行为和提高证券市场质量、推动我国证券市场持续性发展提供金融学依据。

1.2　国内外研究现状及发展动态分析

研究证券投资基金行为对市场质量的冲击效应，首先有必要厘清市场质量这一基本概念的内涵。由于对市场质量内涵理解不同，关于基金行为对市场质量影响的讨论往往不在同一层面进行。实际上，学术界对如何界定市场质量并无明确定义，如 Hasbrouck（1993）提出从交易成本的角度对市场质量进行测度；Madhavan（2000）从市场微观结构角度阐述市场质量分类指标；Davis 和 Steil（2001）将市场质量定义为三维，即流动性、信息效率和波动性。2006 年，上海证券交易所推出了我国证券市场首份《市场质量报告》，将市场质量分流动性、稳定性、透明性、有效性、公平性和可靠性六个方面进行衡量，其中流动性是最核心的指标，是间接交易成本的集中体现。苏冬蔚（2008）从市场微观结构视角提出信息不对称、流动性、波动性和有效性等市场质量指标。

鉴于学术界对市场质量的理解并不统一，因而证券投资基金行为对市场质量冲击的讨论也就从不同视角进行研究。从证券市场的经验证据看，基金行为对市场质量的作用机制可以归纳为以下四种渠道：

（1）反馈策略对市场波动的冲击。关于证券投资基金是否起到市场稳定效应，一直是学术界争议的话题，并形成截然不同的两种观点。对于基金行为对市场稳定的影响，学术界是通过基金的反馈策略进行研究的。反馈策略是以股票过去的表现作为买卖判断的主要基础，如正反馈策略是买入近来的强势股，卖出近来的弱势股（DeLong Shleifer、Summer 和 Waldmann，1990）；而负反馈策略则卖出近来的强势股，买入近来的弱势股（Lakonishok、Shleifer 和 Vishny，1992）。Dennis 和 Strickland（2002）认为基金超过 2% 震荡交易日，机构投资者会比个人作出更为强烈的反应。Shiller 等（1984）、Nofsinger 和 Sias（1999）认为，证券投资基金等机构对金融市场具有非稳定效应，导致价格行为泡沫产生，增加股价波动和市场风险。当然，学术界对此也存在不同的声音：Lakonishok 等（1992）认为机构投资者作为理性投资者，买入低估股票和远离（或卖出）高估股票，机构的理性行为和个人投资者的非理性交易相互抵消，会促使股价趋于均衡价值，从而减小市场波动。Lipson 和 Puckett（2007）认为机构投资者（货币基金和养老基金）在市场下跌期间是净买入而市场上升期间是净卖出，即负反馈策略，在一定程度上对市场起到一定稳定作用。

（2）基金持股对市场效率的冲击。基金持股行为是提高了市场效率，加速了市场信息向股价的传递，抑或造成了更大的信息非对称以及加大了信息冲击，是基金投资对市场质量影响的重要方面。Sias（1996）以 1977—1991 年 NYSE 交易股票的日数据，发现机构投资者的持股比例升高或者降低是信息知情的反应。Bessembinder 等（2006）应用公司债市场检验了机构投资者行为对市场透明度和交易成本的影响，实证结果表明交易机制设计在交易执行成本中起着决定性影响。Schultz（2007）利用 1980—2006 年截面数据检验了不同风格证券基金行为对市场效率的影响；Boehmer 和 Kelley（2007）利用 1983—2004 年纽交所数据检验了机构投资者持股及其交易行为对证券交易信息效率和市场质量的影响，发现机构持股集中股票的信息效率更高并且股价运行更接近随机游走。陶可、陈国进（2012）从机构投资者有限理性的角度，分析中国证券市场上机构投资者持股与市场波动、泡沫崩溃和信息效率之间的关系，并进一步探讨机构投资者与市场稳定之间的内在机制。

（3）基金赎回行为与股价波动。基金行为对市场质量的影响不仅是基金自身投资行为的作用结果，而且受到基金持有人行为的约束。尤其对于开放式基金而言，基金的申购赎回状况也会对基金投资行为产生直接影响。在股票市场出现波动时，基金经理通过买卖部分股票对基金投资组合或仓位进行调整对市场质量产生直接冲击效应。美国投资公司协会（ICI，1996）通过二战后 50 年间美国股市 14 个市场波动周期股票基金持有者的申购赎回行为进行了研究①，发现股市涨跌与基金赎回之间并不存在必然内在关系，但基金投

① 对市场周期的定义是，在市场高点后 3～4 个月标普指数至少下跌 20% 或在 5 个月或以上至少下跌 9%，随后市场将开始上升（杜书明，2008）。

资者会随着市场的上涨而将资金投入到共同基金中，但在市场下跌时并不存在大量赎回现象。Edwards 和 Zhang Xin（1998）检验了 1961—1996 基金资金流和基金回报的关系，发现基金资金流入并没有导致股市收益率波动；相反，股市收益率波动是证券投资基金资金流入的原因，而 1971—1981 基金的大规模赎回导致了股市价格的下跌。Roger 等（2001）通过 1998—1999 年间 424 家美国股票型基金的日频数据研究发现，基金流动与市场收益呈正相关性，基金流动会引发股价的震荡。O'Neal（2004）对 1995—1999 年美国市场的股票型基金的赎回行为研究发现，投资持有人赎回是对表现差的基金的惩罚，并对股票市场运行产生一定冲击效应。Cao 等（2008）对 1998—2003 年间美国超过 859 家股票型基金日频数据研究，发现市场收益率波动将引起资金的流出，同时投资基金的流入将引起股价向均衡价格靠拢。Ivkovich 和 Weisbenner（2008）研究了基金持有人的行为与基金资金流动的关系，证明了基金流动与基金业绩表现存在关系。谢赤等（2008）利用 EGARCH 模型对证券投资基金上市前后中国股市波定性进行分析，运用 Granger 因果检验和 VAR 模型对基金行为与股市波动收益率关系进行研究，结果发现基金采取股市波动同向波动行为，这在一定程度上增加了股市的波动性。姚颐、刘志远（2008）针对中国股市震荡市场的情况，应用超额收益率、超额换手率模型发现基金所起到的稳定性作用不同：一是虽然基金的交易行为降低了市场当日的震荡，但是从长期趋势看加剧了萧条期的持续下跌与繁荣期的不断攀升，强化了市场的动量效应；二是繁荣期市场的异常放量并不来自基金，而是个人投资者高涨的投资热情所致。蔡庆丰、宋友勇（2010）运用 TARCH（从宏观层面）和面板数据模型（从微观层面）研究我国共同基金对市场波动率的影响，实证结果显示，我国基金业的跨越式发展没有促进市场的稳定和理性，反而加剧了基金重仓股的波动。

（4）机构行为和市场流动性效应。流动性是证券市场质量的核心要素之一，机构投资者参与程度直接影响着市场流动性状况。Hasbrouck（1993）提出从交易成本的角度对市场质量进行测度的新方法，将证券实际交易价格和隐含有效价格的偏离来度量市场质量。Keim 和 Madhavan（1995）研究了 1991—1993 年间 21 家机构的股权交易发现这些机构要求很高的流动性，并且采取消极投资策略的机构投资者交易成本要高。Chordia、Roll 和 Subrahmanyam（2001）论证市场流动性和投资者交易行为之间的关系。Alovsat 和 Guleraras（2005）利用 23 个 OECD 国家 1982—2000 年的面板数据检验了股市流动性、机构投资者发展和股票市场之间的协整关系；Arnoud 等（2006）检验了不同投资者参与对市场流动性的随机冲击效应，论证了机构投资者参与公司治理对市场流动性的影响。

综上所述，海内外学者针对证券投资基金行为与市场质量关系进行了积极讨论，但是这些讨论侧重于市场质量的特定层面或纬度，很难从市场质量的完整涵义来研究证券投资基金行为对市场质量的冲击效应。同时，从上述研究文献看，证券投资基金对市场质量分析侧重于实证检验，缺乏从基金行为对市场质量作用机制方面的研究，尤其是缺乏中国这样的新兴证券环境下证券投资基金行为选择及其对市场质量作用机制的研究。尽管国内学者开始注重从投资者账户的角度对机构投资者行为进行挖掘（如徐龙炳，2011），但是这些探索主要侧重于利用投资者账户分析投资者行为特性，尚缺乏基金行为对市场质量影响的研究。

因此，针对我国股票市场特定条件，如何利用上海证券交易所提供的基金交易账户和高频数据，采用逐笔申报、成交和账户数据挖掘基金交易行为，从金融市场微观结构层面揭示基金投资行为对流动性、波动性和有效性的冲击和影响，以及基金行为对市场质量影响的机制进行分析，就成为本书的选题依据和研究出发点。

1.3　研究框架

本书研究是以中国证券投资基金行为对证券市场质量冲击为研究主线，通过构建证券投资交易行为与市场质量冲击的研究框架，分析在新兴市场非均衡条件下机构投资者的投资行为与策略空间，利用基金交易账户数据和（超）高频数据挖掘中国证券投资基金的交易行为。在研究过程中，综合运用多学科交叉、金融工程技术，通过基金交易账户数据和高频数据挖掘中国证券投资基金的交易行为，检验证券投资基金交易行为对市场信息流、交易成本、流动性和波动性的冲击效应，揭示我国大力发展基金业是否达到管理层所预期的稳定市场、提高信息效率、提供流动性的政策目的。在此基础上，剖析基金投资行为与市场质量之间的作用机制，深度挖掘影响我国股市市场质量的特定结构，从而为规范证券投资基金行为与提升证券市场质量提供金融学证据。

按照以上研究思路，本研究所采取的研究方案如下：

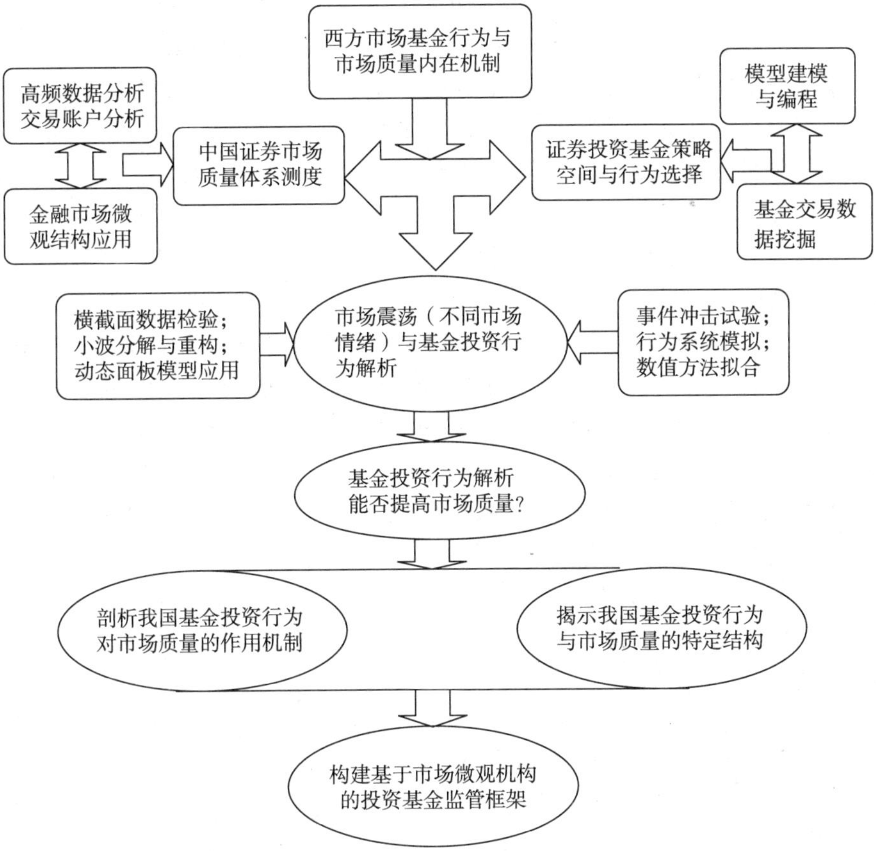

根据以上研究思路和研究方案，本书研究框架分为以下八部分：

第1部分是导论，重点研究基金行为与市场质量的动因、研究视角和逻辑框架。

第2部分是从金融市场微观结构的视角对证券投资基金与市场质量进行理论分析。重点对证券市场质量内涵的界定，提出证券市场质量“四维”指标体系（透明度、流动性、波动性、市场效率）及其内在关联机制。从基金行为策略等角度研究证券投资基金对市场质量作用机制的影响渠道。在此基础上，基于中国股市交易机制的证券投资基金交易策略空间与动态模型，探讨在信息不完全和指令交易机制下，中国股市证券投资基金的交易策略空间与行为选择及其对市场质量的影响；在动态模型构建的基础上，进一步利用数值方法对基金最优投资行为策略与市场冲击进行模拟。

第3部分是基金交易行为对市场质量冲击的实证分析。主要应用（超）高频率时间序列对非对称信息条件下的证券投资基金交易行为与市场冲击进行检验，解析基金行为的流动性、透明度、波动性和有效性的冲击。在研究过程中，本书利用市场质量微观结构指标体系，先对所选研究区间基金行为对证券市场质量的整体影响进行实证分析，主要是对流动性与波动性的研究；然后根据股市上涨、下跌阶段和震荡阶段基金行为对证券市场质量的影响进行分阶段分析；最后通过 VAR 模型和脉冲相应函数来分析基金行为对证券市场质量指标的动态影响。

第 4 部分是基于交易持续期模型的证券投资基金行为对市场流动性冲击的研究。传统对于机构投资者的研究基本使用的是低频数据，忽略了微观数据的信息含量。正是基于这一问题，本书研究的着力点是将交易持续期和投资者交易行为结合，揭示交易行为的信息含量。在研究过程中，本书将从基金的交易行为入手，在沿循 Engle 和 Russell（1998）ACD 模型（Autoregressive Conditional Duration Model）和 Engle（2000）UHF – GARCH 模型的基础上，检验随机时间间隔效应揭示的内容，解析中国股票市场上基金加减仓行为是否会改变市场微观变量之间的关系。通过分析中国股票市场上交易持续期、交易量和波动性之间的关系，从基金交易行为考察信息透明度冲击，并分析交易持续期间的信息含量，从而为识别中国股票市场上的知情交易和流动性交易提供证据。

第 5 部分是基于小波分解和互谱模型的证券投资基金行为对市场波动性冲击的研究。在股市震荡的市场条件下，基金行为对市场波动冲击具有非线性、非平稳性和高随机波动的特性，使得传统模型的估计结果有较大的局限性和非稳健性，因而应用非线性的估计模型对基金行为和市场波动关系进行研究就成为一种必要。为此，本书引入了小波分析和互谱分析方法，力图在不损失变量信息的基础上去除杂质信息，从而揭示和挖掘基金行为和市场波动的关系。在研究过程中，我们应用小波分析和互谱分析，结合我国所经历的 2007—2009 年证券市场超级周期进一步研究，以此考察在中国股市周期中证券投资基金行为如何变化，这种证券投资组合调整是加剧还是平抑了股票波动率，以及这种调整如何影响市场情绪，是否带动更多的噪声交易，是否由个股的调整而影响到整个市场的调整，通过这些分析进而揭示基金行为对股市波动率的影响，挖掘证券投资基金行为对市场波动性的冲击效应。实证结果表明，基金增仓和持股可以减小股票波动率，但减仓会加大股票波动率，呈现出非对称稳定市场的特性。应用溢出效应检验与互谱分析发现，股票波动率主要是由基金交易行为所引致。

第 6 部分是基于动态面板模型的基金流量与基金投资行为研究。本部分主要考察中国开放式股票型基金的基金流量变化对基金投资行为和市场表现的影响。在研究设计上，我们通过引入“基金流量”变量对中国资本市场“证券投资基金行为与市场波动”这一重要命题进行重新诠释，即从“基金投资—市场波动”的传统研究视角拓展到“基金投资—基金流量—市场波动”，从而将传统分析转向制约基金投资行为背后的持有人行为对基金经理投资行为和资产组合配置调整的影响分析，以此挖掘中国基金经理投资行为“异质性”背后的基金申赎行为因素。通过构建动态面板模型检验，表明我国证券投资基金的投资行为受到基金流量的显著影响，基金持有人行为对基金经理投资行为具有冲击效应，并直接影响到基金经理的策略选择和资产组合调整。在牛市中，基金投资者净申购率与基金资产组合的现金持有比例正相关，但在震荡市中却为负相关；同时，基金的杠杆率和机构持有人占比都会影响基金经理买卖股票对于基金流量的敏感度。

第 7 部分是中国证券投资基金行为与市场质量的作用机制分析。在中国特定证券市场上，证券投资基金行为“异化”背后存在特定市场因素影响，此部分侧重从挖掘基金异化行为背后的驱动机制进行论证。为求证中国证券市场上投资者交易行为是理性投资还是受到市场情绪等非理性影响，本研究通过构建数理模型，引入主观信念变量，通过理论建模和实证研究对投资者情绪和市场波动机制进行解析，对主观信念调整引致的市场异常波动路径进行刻画，即建立了“信念调整→投资者情绪→市场波动”的逻辑分析框架。在此基础上，进一步论证了持有人结构、机构投资者结构、特定股市结构以及多重交易机制缺失对市场质量的冲击机制。

第 8 部分是规范发展证券投资基金与提高市场质量的政策建议。在宏观规划证券监管体制的基础上，如何构建基于市场微观结构的证券投资基金监管框架，成为建设有序、合理的中国证券市场新秩序的重要课题。根据项目研究，我们提出了规范和合理引导证券投资基金行为，加强基金业监管，完善市场交易机制，从而提高中国证券市场质量的相关政策建议。主要包括：实施“自下而上”方式引导基金行为的创新式监管体制；合理引导基金持有人行为，完善基金持有人机构；减少机构投资者情绪波动，积极引导价值投资理念形成；优化基金治理机制，强化基金业绩持续性导向，保护基金持有人利益；优化机构投资者结构，吸引长期机构投资者入市；改革交易机制，完善资产组合管理对冲机制，进一步优化市场微观结构等系列制度安排。

1.4 主要创新点和进一步研究方向

本书的研究创新点，主要体现在如下 4 个方面：

第一，本书构建了中国证券投资基金行为与市场质量冲击效应的系统性逻辑框架。从金融市场微观结构的视角构建证券市场质量“四维”指标体系（透明度、流动性、波动性、市场效率），利用上海证券交易所提供的基金交易账户和（超）高频数据挖掘基金行为，剖析中国证券投资基金行为对市场质量冲击的效应。在研究过程中，综合运用多学科交叉、金融工程技术，通过数理经济学模型、小波分解、ACD 模型和 UHF - GARCH 模型、动态非平衡面板模型、数值模拟等数理与计量经济学模型对基金行为与市场质量这一研究主题进行多维度、系统性度量和刻画，揭示我国证券投资基金行为及其市场冲击效应。

第二，解答了中国证券投资基金交易行为能否提升证券市场质量这一基本命题。从金融市场微观结构的角度，基于中国股市交易机制的证券投资基金交易策略空间与动态模型，探讨在信息不完全和指令交易机制下，中国股市证券投资基金的交易策略空间与行为选择及其对市场质量冲击效应，并进一步利用数值方法对基金最优投资行为策略与市场冲击效应进行模拟。在此基础上，利用证券投资基金交易账户和市场（超）高频进行基金行为实证分析，对我国证券市场质量水平进行测度。通过批量（超）高频率数据和基金交易账户数据挖掘，有效捕捉证券投资基金交易行为对市场信息流、交易成本、流动性和波动性的冲击效应，对我国大力发展证券投资基金能否提升市场质量这一重要命题进行求解。

第三，深度挖掘中国证券投资基金行为“异化”及其背后的驱动机制。通过研究设计重点论证了中国证券投资基金的市场功能，研究表明其行为特征并非证券监管层所期冀的“有效稳定市场”，证券投资基金持有行为可以降低股票波动率，但是对市场的稳定作用有限；基金加仓、减仓行为却极易受到市场情绪的影响，并进一步加大市场波动率，尤其是减仓行为伴随着大量的噪声交易，显示出机构投资者的“非理性投资行为”，从而影响到市场的流动性与稳定性。在此基础上，将进一步剖析中国证券投资基金行为“异化”背后的驱动机制。通过构建数理模型，引入主观信念变量，通过理论建模和实证研究对投资者情绪和市场波动机制进行解析，对主观信念调整引致的市场异常波动路径进行刻画，即建立了“信念调整→投资者情绪→市场波动”的逻辑分析框架。

第四，揭示中国证券投资基金行为与市场质量之间的内在关联机制。在研究过程中，本书深度分析影响中国证券市场质量的特定结构，将基金的投资行为和交易策略选择作为测度交易机制和市场质量的传导中介，论证证券投资基金交易行为对市场质量冲击的传导机制，求解证券投资基金行为、主观信念调整、投资者情绪和市场质量之间的相互作用关系。从制度因素和交易机制两方面，深入剖析基金主观信念调整和投资组合策略调整的市场冲击效应。研究表明，在中国特定证券市场上证券投资基金交易行为对市场质量冲击是市场情绪“传染”和市场约束下基金投资组合策略调整共同引致，证券投资基金交易行为对市场质量冲击的背后制度性根源，在于机构投资行为“散户化”的基金持有人机构、基金契约等多重内在约束机制。基于这一研究结论，课题提出了合理引导机构投资者行为和完善市场机制，从而为我国基金契约制度的重新设计与强化中国基金业监管，进而提出规范发展证券投资基金与提高证券市场质量的政策建议。

今后进一步研究设想，主要是考虑对卖空和对冲机制市场条件下的基金投资行为及其市场冲击进行研究。由于在项目研究设计时我国证券市场卖空机制缺乏，本研究项目设计侧重针对非卖空机制下的投资者交易行为和市场质量关系研究，而2010年我国资本市场先后推出股指期货、融资融券等卖空机制，这对我国资本市场格局和投资者交易策略都造成重要影响，因此未来课题研究计划将拓展到金融期货、期权和融券机制对机构投资者交易策略及其市场冲击效应研究。

2 证券投资基金行为与市场质量：内涵与机制分析

2.1 证券投资基金行为对市场质量的影响——金融市场微观结构的视角

2.1.1 证券市场质量的内涵和测度体系构建

研究证券投资基金行为对市场质量的影响，首先有必要厘清市场质量这一基本概念的内涵。由于对市场质量内涵理解不同，关于基金行为对市场质量影响的讨论往往不在同一层面进行。实际上，在学术界，如何界定市场质量也是一个颇有争议的问题，对于证券市场质量目前尚无明确的定义。

对于证券市场质量的内涵，学术界通常认为可用市场质量的“四维”指标（透明度、流动性、波动性、市场效率）及其内在关联来表达。对于市场质量组成部分的完整性（integrity）、流动性（liquidity）、波动性（volatility）和有效性（efficiency）之间关系的认识不同，学术界对市场质量的内涵认识存在一定差异。Madhavan（2000）从市场微观结构角度阐述市场质量分类指标；Davis 和 Steil（2001）将市场质量定义为三维，即流动性、信息效率和波动性；ASIC（australian securities and investment commission，2007）将市场质量归结为流动性、价格发现效率和市场完整性；上交所（2006）从流动性、稳定性、透明性、有效性、公平性和可靠性六个方面对市场质量进行了衡量。

在证券市场质量的多维指标体系中，透明度是一项市场基本特质，它是指市场参与者（或可能参与者）掌握的交易相关的信息量（Hahbrouck，2010）。O'hara（1995）认为，流动性就是“立即完成交易的价格”（the price of immediacy）[①]。流动性是衡量市场质量的最核心的指标。当一种资产和现金能够以较小的交易成本迅速相互转换时，我们说该资产具有流动性。流动性实际上就是投资者根据市场的基本供给和需求状况，以合理的价格迅速交易

① O'Hara, Maureen, 1995, Market Microstructure Theory, Blackwell Publishers Inc. , Cambridge, MA.

一定数量资产的能力。或者更简单地说，流动性就是快速低成本地成交一定金额的能力。市场的流动性越高，则进行即时交易的成本就越低。一般而言，较低的交易成本就意味着较高的流动性，或相应的较好的价格。市场流动性已经被认为是市场质量和效率的一个重要决定因素，Amihud 和 Mendelson（1988）认为流动性是证券市场的一切，一个流动性高的市场将有利于增强投资者的信心，从而对保证整个金融市场的稳定起到极其重要的作用。波动性，衡量的是证券市场价格与均衡价格的偏离程度。按照市场微观结构理论，波动性与流动性和信息效率密切相连，波动性主要是新信息对市场价格的冲击造成的；流动性好且有效的市场的波动性低于流动性差且无效的市场（Glen，1994）。而通过对一个金融市场的技术、规则、信息、参与者和金融工具等方面的研究，可以科学地对该市场质量和效率进行评价。而证券市场引入机构投资者参与，目的就是为了提高市场的流动性、透明度，减小波动性和降低交易成本，所以通过对流动性、波动性指标的选择结合基金行为进行数据分析，衡量引入机构投资者这个制度有效性的标准就是判断其能否增加市场流动性、降低交易成本和减小市场波动性。

证券市场“四维”指标体系存在内在的关联机制。尽管学术界对市场质量测度指标的存在并未达成统一的认识，但对于我们认为市场质量的核心应该在于流动性、波动性和透明性的认识有效统一，三者既可从不同维度进行衡量，同时又存在密切内在关联和相互影响（见图 2－1）。

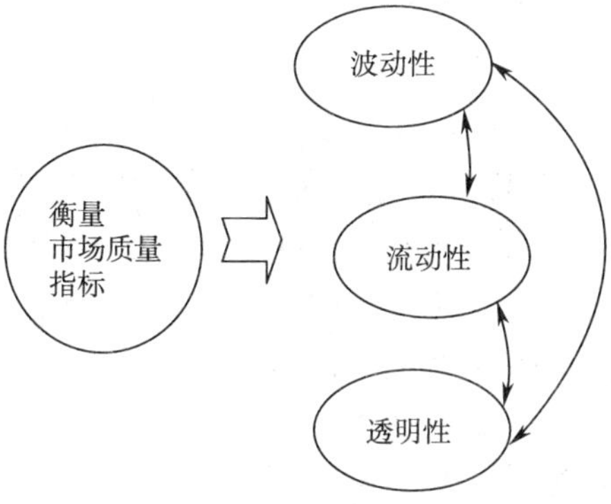

图 2－1　证券市场质量纬度

2.1.2　指令驱动交易下市场质量与价格形成机制

市场微观结构（market microstructure）就是资产交易价格的形成过程和运作机制，证券市场微观结构理论是研究证券市场交易价格的形成和发现过程与交易机制的一个金融学分支，其核心是价格发现（price discovery）。证券价格的发现过程实际上是证券价格反映于证券相关信息的过程，在这一过程中投资者拥有的信息是否对称将对证券市场价格的形成产生至关重要的影响（郑振龙、杨伟，2009）。具体到证券价格形成过程中的微观因素，包括交易品种、证券市场参与者构成、交易场所构成以及参与者行为所遵守的市场交易制度。通过对一个市场的技术、规则、信息、参与者和工具方面的研究，可以科学地对该市场质量和效率进行评价，揭示和改善市场质量或市场效率。因此，市场微观结构研究视角的引入，为我们研究基金行为对市场质量的冲击和影响提供了基本框架和思路。

在市场微观结构机制分析中，由于价格机制的形成是投资者连续限价单市场的市场出清所实现，观测（超）高频率的信息流可以透析各类市场参与者的意图及其行动路径。因为低频率交易数据是将（超）高频率（ultra high frequency）时间序列在等距离的时点上聚合而得到的，因而不可避免地丧失了部分重要信息，而高频率数据对市场信息的捕捉能力，可以及时有效地挖掘价格形成机制、投资行为及其信息传递过程，从市场微观结构分析基金行为对市场质量的冲击效应。

海外学术界对投资者行为对价格形成机制的研究，主要侧重于做市商环境下对投资者行为及其价格影响机制的刻画。不同于西方证券市场的报价驱动（quote - driven），中国股票市场的交易机制是建立在指令驱动（order - driven）基础上的，因而课题是以指令驱动机制为前提分析基金交易行为对价格形成机制和市场信息流的冲击效应。指令驱动市场不存在做市商，市场的深度完全是由交易者的委托指令提供的，作为证券投资基金的机构投资者具有信息搜集和信息处理方面的优势，加速了股价吸收新信息的速度，推动证券价格向均衡价格回归（Wermers，1999）。机构投资者投资行为具有较高的信息含量，大额订单交易可以加速私人信息的交叉融合，通过不断交易行为和信息反馈机制促进价格的发现（Vayanos，2001）。

2.2 基金行为对市场质量的影响——基于海外市场的经验分析

国内外大量研究表明，证券投资存在显著的羊群效应和惯性反转投资行为，这些行为特征的投资基金究竟是起到抑制股价剧烈波动、稳定证券市场的作用，还是强化了市场的稳定和提高了市场质量？国内外学者对此争议颇大。

从海外市场的经验看，国外学者针对基金行为与市场质量影响问题的研究，主要是从反馈交易策略等角度研究基金对市场稳定的影响，基金行为对市场质量的作用机制可以归纳为以下几种渠道：

1. 反馈策略对市场波动的影响。反馈策略（FeedbackTrading Strategy）是以股票过去的表现作为买卖判断的主要基础，如正反馈策略是买入近来的强势股，卖出近来的弱势股（DeLong Shleifer、Summer 和 Waldmann，1990）；而负反馈策略则卖出近来的强势股，买入近来的弱势股（Lakonishok、Shleifer 和 Vishny，1992；Gompers 和 Merick，2001）。Dennis 和 Strickland（2002）认为基金超过 2% 震荡交易日，机构投资者会比个人作出更为强烈的反应。Shiller 等（1984）、Scharfein 和 Stein（1990）等认为，证券投资基金等对金融市场具有非稳定效应，导致价格行为泡沫产生，增加股价波动和市场风险。Nofsinger 和 Sias（1999）对 1977—1996 年间美国所有 NYSE 公司股票的月交易数据研究发现，机构投资者是知情交易者，并且存在羊群效应和正反馈交易行为，并且此种行为会影响股票价格。

国外主流的观点认为，基金的正反馈及羊群效应，可能会加速价格的变化并进而增加收益波动性。如 Delong 等（1990）认为由于股票市场存在着正反馈交易者，使理性投资者无法发挥市场稳定的作用，并且可能导致市场更加不稳定。当然，也有不同的声音：Lakonishok 等（1992）机构投资者作为理性投资者，买入低估股票和远离（或卖出）高估股票，机构的这种行为和个人投资者的非理性交易相互抵消，会促使股价趋于均衡价值，从而减小市场波动。Lipson 和 Puckett（2007）认为机构投资者（货币基金和养老基金）在市场下跌期间是净买入而市场上升期间是净卖出，即负反馈策略，在一定程度上对市场起到了稳定作用。

2. 基金持股与市场质量。基金持股行为直接影响到市场波动性和流动性，究竟是低风险的股票吸引机构投资者还是高风险的股票对其更有吸引力，直接关系到机构投资者的参与对股票市场波动性起到稳定还是推波助澜的作用。如何测度证券市场对市场微观结构的影响，可以从基金行为对流动性、稳定性和透明度的关系进行研究。Badrinath 等（1989）通过对机构投资者持股特征研究，发现交易流动性、股票波动性和机构持股比例正相关。Sias（1996）以 1977—1991 年 NYSE 交易股票的日数据，发现机构投资者的持股比例升高或者降低是信息知情的反应。在控制公司规模的情况下，机构投资者持有比例与股票波动性存在正相关性，并且进一步得出机构投资者持有比例的增加导致了股票波动性的增加。Chakravarty（2001）研究了 1990 年 12 月至 1991 年 1 月区间的 63 个交易日间所有 NYSE 的股票，发现中等规模的交易会引起最大的市场价格波动；原因是知情的机构投资者日内的持股比例变化，导致股票的日内价格波动。Dennis 和 Strickland（2002）研究了所有者结构和公司股票回报率的关系，发现越高的机构投资者的持股比例，将引起超额收益以及较高的股票换手比率，从而加剧市场波动。Bohl 和 Brzeszczynski（2006）对新兴市场机构投资者的持股行为是增加波动还是减少波动进行了研究。An－Sing Chen 和 Bi－Shia Hong（2006）采用2001 年1 月至2003 年12 月区间 TSE 的日频交易数据等发现，台湾机构投资者的持股比例变动同引起股票收益率存在正相关关系，持股比例的变动越大将导致股票价格的更大波动。

3. 赎回行为与股价波动。基金行为对市场质量的影响不仅是基金自身投资行为的作用结果，而且受到基金持有人行为的约束。尤其对于开放式基金而言，基金的申购赎回状况也会对基金投资行为产生直接影响。在股票市场出现波动的时候，基金经理通过买卖部分股票对基金投资组合或仓位进行调整对市场质量产生直接冲击效应。

美国投资公司协会（ICI）1996 年 3 月发表的《1944—1995 美国股市周期中的共同基金持有人行为》的分析报告中指出，美国二战后自 1944 年至 1995 年股票市场经历的 14 个市场波动周期中，美国共同基金持有人对市场波动的反应。1944—1995 年，在美国股市十几个波动周期中，只有 3 次（1970—1971 年、1984—1987 年、1987—1990 年）出现了这样的情况，即在股市膨胀时，股票基金的资金显示为净流入，而在股市收缩时资金则显示为净流出。其余的有 3 个周期的数据证明，无论股市是收缩还是扩张，资金都在流出；而余下的大部分股市波动周期中则无论股市是收缩还是扩张，资金都在流入。Edwards 和 Zhang Xin（1998）检验了 1961—1996 年基金资金流和基金回报的关系，发现基金资金流入并未导致股市收益率波动；相反，股市收益率波动是证券投资基金资金流入的原因。而 1971—1981 年基金的大规模基金赎回（equity fund redemptions）导致了股市价格的下跌。Edelen 和 Warner（2000）通过 1998—1999 年间 424 家美国股权基金的日频数据研究发现，总的基金流动与市场收益呈正相关的关系，基金的流动会引发股价的震荡。Cao 等（2008）对 1998—2003 年间美国超过 859 家股权基金日频数据研究发现，市场收益率波动将引起资金的流出，同时投资基金的流入将引起股价向均衡价格靠拢。陈国进等（2010）认为，在中国证券市场上，基金持有人不断申购与赎回是股市波动的重要因素。

4. 市场流动性效应。机构投资者的大笔买单或卖单对股票价格造成严重冲击的过程中，同时造成证券市场流动性的压力，甚至会导致部分股票流动性的短暂性缺失。Hasbrouck（1993）提出，从交易成本的角度对市场质量进行测度。Keim 和 Madhavan（1994）研究了1991—1993年间各附属时间段21家机构的股权交易，发现这些机构要求很高的流动性，并且采取消极投资策略的机构投资者交易成本要高。Chan 和 Lakonishok（1995）构造了“交易组合”，并通过回归分析研究发现，即时流动性需求更大的增长型基金和高周转率的基金相对于价值导向型基金，会引起更大的价格冲击和承受更高的执行成本。Keim 和 Madhavan（1997）发现交易成本显著，并随机构投资者的交易能力、投资风格而异。在纳斯达克市场交易的股票交易成本要比在交易所上市的股票成本低；价值导向型机构投资者也比流动性需求型的交易成本低。Hasbrouck（2000）提出，“市场中即时流动性需求者（流动性交易者）所支付的成本以及他们的交易对于资产价格的影响”。Compbell 和 Christiann（2005）应用面板数据检验新兴市场流动性冲击，在区域性市场上流动性是期望收益的重要驱动因素，并且金融开放和市场化进程并不能消除流动性冲击。

根据海外市场的经验分析，我们将基金行为对市场质量的影响机制描述如图2-2所示，如何测度基金行为对市场质量的影响，是我们本项研究的重点。

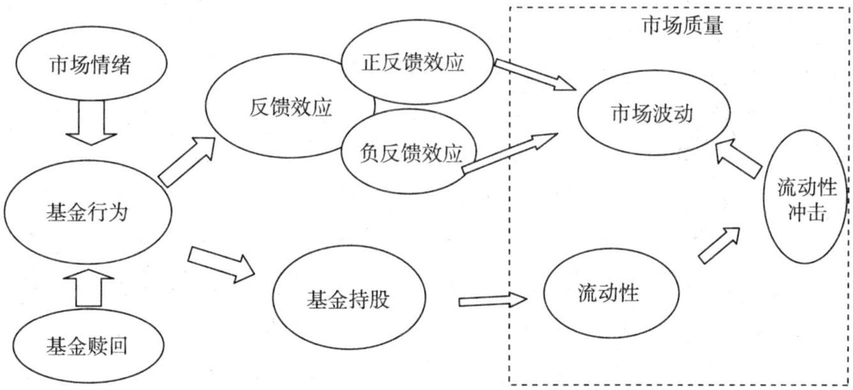

图2-2　基金行为对市场质量影响机制

2.3　基于中国股市交易机制的证券投资基金交易策略空间与动态模型

在投资者行为分析中，将策略模型应用于市场微观结构问题的一个主要困难是策略博弈和策略均衡，即需要将博弈的规则、参与者、策略与收益等进行具体化（O'Hara，2007）。在此，构建多期的信息不完全博弈模型，不同市场参与者（具有信息优势与资金优势的机构投资者、噪声交易者、不知情的社会公众投资者）的最优策略行为，探讨在信息不完全和指令交易机制下，中国股市证券投资基金的交易策略空间与行为选择，及其对市场质量的影响；在动态模型构建的基础上，课题将进一步利用数值方法对基金最优投资行为策略对市场的冲击进行模拟。

2.3.1　中国股市证券投资基金交易行为策略对市场质量的影响：基于数理模型的解析

（一）模型假设

1. 市场参与者。由证券投资基金（简称基金）和个人投资者（简称散户）组成。基金具有信息优势和资金优势，但也存在非理性的反馈交易行为。散户没有获得有效信息的途径且资金量有限。假设基金的数量为 N_1，其中从事理性交易的基金比例为 γ，采用反馈策略的比例为 $1-\gamma$。散户人数为 N_2，散户对风险资产的价值有自己的评估，但由于信息来源不可靠，评估的价值与真实价值有较大差距。散户会从自身利益最大化出发，根据评估价值和价格进行买卖交易。当资产价格低于自己评估的价值时将买入资产，当价格高于价值时将卖出资产。基金具有信息优势，可以凭借自己的信息渠道和专业技能提前获取较可靠的资产真实价值，并从效用最大化的角度进行资产配置。

2. 可交易资产。市场中存在无风险资产和风险资产。假设无风险资产收益率为0，价格标准化为1；风险资产第 t 期的价格为 p_t。第 t 期风险资产的真实价值为 v_t^R，假设对于 $t=1,2,3...$，v_t^R 由满足 $N(1,\sigma_R^2)$ 的正态分布总体生成。其中 p_{t-1} 为上一期风险资产价格。

3. 价值评价。散户无法知道资产的真实价值，只能通过现有的信息进行评估。因为信息来源以及对信息的解读有差异，投资者的评估值也不同。假设第 i 个散户在第 t 期评估的 $t+1$ 期的资产期望价值为 $E^i(v_{t+1}^R \mid \Omega_t)$，记 $v_{t+1}^i=E^i(v_{t+1}^R \mid \Omega_t)$，其中 Ω_t 为第 t 期的信息集合。对于 $t=1,2,3,\cdots$，v_{t+1}^i 满足 $N(v_{t+1}^R,\sigma_N^2)$ 的正态分布总体。理性基金评估的资产期望价值为 $E^F(v_{t+1}^R \mid \Omega_t)$，记 $v_{t+1}^F=E^F(v_{t+1}^R \mid \Omega_t)$，其中 v_{t+1}^F 满足正态分布 $N(v_{t+1}^R,\sigma_F^2)$ 的总体。由于基金相比于散户在专业技能方面的优势，其评估值更接近真实价值，即 $\sigma_F^2<\sigma_N^2$。

4. 资产禀赋。将风险资产总供给标准化为1，假设初始时每家基金拥有的风险资产存量为 k，每个散户拥有的资产数量为 $q=(1-kN_1)/N_2$。基金相比于散户拥有更多的财富，资源优势允许其按照自身的效用函数分配风险资产和无风险资产的比例。散户拥有的资源较少，资产配置受到一定限制①，所以在交易时采用“全进全出”的方式，即每人每期提交的买入或卖出订单交易量均为 q。

（二）基金投资策略

基金拥有更强的资金优势，可以自由配置风险资产和无风险资产的比例。假设基金在第 t 期拥有的无风险资产数量为 M_t^F 、风险资产数量为 R_t^F ，基金在第 t 期的财富为

$$W_t^F = p_t R_t + M_t \tag{2.1}$$

经过一个时期后，基金财富变为

$$\begin{aligned} W_{t+1}^F = p_{t+1}R_t + M_t &= (p_{t+1} - p_t)R_t + M_t + p_t R_t \\ &= (p_{t+1} - p_t)R_t + W_t^F \end{aligned} \tag{2.2}$$

假设效用函数具有负指数形式：

$$U(W_t^F) = -\exp(-2\rho_F W_t^F) \tag{2.3}$$

式中：ρ_F 为基金的绝对风险厌恶系数。基金的交易决策为决定风险资产和无风险资产的比例以最大化效用函数。即求解下述问题：

$$\begin{aligned} \max: E[U(W_{t+1}^F) \mid \Omega_t] &= -\exp[-\rho_F E(W_{t+1}^F \mid \Omega_t) + \frac{\rho_F^2}{2}\mathrm{var}(W_{t+1}^F \mid \Omega_t)] \\ &= -\exp\{-\rho_F[E(p_{t+1} \mid \Omega_t) - p_t]R_t \\ &\quad + \rho_F W_t^F + \frac{\rho_F^2}{2}\mathrm{var}(p_{t+1} \mid \Omega_t)\} \end{aligned} \tag{2.4}$$

等价于求解：

$$\max: \rho_F[E(p_{t+1} \mid \Omega_t) - p_t]R_t - \frac{\rho_F^2}{2}R_t^2 var(p_{t+1} \mid \Omega_t) \tag{2.5}$$

对 R_t^F 求导，由一阶条件可得

$$R_t = \frac{E(p_{t+1} \mid \Omega_t) - p_t}{\rho_F var(p_{t+1} \mid \Omega_t)} \tag{2.6}$$

记基金投资者对于未来价格变动方差的先验信念 $var(p_{t+1} \mid \Omega_t) = \sigma_F^2$ ，上式可写作：

$$R_t = \frac{E(p_{t+1} \mid \Omega_t) - p_t}{\rho_F \sigma_F^2} \tag{2.7}$$

信息优势可以使基金在第 t 期获得 $t+1$ 期的资产真实价值 v_{t+1}^R 。由于价格同时受市场供需情况的影响，并非每期都满足价格与价值相等。从基金的角

① 例如，股票和期货市场中的最小交易量的存在使得资金量小的投资者很难按照自己的最优比例配置资产。

度来看，价格的变动具有一定随机性，但稳态情况下应该与价值相等，而基金更重视的是稳态下的资产配置情况。基于这个判断，假设信息基金对下一期价格的预期等于真实价值。由此可以得到第 t 期基金的最优风险资产持有量应满足：

$$R_t^I = \frac{v_{t+1}^R - p_t}{\rho_F \sigma_F^2} \tag{2.8}$$

根据假设并不是所有的基金都根据价值信息进行交易，有一部分会采用反馈策略，他们相信过去资产收益可以预测未来，假设他们对下一期资产收益为过去已知 m 期资产收益的平均值，即有下式成立：

$$E(p_{t+1} \mid \Omega_t) - p_t = \frac{1}{m}\sum_{i=1}^{m}(p_{t-i} - p_{t-i-1}) = \frac{p_{t-1} - p_{t-m-1}}{m} \tag{2.9}$$

由此可以得到

$$R_t^F = \frac{E(p_{t+1} \mid \Omega_t) - p_t}{\rho_F \sigma_F^2} = \frac{p_{t-1} - p_{t-m-1}}{m\rho_F \sigma_F^2} \tag{2.10}$$

假设为了避免市场波动过大，降低交易成本，基金并不会在一期内一次性调整到最优风险持有量，而是按照一定比例提交订单。假设这个比例为 s，则在第 t 期基金根据信息策略和反馈策略提交的交易量分别为

$$\begin{aligned} Q_t^F &= s[\gamma R_t^I + (1-\gamma)R_t^F - RR_{t-1}] \\ &= s\left[\gamma \frac{v_{t+1}^R - p_t}{\rho_F \sigma_F^2} + (1-\gamma)\frac{p_{t-1} - p_{t-m-1}}{m\rho_F \sigma_F^2} - RR_{t-1}\right] \end{aligned} \tag{2.11}$$

式中：RR_{t-1} 为基金第 $t-1$ 期末真实持有的风险资产量，满足：

$$RR_t = RR_{t-1} + Q_t^F = Q_0^F + \sum_{i=1}^{t} Q_i^F \tag{2.12}$$

$Q_t^F > 0$ 为提交买入订单，$Q_t^F < 0$ 为提交卖出订单。

（三）散户投资策略

根据之前的假设，散户的投资策略比较简单。受限于自身资本量的因素，散户将采用“全进全出”的方式，每次提交的交易量均为 q，q 满足：

$$q = \frac{1 - kN_1}{N_2} \tag{2.13}$$

第 i 个散户的买卖方向将决定于自己对资产价值的评估值 $E^i(v_{t+1}^R \mid \Omega_t)$：

$$E^i(v_{t+1}^R \mid \Omega_t) = v_{t+1}^i \tag{2.14}$$

其中 v_{t+1}^i 满足正态分布 $N(v_{t+1}^R, \sigma_N^2)$。当 $E^i(v_{t+1}^R \mid \Omega_t) > p_t$，即 $v_{t+1}^i > p_t$ 时，将提交买入订单，反之将提交卖出订单。由 $v_{t+1}^i \sim N(v_{t+1}^R, \sigma_N^2)$ 可知：

$$\Pr(v_{t+1}^i > p_t) = \Pr\left(\frac{v_{t+1}^i - v_{t+1}^R}{\sigma_N} > \frac{p_t - v_{t+1}^R}{\sigma_N}\right) = F\left(\frac{v_{t+1}^R - p_t}{\sigma_N}\right) \tag{2.15}$$

其中 $F(x)$ 是累积正态分布函数。则 N_2 个散户中提交限价买入订单数量为

$$Q_t^{RB} = N_2 q \Pr(v_{t+1}^i > p_t) = N_2 q F(\frac{v_{t+1}^R - p_t}{\sigma_N}) \tag{2.16}$$

提交限价卖出订单数量为

$$Q_t^{RS} = N_2 q \Pr(v_{t+1}^i > p_t) = N_2 q F(\frac{p_t - v_{t+1}^R}{\sigma_N}) \tag{2.17}$$

（四）市场均衡

从之前的分析可知，所有交易者提交的买入订单数量为

$$Q_t^F + Q_t^{RB} = \begin{cases} N_2 q F(\frac{v_{t+1}^R - p_t}{\sigma_N}),(Q_{t+1}^F < 0) \\ s[\gamma \frac{v_{t+1}^R - p_t}{\rho_F \sigma_F^2} + (1-\gamma)\frac{p_{t-1} - p_{t-m-1}}{m\rho_F \sigma_F^2} - RR_{t-1}] + N_2 q F(\frac{v_{t+1}^R - p_t}{\sigma_N}),(Q_{t+1}^F > 0) \end{cases} \tag{2.18}$$

提交的卖出订单数量为

$$Q_t^F + Q_t^{RS} = \begin{cases} N_2 q F(\frac{p_t - v_{t+1}^R}{\sigma_N}),(Q_{t+1}^F > 0) \\ s[\gamma \frac{v_{t+1}^R - p_t}{\rho_F \sigma_F^2} + (1-\gamma)\frac{p_{t-1} - p_{t-m-1}}{m\rho_F \sigma_F^2} - RR_{t-1}] + N_2 q F(\frac{p_t - v_{t+1}^R}{\sigma_N}),(Q_{t+1}^F < 0) \end{cases} \tag{2.19}$$

引入符号函数 $\operatorname{sgn}(x) = \begin{cases} x/|x|,(x \neq 0) \\ 0,(x = 0) \end{cases}$，带入上述结果可得买入订单数量为

$$\begin{aligned} Q_t^D(p_t) &= \frac{1}{2}|Q_t^F|[1 + \operatorname{sgn}(Q_t^F)] + Q_t^{RB} \\ &= \frac{1}{2}[1 + \operatorname{sgn}(Q_t^F)]s\left|\gamma \frac{v_{t+1}^R - p_t}{\rho_F \sigma_F^2} + (1-\gamma)\frac{p_{t-1} - p_{t-m-1}}{m\rho_F \sigma_F^2} - RR_{t-1}\right| \\ &\quad + N_2 q F(\frac{v_{t+1}^R - p_t}{\sigma_N}) \end{aligned} \tag{2.20}$$

提交卖出订单数量为

$$\begin{aligned} Q_t^S(p_t) &= \frac{1}{2}|Q_t^F|[1 - \operatorname{sgn}(Q_t^F)] + Q_t^{RS} \\ &= \frac{1}{2}[1 - \operatorname{sgn}(Q_t^F)]s\left|\gamma \frac{v_{t+1}^R - p_t}{\rho_F \sigma_F^2} + (1-\gamma)\frac{p_{t-1} - p_{t-m-1}}{m\rho_F \sigma_F^2} - RR_{t-1}\right| \\ &\quad + N_2 q F(\frac{p_t - v_{t+1}^R}{\sigma_N}) \end{aligned} \tag{2.21}$$

市场达到均衡时，流动性供给与需求相等。即

$$Q_t^D(p_t) = Q_t^S(p_t) \tag{2.22}$$

将 $Q_t^D(p_t)$ 、$Q_t^S(p_t)$ 的计算结果代入，可得：

$$\gamma \frac{v_{t+1}^R - p_t}{\rho_F \sigma_F^2} + (1-\gamma)\frac{p_{t-1} - p_{t-m-1}}{m\rho_F\sigma_F^2} - RR_{t-1} + 2N_2 qF(\frac{v_{t+1}^R - p_t}{\sigma_N}) - N_2 q = 0 \tag{2.23}$$

在给定表2-1中的外生参数时，通过上述均衡方程可以求解 p_t 。由于方程不存在解析解，我们需要通过数值模拟的方式求解到各期 p_t 的值。考察其他外生参数变化时价格及市场价差的路径变化，从而分析基金行为和散户行为对于价格波动性、市场流动性（可以从流动性比率①，弹性②等方面考察）等市场质量方面的影响。

表2-1　　模型外生参数表

参数变量	含义	比较静态分析
N_1 、N_2	基金和散户数量	散户和基金的比例关系对于市场波动性和流动性的影响
v_t^R	第 t 期的资产真实价值，取自 $N(p_0,\sigma_N^2)$ 的正态分布总体	N. A.
v_{t+1}^i	理性散户 i 估计的资产真实价值，取自 $N(v_{t+1}^R,\sigma_N^2)$ 的正态分布总体	σ_N^2 表示散户信念的离散程度，可以体现信念异质程度对市场质量的影响
v_{t+1}^F	理性基金估计的资产真实价值，取自 $N(v_{t+1}^R,\sigma_F^2)$ 的正态分布总体	N. A.
k、q、s	k、q 分别为单个基金资产持有量、单个散户资产持有量，满足 $q = (1 - kN_1)/N_2$ 和基金提交订单数量占最优数量的比例	k 表示了基金初始持股量，可以反应基金持股对于市场质量的影响 s 表示基金单期提交的订单量比例，可以反应基金提交的订单量对市场质量的影响
σ_F^2	为基金估计的价格波动方差	N. A.
RR_t	分别为信息基金、理性基金、反馈基金上期末持有的风险资产数量	N. A.
ρ_F	基金的绝对风险厌恶系数	N. A.
m 、γ	分别为基金使用反馈策略时估计收益率的滞后阶数、基金资产中采用信息交易策略的比例	m 可以反映反馈基金滞后阶数的选择对于市场的影响

---

① 流动性比率衡量交易量和价格的变化关系，若较小的交易引起价格变化较大，说明流动性较差。在模型中可以通过 $\Delta\sigma_p/\Delta s$ 考察。

② 弹性指由交易引起的价格波动消失的速度。

（五）市场价差

之前的模型中着重考察了基金行为对价格水平的影响。本节将考察价差的形成。由于价差的形成与交易者提交订单的方式相关，即交易者订单是以市价提交还是以限价提交，在对价差的分析中相应弱化价格绝对水平的重要性，重点关注订单量的提交方式与价差大小的关系。假设限价卖出价格为 A_t，限价买入价格为 B_t。对于基金来说，信息策略需要尽快地将自己拥有的信息优势化为实际利益，也要避免提交限价指令泄露自己拥有的价值信息，市价指令是最优选择；反馈策略同样存在尽快成交的需求，如果一期订单没有成交将影响反馈交易的连续性。所以基金提交的订单均为市价提交，散户的交易并没有时间上的限制，他们将根据限价和市价成交的期望收益大小来决定订单提交方式。

对于散户来说，限价订单的好处在于成交价格更优，劣势在于订单面临无法成交的可能性。市价订单的优势在于订单一定可以成交，劣势则是成交价格不如限价订单。考虑散户中的一个潜在买者，假设他的主观评价为 v_t^i，当前的买入限价和卖出限价分别为 A_t、B_t，在序贯交易的情况下，以 B_t 提交限价买入订单后，如果下一个出现的交易者为卖出散户或基金则订单可以成交。获得收益 $v_t^i - B_t$。当其他散户的价值评价低于 B_t 时为潜在卖者，为了便于后文模拟求解同时不失一般性，此处假设散户的价值评价满足 $[v_t^R - v_m, v_t^R + v_m]$ 上的均匀分布，则限价买入投资者遇到潜在卖出散户的概率为

$$\frac{N_2}{N_1 + N_2}\Pr(v_t^i < B_t) = \frac{N_2}{N_1 + N_2}\frac{B_t - v_t^R + v_m}{2v_m} \tag{2.24}$$

基金的买入卖出策略与价格的变动、价值的评估以及基金的仓位有关，而散户对于这些信息毫不知情，所以基金买入卖出情况对于散户来说完全是随机变量。不妨假设散户主观认为基金的买入卖出订单可能性均为 0.5，则遇到潜在卖出基金的概率为 $0.5N_1/(N_1 + N_2)$。综上，潜在买者提交限价订单的期望收益为

$$EU_{LB} = \frac{1}{N_1 + N_2}\left[\frac{N_2(B_t - v_t^R + v_m)}{2v_m} + \frac{N_1}{2}\right](v_t^i - B_t) \tag{2.25}$$

潜在买者提交市价订单的期望收益为

$$EU_{MB} = v_t^i - A_t \tag{2.26}$$

同理可得，潜在卖者提交限价订单的期望收益为

$$EU_{LS} = \frac{1}{N_1 + N_2}\left[\frac{N_2(v_t^R + v_m - A_t)}{2v_m} + \frac{N_1}{2}\right](A_t - v_t^i) \tag{2.27}$$

潜在买者提交市价订单的期望收益为

$$EU_{MS} = B_t - v_t^i \tag{2.28}$$

可以证明，对于给定的 A_t 、B_t 存在 $v_B(A_t,B_t)$ 、$v_S(A_t,B_t)$ 使得 $EU_{MB} = EU_{LB}$ 、$EU_{MS} = EU_{LS}$ ，当 $v_t^i \in (-\infty, v_S)$ 时，将提交市价卖出指令，当 $v_t^i \in (v_S, B_t)$ 时，将提交限价卖出指令，当 $v_t^i \in (A_t, v_B)$ 时，将提交限价买入指令，当 $v_t^i \in (v_B, +\infty)$ 时，将提交市价买入指令。不难求得 $v_B(A_t,B_t)$ 、$v_S(A_t,B_t)$ 满足下式：

$$v_B(A_t,B_t) = \frac{v_m(2A_t - B_t)(N_1 + N_2) - N_2 B_t(B_t - v_t^R)}{v_m(N_1 + N_2) - N_2(B_t - v_t^R)} \tag{2.29}$$

$$v_S(A_t,B_t) = \frac{v_m(2B_t - A_t)(N_1 + N_2) - N_2 A_t(v_t^R - A_t)}{v_m(N_1 + N_2) - N_2(v_t^R - A_t)} \tag{2.30}$$

当 $v_t^i \in (v_S, B_t)$ 时，投资者将以 A_t 价位提交限价卖出指令，则 A_t 价位上限价指令提交量为

$$\begin{aligned} S_A = N_2 q \Pr(v_S < v_t^i < B_t) &= \frac{N_2 q(B_t - v_S)}{2v_m} \\ &= \frac{N_2 q(A_t - B_t)[v_m(N_1 + N_2) + N_2(v_t^R - A_t)]}{2v_m[v_m(N_1 + N_2) - N_2(v_t^R - A_t)]} \end{aligned} \tag{2.31}$$

当 $v_t^i \in (A_t, v_B)$ 时，投资者将以 B_t 提交限价买入指令，则 B_t 价位上限价指令提交量为

$$\begin{aligned} S_B = N_2 q \Pr(A_t < v_t^i < v_B) &= \frac{N_2 q(v_B - A_t)}{2v_m} \\ &= \frac{N_2 q(A_t - B_t)[v_m(N_1 + N_2) + N_2(B_t - v_t^R)]}{2v_m[v_m(N_1 + N_2) - N_2(B_t - v_t^R)]} \end{aligned} \tag{2.32}$$

当 $v_t^i \in (v_B, +\infty)$ 时，投资者将以 A_t 价位提交市价买入指令，假设基金的交易量为 Q_t^F ，则 A_t 价位上市价指令提交量为

$$\begin{aligned} D_A &= N_2 q \Pr(v_t^i > v_B) + \frac{1}{2}[1 + \mathrm{sgn}(Q_t^F)]\,|Q_t^F| \\ &= \frac{N_2 q(v_t^R + v_m - v_B)}{2v_m} + \frac{1}{2}[1 + \mathrm{sgn}(Q_t^F)]\,|Q_t^F| \\ &= \frac{N_2 q[v_m(N_1 + N_2)(v_t^R + v_m - 2A_t + B_t) - N_2(v_t^R + v_m - B_t)(B_t - v_t^R)]}{2v_m[v_m(N_1 + N_2) - N_2(B_t - v_t^R)]} \\ &\quad + \frac{1}{2}[1 + \mathrm{sgn}(Q_t^F)]\,|Q_t^F| \end{aligned} \tag{2.33}$$

B_t 价位上市价指令提交量为

$$D_B = N_2 q \Pr(v_t^i < v_S) + \frac{1}{2}[1 - \mathrm{sgn}(Q_t^F)]\,|Q_t^F|$$

$$= \frac{N_2 q(v_S - v_t^R + v_m)}{2v_m} + \frac{1}{2}[1 - \operatorname{sgn}(Q_t^F)]\,|Q_t^F|$$

$$= \frac{N_2 q[v_m(2B_t - A_t - v_t^R + v_m)(N_1 + N_2) - N_2(A_t - v_t^R + v_m)(v_t^R - A_t)]}{2v_m[v_m(N_1 + N_2) - N_2(v_t^R - A_t)]} + \frac{1}{2}[1 - \operatorname{sgn}(Q_t^F)]\,|Q_t^F| \tag{2.34}$$

均衡时，A_t、B_t 价位上限价指令量与市价指令量相等，即

$$S_A = D_A;S_B = D_B \tag{2.35}$$

可得 A_t、B_t。再根据 $sp_t = A_t - B_t$ 求得价差 s_t，后文将通过数值模拟计算不同外生参数水平下 sp_t 的变化情况。以此研究基金行为对于市场价差的影响。

2.3.2 基金交易行为对市场质量冲击的数值拟合和检验

基于上述模型，本节通过数值模拟方法对基金行为对市场质量的影响进行分析。基金交易行为包括基金提交交易量大小、基金持股行为和基金反馈交易策略，市场质量通过流动性和波动性衡量。波动性指标为模拟得到的价格标准差 σ_p。流动性将通过两个指标考察，一是流动性比率，它衡量交易量和价格的变化关系，若较小的交易引起价格变化较大，说明流动性较差，另一个指标是价差，价差越大说明市场的交易成本越高，流动性越差。模型中流动性比率可以通过 s 增加对于价格波动的影响程度考察，即 $\Delta\sigma_p/\Delta s$。价差可以通过 s_t 考察。参数初始值设置情况如表 2－2 所示：

表 2－2　　外生参数初始值及含义

变量	初始值	变量含义
N_1	1	市场中基金交易者数量
N_2	100	市场中散户交易者数量
k	0.1	单个基金拥有的股票数量
q	0.009	单个散户可交易的股票数量
s	0.5	基金单期实际提交订单量占意愿提交订单量的比例
σ_F^2	0.03	基金估计的价格波动方差
σ_N^2	0.05	理性散户估计的资产真实价值离散程度
ρ_F	10	基金的绝对风险厌恶系数
m	1	基金使用反馈策略时估计收益率的滞后阶数
γ	0.5	基金资产中采用信息交易策略的比例
v_m	1	价差模拟中散户分布区域大小

由于每期资产的真实价值均为随机生成，而资产价值的高低将影响投资者行为从而影响价格水平的变化，为了减弱随机性的干扰，每个要考察变量值均通过反复模拟 100 遍求解均值计算。

（一）基金交易量大小

将 s 作为基金每期提交订单量大小的代理变量，我们可以得到不同的 s 下市场波动性的变化，结果如表 2－3 所示。

表 2－3　　交易量大小对市场质量的影响模拟结果

s	0.1	0.3	0.7	1.0
σ_p	0.0297	0.0368	0.0489	0.0542
s	0.1	0.11	0.12	0.15
sp_t	0.2017	0.2085	0.2150	0.2245

从表 2－3 可以看出，随着 s 的增加，σ_p 和 sp_t 不断增大，即当基金每期提交的交易量增加时，市场波动性和交易成本提高，流动性下降。基金相比于散户拥有更多的资源，同时羊群效应的存在使得众多基金投资行为更具有一致性，从而使得大量来自基金的资本出现同买同卖现象，对价格的影响增强，加剧了价格波动。另外，由于基金为了尽快实现信息优势和策略安排，订单均采用市价形式提交，成为流动性需求方，消耗了限价订单提供的订单厚度，从而降低了市场流动性增加了市场交易成本，市场价差提高。所以基金的交易量与市场质量负相关，即基金的交易量越大，市场质量越低。这种影响在基金面临大量赎回行为时最为明显，投资者的赎回行为将迫使基金将持有的大量风险资产清盘，牺牲收益换取流动性，在短时间内提交大笔订单。这种大规模的交易行为将增加股价波动，降低市场流动性，市场质量下降（见图 2－3、图 2－4）。

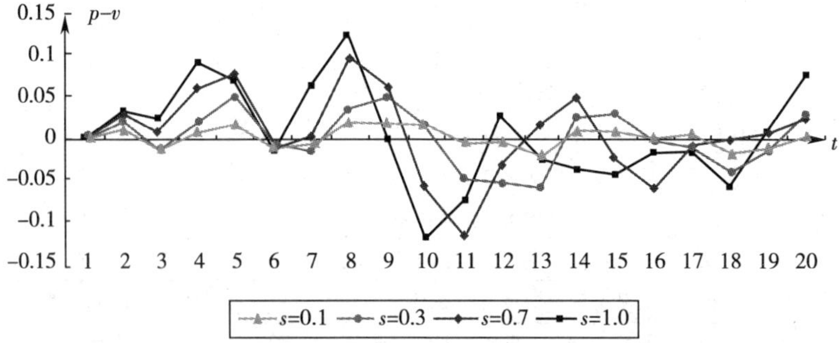

图 2－3　基金交易量对资产价格变动影响模拟结果

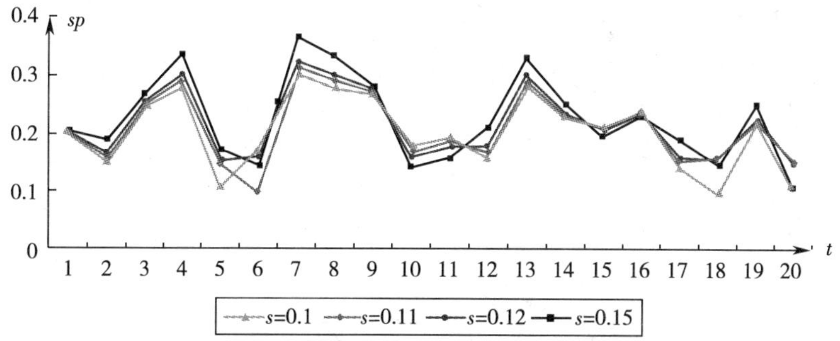

图 2－4　基金交易量对市场价差变动影响模拟结果

（二）基金持股行为

从模型分析中可以看出，基金持有股票行为会影响到散户可交易的资产数量。在资产总供给不变的情况下，基金持有的股票越多，散户持有的股票越少，每个散户可以交易的股票数量越少，从而影响到均衡时买方和卖方提交的交易数量，对价格产生影响。基金持股行为可以通过 q 来考察。q 越小（大）表示基金持有的股票数量越多（少），散户可交易的股票数量越少（多）（见图 2－5、图 2－6）。表 2－4 显示了不同的基金持股水平下市场流动性和波动性的情况。

表 2－4　　基金持股对市场波动性和流动性影响模拟结果

q	0.001	0.003	0.005	0.007	0.009
σ_p	0.0609	0.0587	0.0528	0.0493	0.0448
$\Delta\sigma_p/\Delta s$	0.0560	0.0625	0.0595	0.0420	0.0390
sp_t	0.2310	0.2097	0.1965	0.1998	0.2017
$std(sp_t)$	0.0893	0.0704	0.0743	0.0675	0.0632

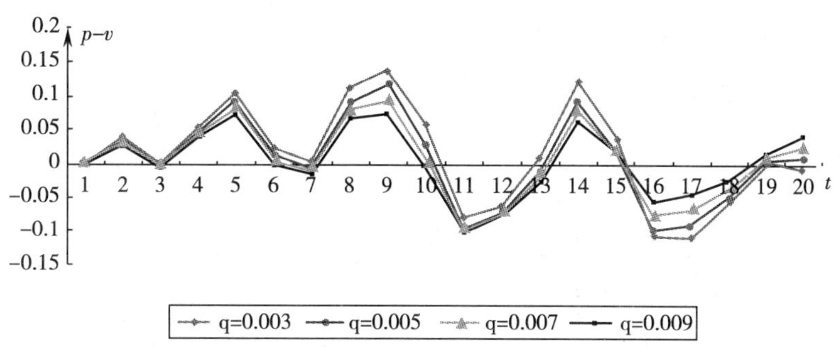

图 2－5　基金持股行为对资产价格行为影响模拟结果

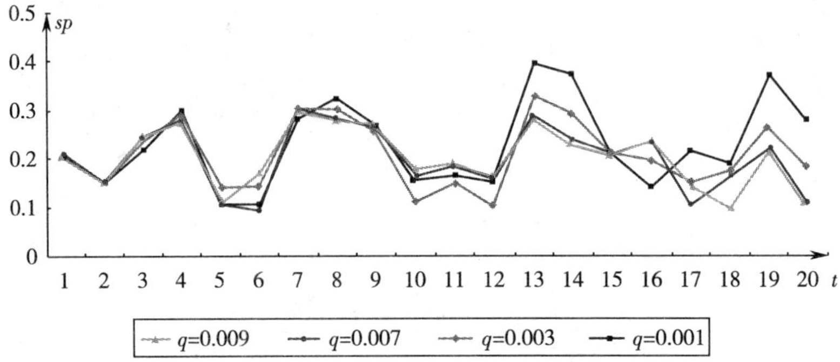

图 2－6 基金持股行为对市场价差行为影响模拟结果

从表 2－4 结果可以看出，随着单个散户持股数量增加，市场质量提高。一方面随着 q 增加，σ_p 不断变小，说明市场波动性降低；虽然 $\Delta\sigma_p/\Delta s$ 和 sp_t 并非完全单调变化，但总体呈现下降趋势，说明市场流动性提高。同时，q 越大，价差的波动率越小，即散户持股数量的增加将降低价差的波动性，减小交易成本的不确定性。由于散户对于资产价格评估结果异质，不同于基金评价的一致性，散户通常扮演基金交易对手的角色，同时散户会依据自身的效用情况提交限价订单，为基金的市价订单提供成交可能，是流动性供给方。当散户持股数量上升，市场参与者更容易找到交易对手，一个价位上限价订单数量增加，市场深度提高，从而提高市场流动性。所以基金持股行为将降低市场质量，基金大量持股提高了资产集中度，散户拥有的可交易资产更少，交易过程中每个价位上提交的订单量更少，订单厚度更小，交易者更难找到交易对手。表现在基金持股水平高的市场中，价格波动性、流动性系数和价差水平更高，市场波动性更高流动性更差，市场质量更低。

（三）基金反馈策略

基金行为并非完全理性，会有一部分基金在交易时采用反馈策略，即根据过去资产的收益情况来预测未来的收益。本书模型中采用过去收益率简单平均作为未来收益率的预测值，而处于简化模型又不失一般性，假设滞后期为 1，即用上期收益来预测未来收益。市场中采用反馈策略的基金资产不同比例与市场流动性和波动性的模拟结果参见表 2－5。

表 2－5 基金反馈策略对市场波动性影响模拟结果

γ	0.1	0.3	0.5	0.7	0.9
σ_p	0.1614	0.1144	0.0419	0.0316	0.0297

从表 2－5 可以看出，随着 γ 增大，σ_p 不断减小。说明基金采用反馈交易

的资产比例越低（高），市场波动性越小（大）。基金交易的反馈策略将增加市场的波动性。由于反馈交易中用过去的收益预测未来收益，使得在资产价格上涨期，基金相信未来上涨势头可以持续从而进一步买入资产，推动价格上涨，价格上涨更进一步推动了基金的买入行为，形成正反馈机制。只有当资产价格与真实价值偏离较大时才会打破这种反馈。在资产价格下跌期会有同样的反馈机制。基金理性交易策略将减小市场波动性。理性交易基于资产的真实价值，当价格高于或低于资产真实价值时，基金便会卖出或买入资产，从而抑制价格偏离真实价值的程度。当基金完全采用信息交易策略时（即 $\gamma=1$），价格将完全等于真实价值。所以基金的信息交易策略可以将有效信息带入市场，借助自己的资金优势抑制甚至抹平散户噪声交易带来的干扰，降低价格波动性提高市场质量（见图 2－7）。

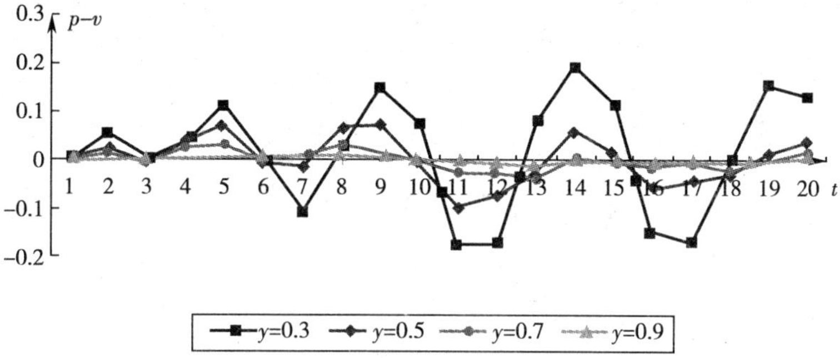

图 2－7 基金反馈策略对资产价格行为影响模拟结果

（四）基金行为对市场质量影响总结

通过模拟结果可以看出，由于基金的资金优势，基金投资行为对于市场价格走势有很强的影响力。不同的交易策略对于市场的影响截然不同，所以基金对市场质量的影响并不能一概而论，总结如下：

第一，基金具有信息优势，可以通过交易行为将有效信息带入市场。当基金行为完全理性时，他们将卖出高估资产，买入低估资产。相对于散户的资金优势使得基金对价格有足够的影响力，此时价格始终等于真实价值，完全抵消散户的非理性投资。所以基金的理性投资行为将大大提高市场信息含量，降低市场非理性波动。此时基金的交易金额、散户的持股量对价格不再有影响。另外，基金为了避免逆向选择风险尽快实现信息优势，将偏好提交市价订单，成为流动性需求方。基金的交易行为将消耗市场流动性，提高市场价差，增加交易成本，降低了流动性从而降低市场质量。所以基金交易行为对市场质量的影响是两方面的，一是通过将有效信息带入市场提高了市场质量，二是通过提交市价订单消耗了流动性降低了市场质量。

第二，基金的非理性行为（如反馈交易策略）会使价格产生波动，偏离资产真实价值。所以非理性的基金行为将降低市场信息含量，从而使得市场质量恶化。恶化程度决定于基金交易量（s）、非理性投资量比例（γ）等变量。s 越高，基金交易量越大，越多非理性行为反映到价格中，市场波动性增加，市场质量越低。当 γ 增加时，反馈策略交易量比例增加，单笔交易中更多的非理性行为反映到价格中，所以市场波动性提高，市场质量降低。

第三，市场质量与资产集中度负相关，当基金持有较多资产时，散户拥有的可交易的资产量减少，交易过程中同一价位提交的限价订单量减小，订单厚度下降，流动性降低，另外订单厚度下降使得投资者的一笔交易需要在更不利的价位上完成，增加了交易成本和价格波动性。基金持股行为将通过改变资产在投资者之间的分布情况来影响市场流动性和波动性。基金持股数量增加（减少）将降低（提高）单个散户持有的资产数量，从而订单厚度减小（增加），流动性降低（提高），市场波动性增加（降低）。所以基金持股量增加将降低市场流动性，增加市场波动性，使得市场质量下降。

3 基金交易行为对市场质量冲击：实证分析

3.1 证券市场质量指标与统计检验

3.1.1 基于市场微观结构的研究设计

根据本书对证券市场质量内涵的确定来对证券市场微观结构中指标进行选择，包括流动性、信息效率和波动性等多个方面。由于证券市场微观机构作为影响价格形成的内生变量，对流动性、波动性、透明度等指标产生影响，进而影响到投资者的交易行为和市场在投资者之间中介作用的发挥。

针对基金行为对市场质量的影响，本书研究视角正是从市场微观结构出发，利用基金账户数据和市场高频交易数据，检验证券价格形成中证券投资基金投资行为对市场质量的影响。在研究过程中，我们从市场质量的统计指标设计入手，重点研究中国证券投资基金的投资仓位变化对证券市场质量的冲击效应。

为实现研究设计，在本项研究中提出如下研究假设：

假设一：基金仓位变化行为能够改善证券市场流动性，提高证券市场的信息效率。

监管部门引入机构投资者，在于提高市场效率和改进市场流动性。Bohl（2006）研究发现，基金的正反馈交易和羊群效应并不一定助长股价波动，若机构投资者具有羊群效应并全部及时对相同的关于股价基本面的信息作出反应，那么机构投资者加速了股价对新信息的调整，从而使股票市场更加有效。在此，我们假定基金持仓行为及其仓位调整能够改善市场流动性，提高市场效率。

假设二：基金仓位净值加减行为增加市场波动，尤其是基金重仓股的波动性。

当由于外部因素而导致机构投资者争相卖出或买进股票时，买卖压力也许会超过市场所能提供的流动性，进而导致股价的不连续性和“雪崩效应

(cascade effect)”。尤其是在“羊群效应”的作用下，受到正反馈效用的推动，基金投资行为会增加市场的波动性，从而可能破坏股市的价格稳定。基金仓位净值加减行为增加市场波动的原因可能有：第一，基金的大额交易和程序交易可能会造成更大的波动性（Kothare 和 Laux，1995；Sias，1996）；第二，在市场情绪高涨和市场恐慌时，共同基金同样存在一定的噪声交易行为（Brown 和 Brooke，1993）；第三，基金羊群效应的存在，可能会加剧市场的波动性（Lakoniskok 等，1994）。

假设三：市场异常波动期间，有利于改善市场质量，起到稳定市场作用。

在市场异常波动期间，共同基金的行为相对理性，证券投资基金的负反馈投资策略有利于股市的长期稳定，基金市场稳定机制得以发挥。Lakoniskok 等（1994）提出机构投资者比个人投资者更富有弹性。Zweig（1973）和 DeLong 等（1990）提出机构投资者通过冲销个人投资者的非理性行为从而起到市场稳定的作用。Wermers（1999）研究发现，美国开放式基金的羊群效应加速了股价的调整过程，从而促进了市场稳定。

假设四：基金仓位加减行为对证券市场产生流动性冲击是瞬间的，不具有持续性。

根据 Holthausen 等（1990）对交易大单的市场效应的研究，交易价格影响分为短暂性冲击（temporary impact）和持久性冲击（permanent impact）。证券投资基金提交的大额交易指令在短期内很难被公众市场消化，基金仓位急剧变化产生瞬间冲击效应，但随着大额订单的成交，市场弹性得以恢复，信息快速融入股价，波动冲击性不再持续。关于交易执行成本的研究表明，在短期内拥有私人信息的机构投资者指令对价格存在较大影响，造成市场流动性冲击。

3.1.2 市场质量的统计指标

本章从基金持股与投资行为对市场质量的影响切入，选择的市场质量的统计指标如下：

1. 流动性的三维指标。我们按照 Kyle（1985）和 Harris（1990）对流动性的定义将市场流动性分解为以下四个方面的内容：宽度（width）、深度（depth）、弹性（resiliency）和即时性（immediacy）。对流动性衡量选择了如下三维的流动性指标：

（1）相对宽度。采用相对宽度指标来评价市场信息透明度与交易成本。相对宽度就是交易价格偏离市场均衡价格的相对幅度，定义为

$$2|P_a - P_b|/(P_a + P_b) \tag{3.1}$$

式中：P_a 表示卖一价；P_b 表示买一价。买卖价差越小，则表示交易完成的速度越快，市场的流动性也就越好。

（2）深度。采用市场深度表示深度，衡量不影响当前价格条件下所吸收的成交量，定义如下：

$$(Vol_a + Vol_b)/2 \tag{3.2}$$

式中：Vol_a 和 Vol_b 分别是主动性买盘金额和主动性卖盘金额，单位万元。同样，在多个买卖报盘的情况下，用“卖一”报盘额与“买一”报盘额的平均值来表示深度。

深度和宽度通常是相反关系，深度越大则宽度（买卖价差）越小，反之亦然。

（3）速度。速度指标衡量交易在时间上是否能够立即执行。流动性的高低表现为证券交易能否迅速、无阻碍地进行，交易的即时性越强，市场的流动性越高。本研究定义速度为日成交量与深度之比来衡量流动性的即时性（immediacy）。

$$Lv = V/Depth \tag{3.3}$$

式中：Lv 即速度；V 是日成交量；$Depth$ 即深度。

2. 冲击成本。交易成本在市场微观结构领域是一个非常重要的问题，流动性冲击成本作为交易成本的重要组成部分，是市场质量的综合体现，也是流动性的直接衡量指标。交易成本和交易时间决定了证券市场的流动性，进而影响到投资者根据市场信息改变投资组合的速度和能力，从而对市场效率造成影响。

这里我们采用 Hasbrouck（1991）基于向量自回归模型（VAR）所构建的冲击反应指标，通过报价和交易相关冲击，分析交易对价格的冲击和交易的私人信息：

$$\begin{aligned} r_t &= \sum_{i=1}^{5} a_i r_{t-i} + \sum_{i=0}^{5} b_i X_{t-i}^0 + v_{1,t} \\ X_t^0 &= \sum_{i=1}^{5} c_i r_{t-i} + \sum_{i=1}^{5} d_i X_{t-i}^0 + v_{2,t} \end{aligned} \tag{3.4}$$

式中：t 表示第 t 笔交易；r_t 是买卖报价中点 q_t 的变化，$q_t = \frac{b_t + s_t}{2}$，$b_t$、$s_t$ 分别为买一价和卖一价，$r_t = q_t - q_{t-1}$；X_t^0 可为交易方向（买入记为 1，卖出记为 -1，否则为 0）或者为带交易方向正负号的交易量的平方。本书基于考察机构增减仓行为对流动性冲击的目的，需要对比不同股票之间的流动性冲击，因此记 X_t^0 为交易方向（买入记为 1，卖出记为 -1，否则为 0），r_t 为报价中点的对数价差［$r_t = \ln(q_t) - \ln(q_{t-1})$］。

这里根据高频分笔数据计算每个股票每天的 *Hasbrouk* 流动性冲击反应指标，*VAR* 模型中 b_0 表示为当期成交方向对交易报价的冲击（即期流动性冲击）、$\sum_{i=0}^{5} b_i$ 表示为交易对报价的持久性冲击（持久流动性冲击），取值越大表明交易对报价的冲击越大，即该股票或市场的流动性较小。

3. 波动率

（1）异质波动率。这里运用 *GARCH* 模型来拟合样本股票的异质波动率，并考察其时序特征，从而来衡量市场的波动性。广义自回归条件异方差（*GARCH*）模型对收益率波动建模，可表达为：

均值方程：$R_{it} = \mu + u_{it}$，u_{it} 是随机干扰项。

方差方程：$u_{it} = \sigma_{it} V_{it}, V_{it} \sim N(0,1)$

$$\sigma_{it}^2 = \omega + \alpha \cdot u_{it-1}^2 + \beta \cdot \sigma_{it-1}^2 \tag{3.5}$$

根据上式计算得到的条件方差 σ_{it}^2，代表了股票 i 的时变的异质波动性。

（2）小波分解。*GARCH* 衡量了市场异质波动，含有部分噪声交易者的外部冲击。为刻画样本的波动趋势，在此对部分样本小波分解方法进行去“噪”处理。处理过程如下：首先对实际信号进行小波分解，选择小波并确定分解层次为 *N*，则噪声部分通常包含在高频中。然后对小波分解的高频系数进行门限阈值量化处理。最后根据小波分解的第 *N* 层低频系数和经过量化后的 1 ~ *N* 层高频系数进行小波重构，达到消除噪声的目的，即抑制信号的噪声，在实际信号中恢复真实信号（具体参见第 5 章）。

3.1.3 统计性检验

（一）样本和数据说明

1. 样本。选取上证 180 指数样本，剔除数据不全，最后确定 102 只具有买卖报价单高频数据的上证 180 成分股作为原始样本。

2. 研究区间。2007 年度。

3. 数据。高频数据全部来自国泰安高频率数据。

4. 基金账户。交易上证 180 指数样本的全部基金，来源于上海证券交易所金融创新实验室。

5. 仓位变化类型与基准日的设定。基金仓位变化按照基金持股仓位净值变化来划分，仓位显著净买入为基金加仓类型，仓位显著净卖出为基金减仓类型，仓位变化不明显为基金震仓类型，基准日按照基金持有某股票的仓位变化趋势来设定。

（二）市场质量“三维指标”统计检验

1. 相对宽度指标。按照基金持仓变化类型划分来，基金仓位震荡类型的股票在基准日之后20个交易日内相对价差要远高于基金减仓与加仓类型的股票，平均达到0.055，可以推断由于机构之间的分歧比较大，导致了其股价流动性相对较差，使得信息融入股价的效率低。在设定的仓位显著变化期之后的（20，40）期间，基金仓位变化行为已经基本结束，基金进行加仓行为的股票相对价差变化最小，表明这些基金重仓持有的股票流动性最好，尤其是在基金等机构锁仓之后，基金为这类股票提供了很好的流动性，由于相对宽度指标可以表示信息不对称程度的变化，可以表明基金加仓类股票的信息传递效率最高，股价可以有效地吸纳市场中的信息（见图3－1）。总体而言，对于基金的持仓行为变化与宽度流动性指标之间的关系，基金仓位震荡类型的股票价格的信息传递效率最低，基金减仓类型的次之，基金加仓类型的最高，可以初步验证课题的假设一中的基金仓位变化行为与市场信息传递效率的关系，特别是显著加减仓行为能够提高证券市场的信息效率。

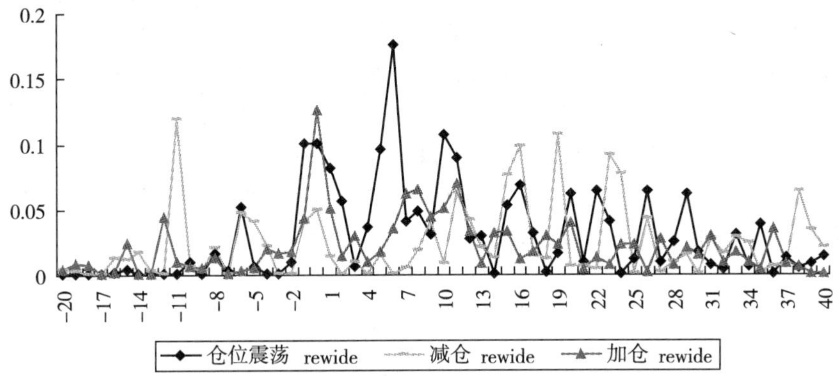

图3－1　基金增减仓前后股票的宽度指标变化

2. 深度指标。从市场深度指标的走势来看，在基金仓位显著变化前期与仓位显著变化期间两个阶段中我们所划分的三类基金行为的股票的市场深度指标变化趋势是基本一致的，基金仓位震荡类型的股票略高一些，表明在牛市期间，在特定价位上有交易意愿的投资者较多，能够提供机构震仓时所需要的流动性。在基金仓位显著变化后期，基金明显有减仓行为的股票具有最高的深度，平均水平大约是其他两种类型的2倍，可以推断在牛市期间，各类投资者互相提供了很好的流动性，基金等机构投资者可以顺利在牛市期间调整仓位，更换股票，结合宽度指标来分析，即使宽度指标相对较高，也没有呈现深度指标变小的趋势，基金的减仓行为在短期内并不会对市场造成很大的冲击；其中基金震仓行为的股票，深度指标最小，对于这类机构投资者意见分歧明显的股票，提供流动性的投资者参与度较低（见图3－2）。

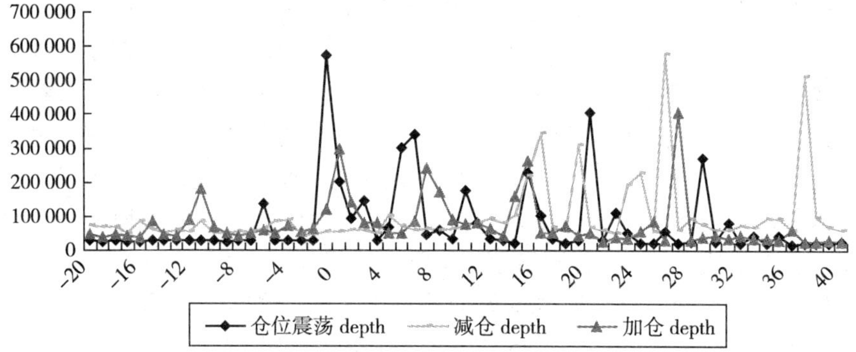

图 3－2 基金增减仓前后股票的深度指标变化

再从速度指标来看，基金明显加仓行为的股票具有最高的速度指标，在加仓期间平均达到 1.9 水平，结合深度指标来看，基金显著加仓行为对股票的交易冲击性较小，不仅此类型股票有着很好的流动性，能够快捷地完成成交，也便于信息传递；而处于基金明显减仓期间的股票速度指标最小，基金的减仓行为对股票流动性有着较为明显的负面冲击效应，这与显著减仓后期比较尤为明显。基金不断震仓行为的股票速度指标分阶段变化不大，相对于基金加仓行为的股票速度指标要小（见图 3－3）。

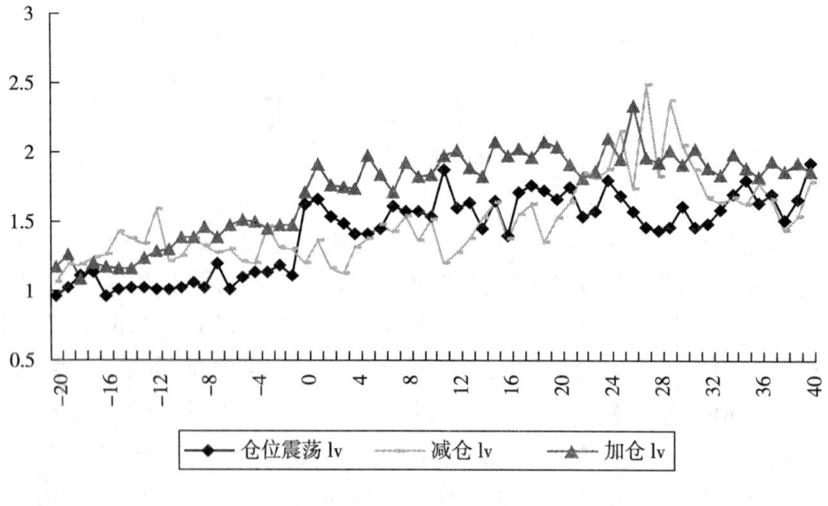

图 3－3 基金增减仓前后股票的速度指标变化

表 3－1　　基金行为仓位变化期间市场指标的描述性统计

指标均值	时间	基金行为仓位		
相对宽度		仓位震荡	减仓	加仓
仓位显著变化前	(－20，－1)	0.010924	0.01808	0.011937
仓位显著变化期	(0，20)	0.055391	0.029686	0.038418
仓位显著变化后	(21，40)	0.021907	0.024283	0.013641
超额收益		仓位震荡	减仓	加仓
仓位显著变化前	(－20，－1)	0.000865	0.005442	0.000806
仓位显著变化期	(0，20)	0.005989	－0.00296	0.008684
仓位显著变化后	(21，40)	0.000216	1.28E－05	0.001857
波动性		仓位震荡	减仓	加仓
仓位显著变化前	(－20，－1)	0.000833	0.000921	0.001142
仓位显著变化期	(0，20)	0.000981	0.000952	0.001278
仓位显著变化后	(21，40)	0.001037	0.000949	0.001277
深度		仓位震荡	减仓	加仓
仓位显著变化前	(－20，－1)	62314.63	63965.07	65341.8
仓位显著变化期	(0，20)	119157.3	102769.1	107768.5
仓位显著变化后	(21，40)	47579.53	133014.5	56643.58
速度		仓位震荡	减仓	加仓
仓位显著变化前	(－20，－1)	1.064213	1.293715	1.327918
仓位显著变化期	(0，20)	1.588427	1.394496	1.897537
仓位显著变化后	(21，40)	1.618938	1.823885	1.940736

结合上述流动性的三维指标描述性分析，我们从基金的加仓行为的直观走势中可以发现，基金显著的加仓与减仓行为可以较好地改善证券市场流动性，能够有效将信息融入股价，而基金震仓行为的股票流动性相对较差，信息效率相对较低。若暂不考虑市场的牛市氛围，可以初步推断假设一基本符合市场事实，但是考虑到牛市氛围下市场存在单边上扬的趋势，所以基金行为存在趋势投资，在基金重仓股上有羊群行为。

（三）冲击成本

对于基金仓位变化行为的流动性冲击如图 3－4 所示，我们可以发现，基金增减仓使得流动性发生较大变化；初步可以发现即期流动性冲击指标（bb0）在时间分布上存在明显差异。

增减仓之前，要被减仓个股的流动性要小于要被增仓个股，冲击成本要大（即 f_ bb0 > r_ bb0）；而在实施增减仓后，增仓的冲击成本要比减仓的大些；在基金增仓期间要比减仓期间（$T>0$）对流动性的冲击大些（即 r_ bb0 > f_ bb0）、流动性小些。从图上只能推断基金仓位加减行为对证券市场产生流动性冲击，不能确定流动性冲击的显著性与持续性，那么这里对假设四还不能明确验证。

基金在增减仓后（$T>0$），基金增仓时的冲击成本要比减仓时的大（r_ bb0 > f_ bb0），相反基金在增减仓之前（$T<0$），将来要增仓的个股的冲击成本要比将来要减仓的冲击成本要小（f_ bb0 > r_ bb0）。这与前面的结论一致，即表明基金的增仓行为与即期流动性冲击指标多成正比，基金在增仓过程中不断发挥知情交易者的优势，挤出了部分噪声交易者；相反，增仓之前，由于该股基金参与程度较低，因而流动性反而比那些将要减仓的个股要高，即将要增仓的个股在增仓前的流动性由大量的非基金投资者组成的噪声交易者提供。

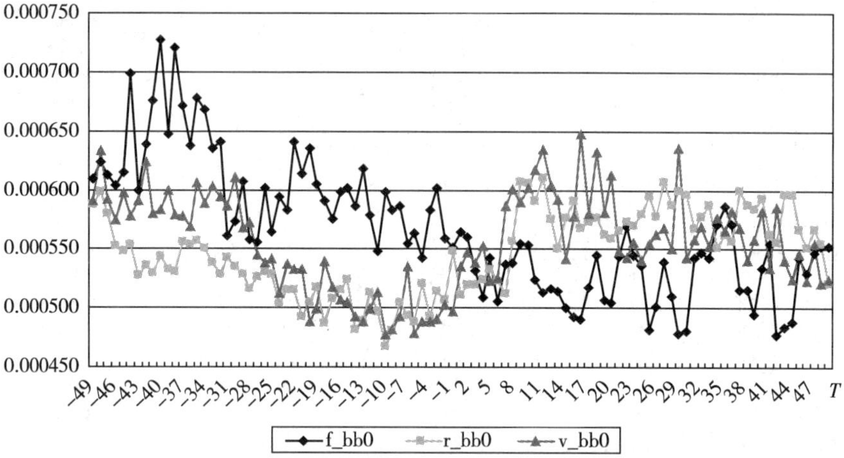

注：f_ bb0 为基金减仓个股的即期流动性冲击；r_ bb0 为基金增仓个股的即期流动性冲击；v_ bb0 为基金无明显增减仓个股（即仓位震荡期）的即期流动性冲击（f = 减仓、r = 加仓、v = 变动不大）。

图 3-4 基金增减仓前后股票的 Hasbrouk 即期流动性冲击指标的变化

（四）波动性统计

接下来，我们分析基金行为对市场波动的影响。从图 3-5 中可以看出基金加仓类型的波动性明显要高于其他两种基金仓位变化类型，可以推断基金的显著加仓行为对股票的价格波动产生了明显的冲击，尤其在显著加仓期间。不过基金在对股票的显著加仓过程中，买入笔数要少于卖出笔数，其余两个阶段则是相反，可能这样的加仓操盘手法对股票的异质方差产生了很大的冲击影响。基金有明显减仓行为的股票的异质波动性相对较小，期间且是买入

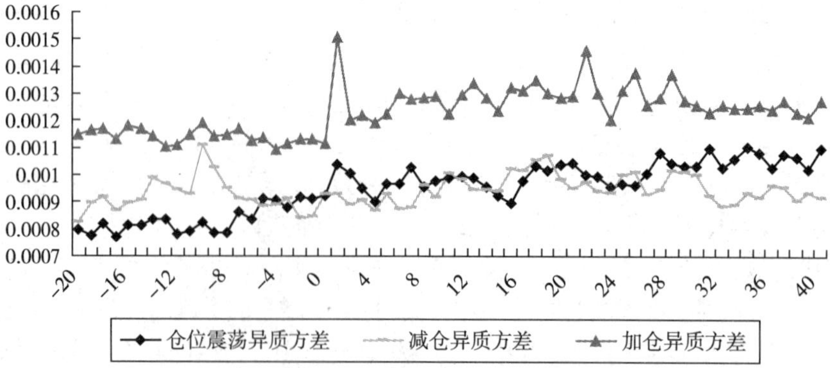

图 3-5 基金增减仓前后股票的 GRACH 冲击

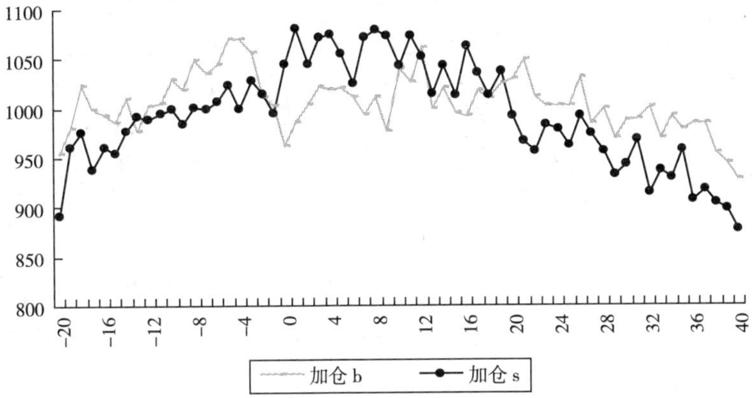

（a）加仓情况

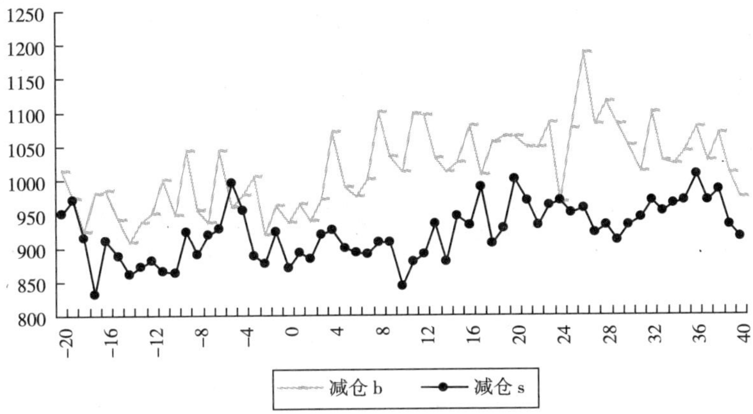

（b）减仓情况

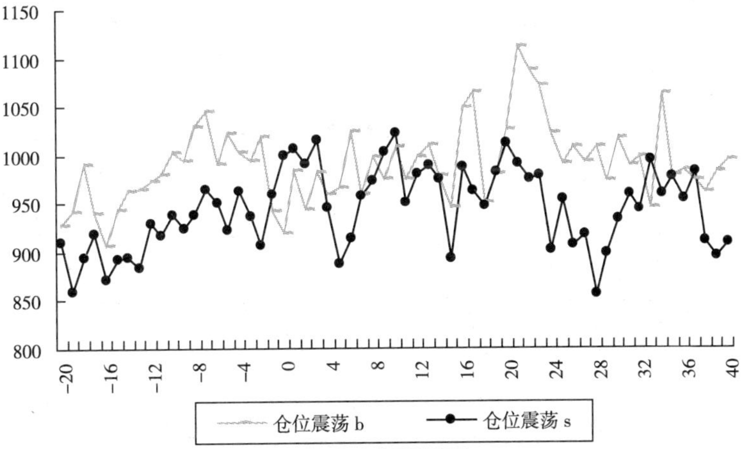

（c）仓位震荡情况

图 3-6　基金增减仓前后股票的买卖报价

笔数要明显地大于卖出笔数，这样的操盘手法便于迷惑其他类型的投资者，便于基金减仓顺利进行。而基金震仓行为的股票买卖笔数基本持平，随着时间而互为消长，则对异质方差有一定的影响。这部分可以比较直观地验证假设二中基金仓位净值的显著变化，尤其是显著加仓行为确实增加了市场波动，不过基金重仓股的波动性如何受到影响还需要进一步实证分析。

（五）超额收益统计

基金仓位变化行为必然会对资产组合配置中的股票收益产生影响，从超额收益 AR 来看，按照三个阶段来分析，基金加仓行为的股票能够获取正的超额收益，基金显著减仓行为的股票获得负的超额收益，而基金震仓的股票超额收益由正而负，基本属于零收益，不过从累计超额收益 CAR 来看，基金震仓类型的股票也可以获取阶段性的正的超额收益。基金减仓行为的股票 CAR 最小，而基金显著加仓行为的 CAR 显著高于其他两种基金行为的股票（见图 3－7）。

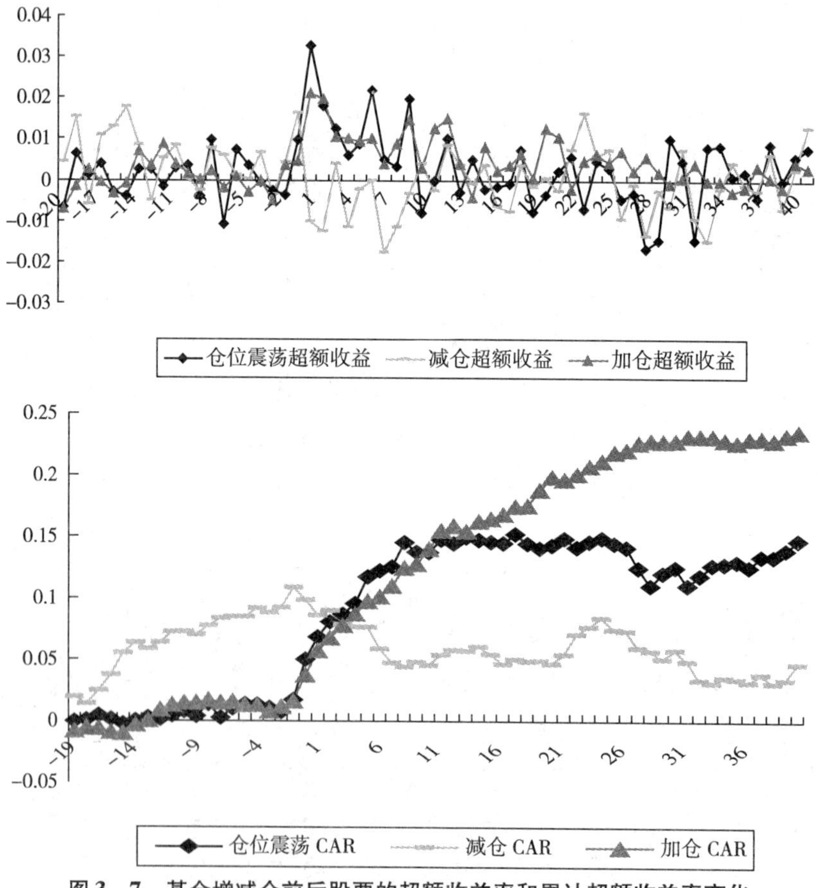

图 3－7　基金增减仓前后股票的超额收益率和累计超额收益率变化

（六）统计指标 t 检验

根据以上市场质量相关指标统计，为了考察所选择划分标准的可靠性，对统计指标的分阶段对比的 t 检验如表 3－2 所示。

首先从（－20，－1）与（0，20）阶段比较来看，从基金加仓行为能够很显著地区分出两个阶段中市场质量指标的显著变化，包括市场深度、速度、宽度、波动率等指标在这两个阶段有显著区别。基金减仓与震仓行为基本上也能较好地在流动性指标上显著区分出这是不同的阶段的表现。总体而言，基金加仓行为最能促使市场质量指标出现明显的阶段性特征。

再对（0，20）与（21，40）阶段比较，这两个阶段是基金仓位显著变化期间与之后的阶段划分，（21，40）阶段基金对应行为只是与前一阶段显著程度有所不同，并不等于基金没有发生仓位变化。除了基金震仓行为在市场质量指标方面可以很好地显著区分这两个阶段，基金减仓与基金加仓行为并不能很显著地区分开这两个阶段，由于基金的加减仓行为具有一定的持续性，只是加减仓显著程度不同而已。

表 3－2　统计指标分阶段 t 检验分析

	（－20，－1）与（0，20）阶段比较					
	基金减仓		基金加仓		基金震仓	
Variable	t Value	Pr ＞ | t |	t Value	Pr ＞ | t |	t Value	Pr ＞ | t |
sigma2	－1.61	0.1159	－7.48	<.0001	－10.11	<.0001
ar	3.9	0.0004	－4.82	<.0001	－1.96	0.0568
rewide	－1.24	0.2238	－3.97	0.0003	－4.1	0.0002
depth	－2.06	0.0464	－2.28	0.0284	－1.53	0.1349
lv	－2.44	0.0194	－14.15	<.0001	－16.29	<.0001
b	－4.02	0.0003	0.6	0.5506	－0.61	0.5438
s	－0.43	0.6696	－7.08	<.0001	－4.87	<.0001
Bb0	7.89	<.0001	－6.77	<.0001	－9.16	<.0001
sumbbtot	3.18	0.0029	－5.05	<.0001	－6.33	<.0001
	（0，20）与（21，40）阶段比较					
Variable	t Value	Pr ＞ | t |	t Value	Pr ＞ | t |	t Value	Pr ＞ | t |
sigma2	0.23	0.8161	0.04	0.9697	－4	0.0003
ar	－1.23	0.2258	4.41	<.0001	1.97	0.0566
rewide	0.59	0.5593	3.85	0.0004	3.18	0.0029
depth	－0.81	0.4236	－0.67	0.5084	2.49	0.0172
lv	－6.45	<.0001	－1.17	0.249	－0.75	0.4576
b	－1.89	0.066	2.86	0.0067	－1.75	0.0881
s	－4.18	0.0002	11.68	<.0001	2.64	0.0119
Bb0	－0.62	0.5392	－2.71	0.0099	2.01	0.0514
sumbbtot	－2.48	0.0177	－4.98	<.0001	－0.47	0.6387

3.2 交易成本和流动性冲击检验

在这一部分，我们通过交易所基金买卖行为数据以及投资者买卖报单的高频数据，分析基金行为（主要是基金增减仓以及基金关注度）对市场流动性的冲击影响。

3.2.1 流动性冲击实证结果说明

根据 Hasbrouck（1991）向量自回归模型（VAR）所构建的冲击反应指标，我们对样本的流动性冲击反应指标描述如表 3－3 所示。

表 3－3　Hasbrouck 流动性冲击反应指标与公司规模关系

	即期流动性冲击	持久流动性冲击	公司规模	流通股占比
即期流动性冲击	1.00	0.63	-0.15	0.06
		<.0001	<.0001	<.0001
持久流动性冲击	0.63	1.00	-0.25	0.11
	<.0001		<.0001	<.0001

注：公司规模取 2007 年末 A 股总市值，流通股占比为 2007 年末流通股占 A 股总股本的比例。

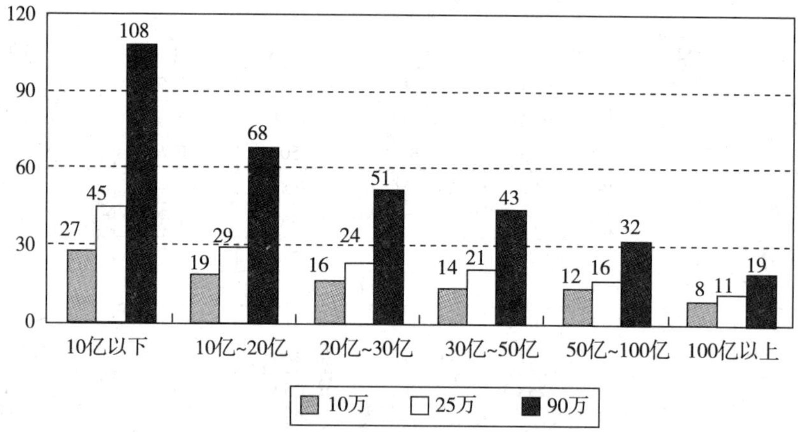

注：数据源自上交所《2007 年市场质量报告》。

图 3－8　按流通市值分组的价格冲击指数（2007 年，上交所）

对比上交所运用价格冲击指数计算的流动性指标与 Hasbrouck（1991）流

动性冲击反应指标，我们发现对于流通市值100亿元以上单笔10万元的价格冲击指数为8BP，相对于Hasbrouck即期流动性冲击平均5.3BP略高，其原因大致可以解释为180样本股2007年单笔成交金额有超过50%为6万元以下，金额要比10万元小些；另一方面是计算单笔10万元的价格冲击指数采用的是静态流动性指标，只考虑了对限价指令单的冲击而没有考虑实际运行中市价指令单的存在，所以相对Hasbrouck（1991）模型低估了市场流动性。因此，这里采用Hasbrouck流动性冲击指标虽然在模型构建上与价格冲击指数存在差别，但是实际效果上具有一致性。

表3－4　　Hasbrouck流动性冲击反应指标等变量的描述统计

变量名	最小值	下四分位数	中值	上四分位数	最大值
即期流动性冲击（BP）	1.64	4.26	5.25	6.50	37.16
持久流动性冲击（BP）	－0.62	1.50	2.07	2.90	20.99
每笔成交金额（元）	3.51	19500	60926	184470	5.38E＋08
流通市值（亿）	39.66	84.58	131.99	279.40	2492.02

注：流通市值取2007年末102只样本的A股流通市值，每笔成交金额指样本股2007年全年每个交易日的实际成交金额数据。

3.2.2　基金行为与流动性相关性分析

为了分析流动性的影响因素尤其是基金增减仓以及股市涨跌对市场流动性的影响，这里采用枚举法与归纳法相结合的办法进行分析。从表3－5中，我们可以清晰地看出，在大盘大跌的时候流动性冲击指标值较大，市场流动性较差，例如“2·27”、“5·30”大跌时，基金虽分别表现为减仓和增仓，但是面对大跌，市场流动性下降，冲击成本上升却是共性；相反，在市场大涨的时候流动性冲击指标较小，市场流动性较好，例如2007年历次大盘涨幅超过3.7%时，市场流动性均表现较好，Hasbrouck即期流动性冲击成本多在2个基点以下。同理，对于基金增减仓行为，则通过描述统计较难发现两者之间存在显著的线性关系。从这部分的结果可以推断课题假设三部分不成立，在市场异常波动期间，基金并没有起到很好的稳定市场作用，相反是加剧了对市场的冲击程度，不过对于基金行为是否改善市场质量，仍需要进一步实证分析。

表 3-5 流动性冲击与大盘涨跌幅以及基金增减仓数据关系

日期	即期流动性冲击（BP）	持久流动性冲击（BP）	基金增减仓股数（万股）	上证指数当日涨跌幅（%）	日期	即期流动性冲击（BP）	持久流动性冲击（BP）	基金增减仓股数（万股）	上证指数当日涨跌幅（%）
2007-2-27	19.75	13.86	-21127	-8.84	2007-8-20	0.47	0.30	39290	5.33
2007-6-4	18.20	17.56	49135	-8.26	2007-1-15	0.04	-0.51	1580	4.74
2007-5-30	15.00	14.40	15989	-6.50	2007-7-6	2.61	3.84	21710	4.58
2007-7-5	4.55	4.97	20901	-5.25	2007-11-14	1.67	2.43	5790	4.34
2007-1-31	6.42	5.34	-37587	-4.92	2007-11-29	1.31	2.45	-1253	4.16
2007-11-8	2.84	3.21	9873	-4.85	2007-2-28	3.35	3.93	-14398	3.94
2007-10-25	5.61	6.35	4581	-4.80	2007-4-20	0.90	1.45	15360	3.92
2007-4-19	6.90	6.43	-1119	-4.52	2007-7-23	0.57	1.10	13003	3.81
2007-9-11	2.63	3.24	27812	-4.51	2007-12-24	1.66	1.43	11229	3.78
2007-11-22	2.56	2.94	3703	-4.41	2007-7-20	1.76	2.15	8202	3.73

从 Hasbrouck 流动性指标 2007 年整个交易期间每日的数值中，我们也可以清晰地看出在“2·27”、“5·30”这种暴跌的背景下无论是即期还是持续的冲击成本均异常高，远比 2007 年大盘下跌幅度在 4.5% ~5.5% 之间的若干交易日对应的冲击成本要高，那么对于市场异动期间，假设四也不成立，基

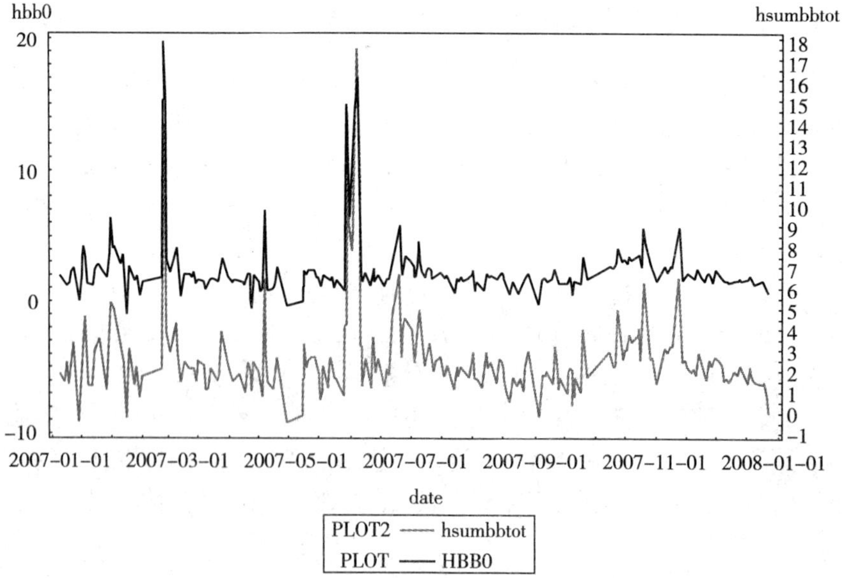

图 3-9 Hasbrouck 流动性指标（即期与持续的冲击反应）的时间序列

金仓位加减行为对证券市场产生流动性冲击不仅是瞬间的，也具有一定的持续性。因此，关注涵盖这些特殊交易日时段的基金行为将对市场具有较强的借鉴意义。

3.2.3 基金行为与流动性的回归分析

如前述“基金行为与流动性的相关性分析”部分，我们发现单纯的基金增减仓行为与市场流动性之间并没有存在显著的线性关系，这其中更多的原因在于市场流动性主要与市场的涨跌有较明显的关系，因此，我们将市场涨跌作为控制变量然后研究市场流动性与基金增减仓之间的关系。

这里我们把所选样本 102 只 180 成分股的即期和持续流动性指标作为因变量，以 2007 年末 A 股总市值的自然对数、基金持仓净变化的自然对数、基金买卖量的自然对数以及个股 2007 年末流通股占比作为自变量，考察基金行为与流动性冲击的关系。时间区间为 2007 年全年，基金持仓净变化、基金买卖量以及 Hasbrouck 即期和持续流动性指标为日频数据，即建立一个包括常数项在内的各个参数在不同交易日均相同的面板数据（panel data）模型；这个假设虽然不能详细地考察不同交易日基金增减仓行为在个股规模以及流通股占比作为控制变量的截面模型中对流动性的影响，却有助于我们了解基金行为对流动性影响的概况，这比简单的相关性分析更具有说服力。

如表 3 -6 所示，个股总市值和个股流通股占比对流动性的影响是正面的，即总市值越大、公司规模越大，流通股占比比重越大，无论是对 Hasbrouck 即期流动性冲击还是对持续流动性冲击变量均是反向关系，尤其是总市值变量，表明企业规模对股票流动性有较强支撑。

基金仓位的变化与 Hasbrouck 即期及持续流动性冲击均显著为负，表明基金的大量买入在 2007 年整个牛熊市中（牛市为主），对市场流动性起到了负面的作用，主要原因在于 A 股市场总体而言依然是散户主导的市场，市场的流动性依然是由作为噪声交易者的散户投资者所提供。同理，我们发现基金某日对股票买卖总量越大，即基金某日对某股参与程度越高（无论是卖出量还是买入量），则个股的流动性越高，表明基金的参与程度和基金对某个股票的净头寸程度在 2007 年整年中与市场流动性之间是负相关的。

从即期流动性冲击和持续流动性冲击指标来看，各控制变量以及自变量对其的影响大致是一致的，而且从图 3 -9 中可以看出包括即期流动性冲击在内的持续流动性冲击指标的数值要远小于即期流动性冲击指标，表明滞后期的流动性冲击整体而言对各股中间价的影响较小甚至为负，这表明从高频数据的角度来看，除了当期的买卖方向对报单中间价具有正向冲击外，买卖方向的滞后项对报单中间价的变化（率）影响不大，甚至为负，即市场对于单笔的买卖冲击并不能使得未来形成一致预期，存在较大的分歧，也不排除存在压盘操作。

表 3-6　基金行为对流动性的影响分析
（样本 180 成分股，时间区间为 2007 年全年）

因变量：即期流动性冲击	参数值	t 值	P_ value	因变量：持续流动性冲击	参数值	t 值	P_ value
常数项	0.000666	55.39	<.0001	常数项	0.000404	54.04	<.0001
A 股总市值（对数）	-0.000039	-22.97	<.0001	A 股总市值（对数）	-0.000029	-27.33	<.0001
基金仓位净变化（对数）	0.000001	10.5	<.0001	基金仓位净变化（对数）	0.000001	11.96	<.0001
基金买卖量总和（对数）	0.000011	12.03	<.0001	基金买卖量总和（对数）	0.000001	1.43	0.1525
流通股占比	-0.000036	-4.44	<.0001	流通股占比	-0.000003	-0.5	0.6201

通过图 3-10、图 3-11 可以发现，基金增减仓与大盘的涨跌并不一致，同时为了能够更细致地考察不同阶段基金行为对市场流动性的影响，我们以基金增减仓和大盘涨跌作为两个分类维度对整个 2007 年进行分阶段研究。

从 2007 年中，按照上证指数的涨跌趋势与对应基金整体仓位变化截取了 5 个时间段，如表 3-7 所示。基本上包括了 2007 年股票市场基本走势与基金增减仓行为。

表 3-7　样本分段

时间段	上证指数	所有基金持股仓位
2007-01-20 至 2007-02-15	下降阶段	累计减仓
2007-03-15 至 2007-05-20	上升阶段	累计减仓
2007-05-30 至 2007-06-05	下降阶段	累计加仓
2007-07-01 至 2007-10-01	上升阶段	累计加仓
2007-10-15 至 2007-12-01	下降阶段	累计加仓

根据表 3-7 所分的 5 个阶段，对基金增减仓行为对市场流动性的影响进

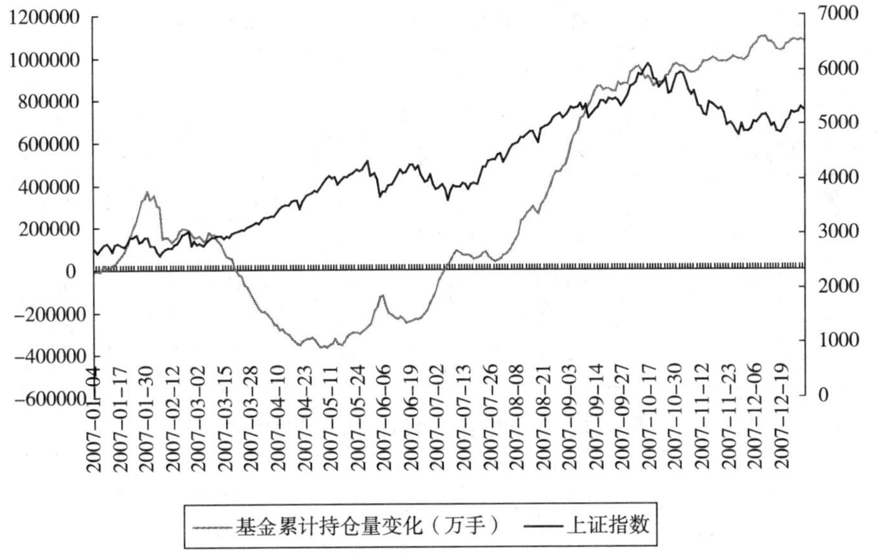

图 3－10　基金持仓情况与上证指数关系

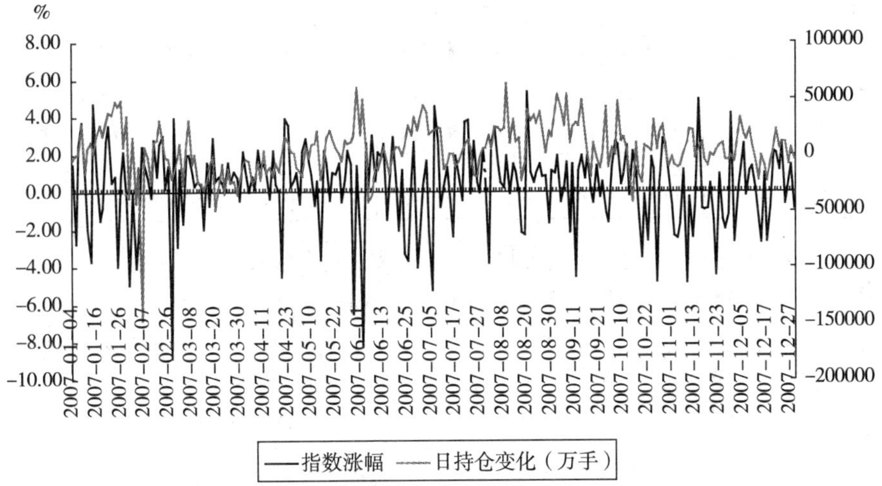

图 3－11　基金日持仓变化与上证指数波动

行回归分析，其数据结构与表 3－6 中所展示的面板数据结构及参数设定是一致的，即均采纳不同交易日不同股票各个参数固定的面板模型。回归结果如

表3－8、表3－9所示。

表3－8 基金减仓期间基金行为对市场流动性的影响

	20070120～20070215			20070315～20070520		
	股市下降、基金减仓期			股市上升、基金减仓期		
因变量：即期流动性冲击	参数值	t值	P_ value	参数值	t值	P_ value
常数项	0.000735	14.98	<.0001	0.000564	26.02	<.0001
A股总市值（对数）	－0.000033	－4.66	<.0001	－0.000017	－5.4	<.0001
基金仓位净变化（对数）	－0.000001	－1.18	0.2392	0.000001	2.79	0.0052
基金买卖量总和（对数）	0.000013	3.76	0.0002	0.000005	3.16	0.0016
流通股占比	－0.000068	－2.03	0.043	－0.000040	－2.77	0.0056

表3－9 基金加仓期间基金行为对市场流动性影响

	20070530～20070605			20070701～20071001			20071015～20071201		
	股市下降、基金加仓期			股市上升、基金加仓期			股市下降、基金加仓期		
因变量：即期流动性冲击	参数值	t值	P_ value	参数值	t值	P_ value	参数值	t值	P_ value
常数项	0.000501	16.22	<.0001	0.000655	31.41	<.0001	0.000902	29.72	<.0001
A股总市值（对数）	－0.000032	－7.66	<.0001	－0.000037	－12.98	<.0001	－0.000062	－13.26	<.0001
基金仓位净变化（对数）	0.000002	5.77	<.0001	0.000001	5.61	<.0001	0.000002	7.38	<.0001
基金买卖量总和（对数）	0.000015	6.48	<.0001	0.000008	5.03	<.0001	0.000007	2.81	0.005
流通股占比	－0.000008	－0.42	0.6772	－0.000027	－1.98	0.0472	－0.00008	－3.78	0.0002

通过这部分流动性冲击的回归模型，我们可以得到如下结论：

（1）对于个股总市值、流通股占比等控制变量而言，两者与即期流动性冲击之间在5个阶段均为负向关系，表明企业规模越大、流通比例越高，股票的流动性相对越高，这一点对于不同股票在不同的股市周期以及基金的增减仓阶段关系是一致的。

（2）基金买卖量总和指标与Hasbrouk流动性冲击指标之间为正向关系，且统计显著。基金买卖总量指标越大，虽然不能表明基金对该股票的取舍，但表明基金对该股的关注度较高，多属于基金重仓股，这说明基金买卖总量越高，基金对某股关注度越高，则股票的即期流动性冲击越大，流动性越小。根据微观金融理论，基金作为具有信息等优势的知情交易者，并不是市场流动性的提供者，因此，作为知情交易者的基金对股票参与程度越高则越会挤出大量的以散户为主的噪声交易者，使得流动性降低；这从侧面表明目前 A 股市场的基金行为存在了较高的趋同性，使得其“一致性”地成为了“知情交易者”，又“一致性”地挤出了流动性交易者。

（3）基金在加仓期，无论市场涨跌均显著地表现为对 Hasbrouck 流动性冲击指标的正向关系、对市场流动性的逆向关系，这一点结合上面基金买卖总和指标与市场流动性之间逆向关系，进一步表明，基金的加仓行为即为从流动性交易者中获取筹码的过程，也是将流动性交易者挤出该股的过程，也使得出现基金增仓越多市场流动性越差的现象。在基金减仓期、股市上涨时，虽然基金总体表现为减仓，但即使此时，基金在总体为减仓期中的增仓行为也对流动性造成了方向的冲击。需要指出的一点是，基金建仓同时市场下跌时，基金的增仓行为却与 Hasbrouck 流动性冲击指标呈逆向关系（虽然统计上显著性不高），基金增仓则市场流动性越好，即在股市下跌期间，基金增仓反而提供了市场的流动性，这表明，在股市下跌同期基金总体表现为减仓的过程中，基金充当了部分市场流动性提供者的角色，这是因为在 2007 年初市场分歧较大，基金的市场判断差异也较大，使得基金不再充当“一致性”的知情交易者角色，因而在高频数据中表现为基金在股市下跌且基金总体减仓的背景中承担了部分的流动性提供者的角色。

3.2.4 小结

总体而言，基金行为对于市场流动性而言，其作为远非我们想象的那么正面，只有在股市下行、大部分投资者减仓且基金也减仓时，基金承担了提供部分流动性的功能；而在 2007 年绝大部分时间即无论是上涨抑或是下跌、基金增仓抑或是减仓，基金参与程度越高、增仓幅度越大的时候，对市场的流动性冲击越大。这一点我们从两方面做了论证，一方面我们按基金增减仓与市场涨跌作为分组变量，并将股票的市值规模等变量作为控制变量，将市场涨跌以及股票基本面等变量的分离实现了对市场流动性与基金增减仓行为的双向关系研究；另一方面基于基金增减仓日的事件分析对基金增减仓前后市场流动性进行分析，由于事件发生日的随机分布性使得事件分析能有效地对冲个股涨跌对市场流动性的影响，事实表明事件分析的结论与回归分析的结论是一致的。事件分析表明，基金在增减仓后（$T>0$），基金增仓时的冲击成本要比减仓时的大（r_ bb0 > f_ bb0），相反基金在增减仓前（$T<0$），将来要增仓的个股的冲击成本比将来要减仓的冲击成本要小（f_ bb0 > r_ bb0）。

从微观结构角度看，这种基金增减仓与市场流动性逆向相关的特征，验证了基金等机构投资者更多地是扮演了知情交易者的角色，而且由于国内机构投资者羊群效应的普遍性使得这些基金的行为成了一致性的知情交易者，从而较大地挤出了流动性的提供者，主要是以散户为主的非基金投资者。因此，从市场流动性的角度看，保护中小投资者利益，为市场维持一定比例的流动性提供者，是市场长期关注的要点；同时，改善基金市场的构成，规范基金投资决策流程、减少内幕交易、形成多元化的基金投资主体，减少基金的羊群行为诱发的一致行动，应该是未来基金发展中需要注意的。

3.3 基金行为与证券市场质量的实证分析

在这一部分中，本研究将先对所选研究时期基金行为对证券市场质量的整体影响进行实证分析，主要是对流动性与波动性的研究；然后对国内证券市场上涨与下跌阶段对基金行为对证券市场质量的影响进行分阶段分析，其中会包括对某些市场异动阶段的研究，比如 2007 年的“5·30 异动”；最后将通过 VAR 模型来分析基金行为对证券市场质量指标的动态影响。

3.3.1 数据分析

根据前文的假设设定与部分实证分析，我们在此对研究样本的相关指标进行具体构建说明、统计分析和相关性分析。表 3－10 是所选指标的描述性统计结果。

从所选指标的整体数据的 PERSON 相关性分析来看，基金仓位净值变化和市场规模指标关系不显著，而基金仓位买卖绝对值总和市场规模指标关系在 0.01 水平下显著，说明基金在 2007 年中积极关注市值规模大的公司，但是仓位净买入并不明显，而且基金仓位净值变化与基金仓位买卖绝对值总和指标则是显著的负相关关系，可以推断的是对于规模大的基金重仓股，基金持有仓位变化不明显，对于基金重仓或者关注程度越高的股票，基金净买入越少，表明基金重仓股换手率相对较低。但是公司规模越大，与深度和速度指标都是显著正相关的，与超额收益则是负相关，可以说明的是大盘的基金重仓股流动性很好，但是获取的潜在超额收益不大。

即期流动性冲击、持久流动性冲击与规模指标是显著的负相关关系，规模越大的公司，受到基金增仓行为的价格冲击越小，同样规模越大也越能承受持续的流动性冲击，可见公司规模大小是抵抗价格冲击的重要衡量指标。即期流动性冲击、持久流动性冲击与流通股占比是显著的正相关关系，也即非流通股占比越高的股票，流动性冲击成本越小；流通盘越大，反而承受流动性冲击越大，这似乎和市场的感觉不一致，这还需要结合 2007 年整个时间阶段做进一步实证分析。

表 3 - 10　　描述性统计

变量	指标构建与意义	均值	标准差	最小值	最大值
即期流动性冲击	Hasbrouck（1991）模型，衡量对价格的瞬时冲击程度	0.000563	0.000215	0.000164	0.00346
持久流动性冲击	Hasbrouck（1991）模型，衡量持久性的价格冲击	0.000237	0.000136	-6.2E-05	0.0021
相对价差	交易价格偏离市场均衡价格的相对幅度，用来评价市场信息透明度与交易成本	0.001206	0.000734	0.000302	0.0909
深度指标（对数）	衡量交易积极程度	9.87821	1.23979	6.99116	19.11336
速度	衡量交易成交的迅捷性	1.44556	1.0694	0.05287	51.78026
波动率	GARCH（1，1）中异质波动率，衡量股价波动程度	0.00108	0.00786	0.000215	1.08598
股票超额收益	衡量基金持股的收益	0.00153	0.03095	-0.12958	0.84941
基金仓位净变化（对数）	持有某股票的所有基金仓位日买入与日卖出净值	1.01946	13.6808	-19.4064	19.47336
基金仓位买卖绝对值总和（对数）	基金日买入与日卖出股票的绝对值之和，衡量某股票的基金重仓参与程度	14.31854	2.1092	4.60517	19.6984

3.3.2 基金仓位变化对市场质量的横截面分析

在基金行为与证券市场质量的关系中，我们首先应用横截面数据分析，对基金行为和市场质量指标的关系进行实证检验。在检验过程中，设计如下 7 组方程，分别对 2007 年整体研究区间和分阶段基金仓位变化对基金所持股票的流动性、波动性与信息效率等证券市场质量指标的影响，以及基金仓位变化行为对所持股票的超额收益进行了相应分析。

$$Dep\_\ Variable_{it} = a_0 + a_1 MV_{it} + a_2 Position_{it} + a_3 Trading_{it} + a_4 Share_{it} + \varepsilon_{it} \tag{3.6}$$

式中：$\delta_{Temporry}$、$\delta_{permanent}$ 分别表示流动性即时冲击和持续性冲击；MV_{it} 表示 A 股总市值；$Position_{it}$ 表示基金持仓净变化；$Trading_{it}$ 表示基金买卖量；$Share_{it}$ 表示流通股占比。公式左端被解释变量 $Dep\_\ Variable$ 依次选取即时冲击 $\delta_{Temporary}$、

持续性冲击 $\delta_{Permanent}$ 、波动性 *Volatility*、宽度指标 *Spread* 、深度 *Depth*、速度 *LV*、超额收益 *AR* 7 个变量，这样公式（3.6）就成为 7 组方程。

表 3 - 11 是 2007 年整个研究时间区间的回归结果。从检验结果看，在剔除了公司规模等因素后，在 0.01 水平下基金仓位净值变化 *Position* 、基金仓位变化累计值 *Trading* 与基金所持股票的流动性即期冲击是正向的，在持久冲击表现也是显著正向的，这不能完全验证假设四，实证表明了基金行为对市场的冲击具有显著的持续性。由于 *Hasbrouck*（1991）推论出信息不对称程度与交易价格冲击呈现正相关关系，那么可以推断基金显著性加仓行为会对其买入股票的价格产生冲击，意味着含有一定程度的私人信息交易，基金的持续净值买入行为打破了市场的信息平衡，导致了股票价格的大幅变化。

在 0.01 显著性水平下，*Position* 、*Trading* 对流动性宽度、深度与速度的关系都是显著正相关关系，由于基金仓位变化累计值可以衡量基金投资者对某股票的关注度或重仓程度，所以对于基金整体而言，在羊群效应推动下基金重仓股雷同性高，该股票具有很好的流动性，导致其交易迅捷；而且基金在拉升股价的时候，会主动拉大买卖报价的差价来脱离建仓成本，导致相对价差 *Spread* 越大，由于 *Spread* 可以间接作为信息不对称的衡量指标，那么作为具有信息优势的机构投资者，理论上可以促进私人信息融入股价，推动证券价格向均衡价格回归，在这里的实证结果中并没有体现出改善市场信息效率的作用，表现为基金参与程度越高，价差越大，那么可以推断的是在基金仓位显著变化期间，基金交易行为并没有体现出缩小交易价差，但是这会为基金锁仓期间的交易成本的降低提供条件，所以基金拉升价差的行为是为了持股时间更长，从这个意义上讲，基金持仓行为可以改善市场信息效率。那么这部分实证结果可以证明假设一中的基金仓位变化行为能够改善证券市场流动性的推断，但是对于提高证券市场的信息效率并不明确。不过在此需要指出的是，2007 年中基金规模持续扩展，新基金不断为原先的基金所持股提供更多的流动性，尤其是新基金流入市场的资金很大程度上被动式建仓，所以流动性好坏与资金关系很密切，至于基金行为对市场信息效率的影响仍需要进一步检验。

从表 3 - 11 实证结果中也可以看出，基金仓位净变化 *Position* 对股票波动率是显著的正向冲击，这和描述性统计中基金加仓类型对股价波动率的影响效果是一致的，基金净买入越多，对股价的波动率冲击越明显。而 *Trading* 对波动率的影响不显著，而且关系符号为负，可以推断的是基金重仓的股票价格相对受到外盘的影响要小的多，对波动率的冲击也就小些，也即基金重仓股波动率表现要低些，基金群体行为在其重仓股上可以起到一定程度抑制波动的效果。这部分结果不能完全验证假设二，尽管基金仓位净值加减行为显著增加市场波动，但是并没有显著增加基金重仓股的波动性。由于机构投资者作为知情交易者，不仅可以通过制造波动性来吸引流动性，而且也存在羊群效应和正反馈交易行为，从而会影响股票价格波动，而 Lakonishok、Shleifer 与 Visher（1992）则认为机构投资者作为知情交易者可以减小市场波动，所以关于机构投资者行为对市场的影响存在差异化的实证结果，我们推断与基金行为发生的时间段或者是市场氛围有关，这需要进行特定时间段的分析。*Position*、*Trading* 对超额收益指标都是显著的正向关系，显然基金净买入越多，导致股票价格的波动越大，在对股价的正向冲击影响下会获取越多的超额收益，这与对海外市场机构投资者的持股效应相一致（An－Sing Chen、Bi－Shia Hong，2006）。对于基金仓位变化累计值而言，基金关注度越高，累计仓位越重，必然获取很高的超额收益。由于在 2007 年国内很多个人投资者开始大规模持有基金，通过基金赎回与申购行为，可以影响到基金等机构投资者的资产组合配置，从而会影响到市场波动，也会影响重仓股在某时间段内的超额收益。而基金自身的绩效考核会促使基金经理存在短期行为，仓位变换相对较快，资产组合配置对持股产生了价格冲击，导致了资产价格的异质波动。尤其在股票市场出现异常波动的时候，基金经理通过买卖部分股票进行投资组合或仓位调整，对市场质量产生直接的冲击效应。

总体而言，尽管国内市场的机构化程度较高，并不一定起到市场稳定作用，正如 Philip Davis、Benn Steil（2001）的推断，机构化的程度与波动性之间没有明显的联系，即便存在偶尔突发的波峰。不过一个市场的稳定离不开机构交易的存在，尤其是吸引机构投资者参与，才能更好地为市场提供流动性。对国内 2007 年基金行为的实证结果与 Boehmer 和 Kelley（2007）对美国纽交所检验结果相一致，即机构投资者持股及其交易行为对证券市场交易信息效率和市场质量有重要影响，机构持股集中的股票的信息效率更高。当然，国内基金等机构投资者的投资理念、风格与经验都处于一个需要不断学习和完善的阶段，所以其对证券市场质量的影响还不能有效地发挥积极效用。

表 3－11　　市场质量检验结果

因变量	$\delta_{Temporary}$	$\delta_{Permanent}$	*Spread*	*Depth*	*LV*	*Volatility*	*AR*
常数项	0.000666 (<.0001)	0.000404 (<.0001)	0.05310 (0.2304)	6.0399 (<.0001)	-1.4372 (<.0001)	0.000434 (0.3319)	-0.00679 (<.0001)
MV	-3.90E-05 (<.0001)	-2.90E-05 (<.0001)	-0.02339 (0.0002)	0.31399 (<.0001)	0.22975 (<.0001)	0.000208 (0.0011)	-0.00157 (<.0001)

续表

因变量	$\delta_{Temporary}$	$\delta_{Permanent}$	*Spread*	*Depth*	*LV*	*Volatility*	*AR*
Position	1.16E-06 (<.0001)	8.21E-07 (<.0001)	0.00148 (0.0003)	0.000798 (0.1719)	0.00445 (<.0001)	7.90E-06 (0.055)	0.000549 (<.0001)
Trading	1.07E-05 (<.0001)	7.87E-07 (0.1525)	0.01292 (<.0001)	0.12221 (<.0001)	0.0799 (<.0001)	-2.50E-05 (0.4483)	0.00128 (<.0001)
Share	-3.60E-05 (<.0001)	-2.50E-06 (0.6201)	0.02276 (0.4464)	0.38482 (<.0001)	0.75264 (<.0001)	-0.00063 (0.0382)	-0.00227 (0.0495)

注：小括号内是 t 检验的 P 值。

接下来，我们就对整个 2007 年进行分时间阶段研究，根据表 3-7 所分的 5 个阶段，我们分阶段考察了上证指数下降阶段，包括 2007-01-20 至 2007-02-15、2007-05-30 至 2007-06-05、2007-10-15 至 2007-12-01 时期；同样，我们也考察了上证指数上涨阶段，包括 2007-03-15 至 2007-05-20 与 2007-07-01 至 2007-10-01 两个时间段。对基金增减仓行为对市场流动性的影响进行回归分析，其数据结构与表 3-4 中所展示的面板数据结构及参数设定是一致的，即均采纳各个参数固定的多元回归模型。回归结果如表 3-12 所示。

从表 3-12 中可以看出，在上证指数下降的阶段Ⅰ、阶段Ⅲ与阶段Ⅴ中，在剔除了公司规模因素后，基金表现为累计加仓行为时，基金仓位净值变化 *Position* 在 0.01 水平下对基金所持股票的流动性即期冲击、持久冲击都是正向的，对波动率指标也是显著正向关系，对股票超额收益也是显著正向影响，这些都与整体分析的结果是一致的，假设四的部分内容成立。

由于 *Trading* 指标可以间接衡量股票的基金重仓程度或者关注度，其对即期冲击、持久冲击的影响在阶段Ⅰ、阶段Ⅲ内是显著正向的，但是在阶段Ⅴ，其产生的是负向的持久冲击。由此可以推断，基金群体行为在牛市期间，可以持续对股价产生正向冲击；但是在熊市初期阶段Ⅴ中，基金等机构投资者与其他类型投资者的博弈中，即便在买入初期可以维持股价正向稳定，但是在相对持久的交易时段内，也难以有效维持股价稳定。由此可以推断，市场下跌阶段中关于假设四的部分内容成立，基金仓位净值变化对证券市场产生的流动性冲击不仅具有即期冲击性，也具有持久性的趋势冲击，不过在熊市中基金重仓股承受的流动性冲击持久性要弱些。*Trading* 指标与超额收益 *AR* 在阶段Ⅰ、Ⅲ和Ⅴ中都是显著正向关系，可以说明既使在下跌时期基金加仓并重仓的股票可以获取显著的超额收益，且具有较高的流动性冲击，所以在短期内导致较高的异质波动率。不过在 0.01 水平下，基金重仓程度越高的股票波动率显著程度越小，这与整体时间段研究结论是一致的，这是由于基金群体配置的资产换手率相对较低，某种程度上否定了假设二中基金行为增加基金重仓股的波动的判断，不过这具有一定的阶段性特征。

与整体研究相同的是，*Position*、*Trading* 对于宽度 *Spread* 都是正向影响关系，在0.1水平下大多不显著，只有在阶段Ⅴ中 *Position* 与 *Spread* 在0.1水平下略显显著，可见在证券市场下跌期间，基金仓位变化与交易成本关系不确定，可以推断存在与整体分析时同样的关系，基金增仓行为会提高交易成本。这是由于在市场下行期间基金会试图维稳，尤其是针对所持重仓股会有反向交易策略行为，就会为市场提供一定的流动性，但是基金并不能有效发挥改善市场信息效率的机制，导致基金仓位变化行为对 *Spread* 影响不显著。

与整体研究不同的是，*Position* 与流动性深度 *Depth* 关系不显著，两者在基金减仓时期的阶段Ⅰ符号为正，在基金加仓时期的阶段Ⅲ、阶段Ⅴ符号为负，可以推断可能是在牛市中市场下跌调整期间，基金减仓行为并不影响市场的承接交易量，而在"5·30"市场异常波动期与熊市初期，散户与基金之间的博弈使得承接盘越来越少，基金的维稳很难起到显著效果；不过 *Trading* 则与 *Depth* 在0.01水平下显著，即便是市场下跌时期，基金重仓的股票还是具有很好的流动性。但是对于流动性速度指标而言，在牛市时，即便股市暴跌，基金加仓参与的股票仍具有较好的成交速度，但是在熊市初期阶段Ⅴ，即便基金加仓参与试图维持股票价格稳定，成交速度 *LV* 反而是降低的，尽管这阶段中关系不显著，但是可以预期在熊市中后时期，会趋于显著。从这些结果可以部分验证假设三，市场异常波动期间，基金行为有利于改善市场质量，起到稳定市场作用，尤其在"5·30"异动时期，基金仓位表现为净值买入，尽管不能有效稳定市场，但对于其基金重仓股而言维持其相对较高的流动性，起到了一定的维稳作用。

接下来，我们分析上证指数上升时期包括阶段Ⅱ与阶段Ⅳ的基金表现对市场质量的影响。在0.01水平下，基金仓位净变化 *Position* 对股票价格产生显著的即期流动性冲击与持久流动性冲击，这也与整体研究结果是一致的。基金行为对市场的冲击带来较高的波动率，说明基金在基于私人信息下买卖行为引起市场的交易不均衡，尤其在市场上涨时期，中小投资者在市场中某些股票异动会判断是否有利好的信息而跟风买入，那么即使阶段Ⅱ中基金是减仓行为，也不会对市场流动性产生负面影响，市场依旧有较好的流动性深度和速度。

在阶段Ⅱ和阶段Ⅳ时期内，基金仓位买卖绝对值总和指标 *Trading* 对股票价格也产生显著的即时流动性冲击；但是在0.05水平下 *Trading* 在阶段Ⅳ内产生的持久流动性冲击是显著负向的，表现与阶段Ⅱ结果相反，既使基金累计加仓在牛市最疯狂时期，对股价产生正向的即期冲击，也并没有对基金重仓股产生持久的正向冲击，但基金仓位净变化 *Position* 对市场即期冲击与持久冲击都是正向的。这是因为2007年间国内基金规模迅速扩展，不断发行的新基金为基金群体自身提供更多的流动性，基金买卖总量对流动性冲击不明显，但新基金的仓位新建组合配置必然会对买卖股票产生流动性冲击，尤其是基金大单买入这样的建仓行为。这部分实证结果也不能完全验证假设四，基金仓位变化存在显著的持久性冲击。由于机构投资者在国内证券市场地位和重要性越来越显著，而股票的所有权迅速向基金等机构投资者集中，所以不论基金整体加减仓与否，基金的重仓程度越高的股票异质波动率越低，然而基金加仓时对股价冲击带来的异质波动率系数2.1800E－06要高于基金减仓时的9.2900E－06，基金的加仓行为在牛市中会加剧波动，这可以明确验证假设二，基金仓位净值加减行为增加市场波动，尤其是基金重仓股的波动性。

对于“5·30”前的阶段Ⅱ市场指数的上涨，基金整体上是累计减仓的行为，基金减仓程度与宽度 *Spread* 、深度 *Depth* 存在不显著的正相关关系，由于这一期间中小投资者对市场的狂热追逐，基金的减仓行为并没有减少市场的流动性，所以与交易速度关系依然显著。在阶段Ⅳ，基金整体表现为累计加仓，在0.01水平下 *Position* 、*Trading* 对股票的流动性即期冲击、持久冲击、流动性宽度、深度、速度、异质波动率与超额收益都是显著的正向关系，这一检验结果与整体阶段结果基本一致。但是，不同之处在于基金重仓的股票也存在显著的异质波动性，这表现了基金群体非理性的一面，即存在机构投资者的羊群效应现象，在牛市最疯狂阶段Ⅳ中，基金与散户的表现是一样的，不但没有起到应有的维稳效果，反而加剧了股市中的泡沫程度，尤其是基金重仓股的价格泡沫。从基金重仓股表现来看，我们可以得到类似Sias（1996）分析的证券收益的波动性与机构持股水平的关系，发现机构持股水平与证券市场波动性之间存在着正向的同期关系，机构持股水平越高，导致单笔交易量平均交易规模越来越大，加上机构有采取程序交易方式，容易导致证券价格波动，扩大了价差 *Spread* 从而增加了交易成本，尤其是基金重仓股，机构投资者需要制造波动性来吸引其他流动性参与者，而在基金重仓股上，基金群体容易出现羊群行为，可见难以明确地断定基金行为改善了市场的信息效率。可见这里依然只可以部分验证假设一，基金仓位变化行为能够改善证券市场流动性，尤其在牛市中，但是是否提高证券市场的信息效率，难以有明确的实证证据。

在证券市场上涨时期，整体上基金仓位变化行为能够改善证券市场流动性，提高证券市场的信息效率，假设一成立；但是基金仓位净值加减行为不仅增加市场波动，基金被动式建仓也增加了基金重仓股的波动性，这个阶段内假设二也成立。

尽管基金整体行为对市场流动性有较好的影响效果，但是是否起到维稳作用，效果不显著，要视市场中其他投资者情绪而言。从分阶段结果来看，基金作为机构投资者在牛市调整阶段可以起到部分维稳作用，尤其是在市场异动时期，至少可以维持一定的流动性，但是在熊市中难以达到显著维稳效果，这与姚颐、刘志远（2008）实证结果一致，从长期趋势看，基金行为加剧了萧条期的持续下跌与繁荣期的不断攀升，反而强化了市场的动量效应。

表3－12　　基金行为与市场质量的分阶段回归结果

因变量	自变量	阶段Ⅰ	阶段Ⅱ	阶段Ⅲ	阶段Ⅳ	阶段Ⅴ
$\delta_{Temporary}$	常数	7.35E－04 (<.0001)	5.64E－04 (<.0001)	5.01E－04 (<.0001)	0.0006549 (<.0001)	9.02E－04 (<.0001)
	MV	－3.30E－05 (<.0001)	－1.6900E－05 (<.0001)	－3.22E－05 (<.0001)	－3.6800E－05 (<.0001)	－6.17E－05 (<.0001)
	Position	－5.39E－07 (0.2392)	5.58E－07 －0.0052	1.54E－06 (<.0001)	1.04E－06 (<.0001)	2.17E－06 (<.0001)
	Trading	1.30E－05 (0.0002)	5.26E－06 (0.0016)	1.54E－05 (<.0001)	7.83E－06 (<.0001)	6.87E－06 (0.005)
	Share	－6.80E－05 (0.0430)	－4.02E－05 (0.0056)	－8.11E－06 (0.6772)	－2.68E－05 (0.0472)	－8.02E－05 (0.0002)
$\delta_{Permanent}$	常数项	3.46E－04 (<.0001)	2.71E－04 (<.0001)	2.37E－04 (<.0001)	0.0004522 (<.0001)	5.78E－04 (<.0001)
	MV	－3.02E－05 (<.0001)	－1.91E－05 (<.0001)	－2.43E－05 (<.0001)	－2.98E－05 (<.0001)	－3.80E－05 (<.0001)
	Position	4.06E－07 (0.1746)	7.07E－07 (<.0001)	9.56E－07 (<.0001)	6.31E－07 (<.0001)	1.25E－06 (<.0001)
	Trading	6.74E－06 (0.0029)	1.88E－06 (0.0532)	7.37E－06 (<.0001)	－2.41E－06 (0.017)	－3.39E－06 (0.0484)
	Share	4.82E－05 (0.028)	2.77E－05 (0.001)	3.08E－05 (0.0108)	－9.89E－06 (0.2598)	－6.50E－05 (<.0001)

续表

因变量	自变量	阶段Ⅰ	阶段Ⅱ	阶段Ⅲ	阶段Ⅳ	阶段Ⅴ
Spread	常数项	-0.05062 (0.6201)	0.1075 (0.2585)	0.08175 (0.5838)	0.16351 (0.0261)	-0.03495 (0.7836)
	MV	-0.00719 (0.6257)	-0.02014 (0.1433)	-0.02831 (0.1635)	-0.03019 (0.0025)	-0.01801 (0.3558)
	Position	0.000489 (0.6076)	0.000153 (0.8617)	0.00108 (0.4002)	0.00105 (0.1071)	0.00204 (0.0986)
	Trading	0.00899 (0.2136)	0.0055 (0.4523)	0.0113 (0.3255)	0.01128 (0.0396)	0.01612 (0.1161)
	Share	0.05314 (0.4469)	0.04465 (0.4833)	0.23585 (0.0124)	-0.12473 (0.0089)	0.01365 (0.8781)
Depth	常数项	6.84E+00 (<.0001)	7.09E+00 (<.0001)	7.24E+00 (<.0001)	5.5481 (<.0001)	5.34E+00 (<.0001)
	MV	3.93E-01 (<.0001)	3.37E-01 (<.0001)	3.34E-01 (<.0001)	0.33232 (<.0001)	3.27E-01 (<.0001)
	Position	5.51E-04 (0.794)	1.66E-03 (0.2114)	-2.85E-04 (0.8454)	0.00212 (0.0322)	-5.87E-04 (0.6369)
	Trading	6.94E-02 (<.0001)	7.67E-02 (<.0001)	6.45E-02 (<.0001)	0.13349 (<.0001)	1.19E-01 (<.0001)
	MV	6.58E-02 (0.6704)	1.38E-02 (0.88610)	2.37E-01 (0.0269)	0.47985 (<.0001)	6.80E-01 (<.0001)
LV	常数项	-9.63E-01 (<.0001)	-5.66E-01 (<.0001)	-9.35E-01 (<.0001)	-1.8793 (<.0001)	-3.42E+00 (<.0001)
	MV	1.26E-01 (<.0001)	1.17E-01 (<.0001)	1.42E-01 (<.0001)	0.2276 (<.0001)	3.75E-01 (<.0001)
	Position	4.01E-03 (0.0002)	4.71E-03 (<.0001)	5.78E-03 (<.0001)	0.00647 (<.0001)	-1.96E-03 (0.3698)
	Trading	6.12E-02 (<.0001)	3.85E-02 (<.0001)	6.06E-02 (<.0001)	0.12234 (<.0001)	1.95E-01 (<.0001)
	Share	7.84E-01 (<.0001)	7.25E-01 (<.0001)	8.66E-01 (<.0001)	0.81739 (<.0001)	7.12E-01 (<.0001)

续表

因变量	自变量	阶段Ⅰ	阶段Ⅱ	阶段Ⅲ	阶段Ⅳ	阶段Ⅴ
Volatility	常数项	9.82E-04 (<.0001)	8.45E-04 (<.0001)	8.12E-04 (<.0001)	0.00109 (<.0001)	1.03E-03 (<.0001)
	MV	1.03E-05 (0.4758)	1.25E-04 (<.0001)	1.24E-04 (<.0001)	0.0001069 (<.0001)	9.21E-05 (<.0001)
	Position	1.77E-06 (0.0577)	9.29E-06 (<.0001)	8.49E-06 (<.0001)	2.18E-06 (0.0261)	8.48E-08 (0.9519)
	Trading	-1.43E-05 (0.0424)	-3.11E-05 (0.0015)	-2.55E-05 (0.0292)	-3.38E-05 (<.0001)	-2.08E-05 (0.075)
	Share	2.43E-04 (0.0004)	-3.31E-04 (<.0001)	-3.74E-04 (<.0001)	-0.000565 (<.0001)	-5.48E-04 (<.0001)
AR	常数项	-1.18E-02 (0.1066)	-7.70E-03 (0.0287)	-7.34E-03 (0.1013)	-0.00714 (0.0199)	-1.29E-02 (0.0033)
	MV	-1.59E-03 (0.1319)	-2.24E-03 (<.0001)	-2.53E-03 (<.0001)	-0.00222 (<.0001)	-2.06E-04 (0.7586)
	Position	7.69E-04 (<.0001)	4.99E-04 (<.0001)	4.91E-04 (<.0001)	0.0004788 (<.0001)	4.99E-04 (<.0001)
	Trading	1.83E-03 (0.0004)	1.60E-03 (<.0001)	1.76E-03 (<.0001)	0.00161 (<.0001)	8.86E-04 (0.0122)
	Share	-5.68E-03 (0.2565)	-8.77E-05 (0.9703)	-9.99E-04 (0.724)	-0.00578 (0.0037)	1.81E-03 (0.5551)

注：括号内是 t 检验的 P 值。

3.3.3 基金仓位变化对市场质量 VAR 分析

最后，我们将所有样本股作为一个整体市场来看待，采用整体市场指标均值间的动态关系来分析基金行为对证券市场质量指标的影响。

这部分实证先对所选指标的时间序列进行了 ADF 平稳性检验，确定每个指标都是在 0.1 水平下零阶平稳的，说明可以直接进行多元线性回归，不过为了更好地考察变量间的动态关系，这里我们采用 VAR 模型进行实证分析。

从表 3-13 所选变量间的向量自回归的结果来看，基金仓位变化 *Position* 自身对其滞后一阶在 0.01 水平下有着显著正向的冲击，对滞后二阶正向冲击不显著，明显减弱。可以说明基金加减仓行为在短期内具有正反馈的持续性。

基金仓位变化对超额收益滞后一阶影响不显著，对滞后二阶的股票超额收益有着显著的正向冲击，这与描述性统计、截面数据回归实证分析结果是一致的，基金加仓越多的股票超额收益越高。基金仓位变化 *Position* 对流动性宽度、速度与深度指标的滞后阶数都不显著，这表明在基金加减仓行为对流动性指标的影响具有即期性，恰好可以说明基金仓位变化存在短期内的影响效果。

基金仓位变化 *Position* 对滞后一阶的即时流动性价格冲击是显著正向的，对滞后二阶即时流动性价格冲击是显著负向的，而对滞后一阶的持久流动性价格冲击是不显著的负向冲击，对滞后二阶持久流动性价格冲击是显著正向的，可以推断基金仓位变化行为对股票价格的即时冲击与持续的冲击显著会加剧股价波动性。在基金明显的加仓或者减仓期间，起到了加剧市场波动的效果。从基金仓位变化 *Position* 对滞后一阶的市场波动率指标值在 0.1 水平下显著正向冲击，对滞后二阶的波动率不显著，可以验证基金的买卖行为在短期内会通过即时流动性冲击对股价波动产生显著作用。整体上可以推断的是，基金仓位显著变化期间对市场不会起到预期的维护市场稳定的作用，相反是加剧市场波动，不过这是暂时的，一般而言，基金重仓股波动性相对较小。

相对宽度指标对自身滞后一阶二阶都是显著的正向冲击，由于宽度可以作为信息不对称也即透明度的衡量指标，在机构投资者快速拉升股票时，会把报价差距拉大，以便降低成交成本，这样的交易方式会促使其他投资者认为期间有重大的私人信息未被知晓，所以会跟风，价差的正向冲击也就会越大。同时相对宽度指标对滞后一阶流动性冲击与滞后二阶的持久冲击在 0.01 水平下是显著正向的，这恰好说明了基金仓位变化行为对报价幅度的影响从而对股价产生正向冲击，基金的信息优势是双刃剑效应。

从速度 *LV* 指标来看，速度对滞后二阶的基金仓位变化 *Position* 有着显著正向冲击作用，市场流动性越好，成交速度越快，会促使基金加减仓的行为加速，流动性越好的阶段，基金越容易进行加减仓。速度 *LV* 对滞后一阶与二阶的自身有着显著的正向冲击，表明流动性好的阶段具有一定的持续性。速度 *LV* 对即时价格冲击 $\delta_{Temporary}$ 则是显著的负向关系，可以推断的是市场流动性越好成交速度越快的阶段，基金的显著买卖行为对市场造成的冲击会越小。

即时价格冲击指标与持久价格冲击指标对滞后一阶的超额收益都是显著负向的关系，基金的仓位变化造成的冲击会对短期内超额收益有负面影响，但是并不持续具有负面影响，因为滞后二阶都是正向关系，尽管不显著。而

且 $\delta_{Temporary}$ 对 LV 指标也是显著正向关系，与 LV 对 $\delta_{Temporary}$ 的影响正好相反，这表现了基金等机构投资者的正反馈行为，对买入越多的股票提供更多的交易对手盘。不过持久价格冲击持续越长，对价格宽度指标有着显著正向冲击，基金的仓位变化在较长时间内打破了市场的信息均衡状态，这会造成对流动性的负面影响。

市场异质波动对滞后二阶的即时价格冲击是显著的正向冲击，对滞后二阶的持久价格冲击是显著的负向关系，对其他指标影响不显著。这可以推断的是市场波动性与基金行为引致的价格冲击互为因果关系，不过波动性对价格冲击的影响更加显著。

从 VAR 结果整体来看，基金仓位变化行为对证券市场质量指标包括波动性、流动性有着显著的影响。整体上基金群体在市场流动性好的阶段会加剧市场波动，但是基金关注度高与基金重仓的股票可以缓解股票价格波动性。波动性越大，会加剧基金对股票价格的冲击程度，基金关注度高的股票则承受的价格冲击要小。而且基金群体可以为其加仓的重仓股更好地提供流动性。这部分结果也可以验证假设一，基金仓位变化行为能够改善证券市场流动性，提高证券市场的信息效率，部分验证了假设二，基金加减仓行为的确增加了市场波动，不过是否增加基金重仓股的波动性则并不明显。

以上结论从理论上作进一步分析，机构存在信息优势，相对于散户而言更加理性，可以促使信息高效融入股价，从而维稳。当市场中参与者以散户为主时，由于散户供需能力有限，因此不能缓冲突然的需求或者供给的冲击，市场波动较大；而当家庭散户通过机构投资者间接参与市场，市场参与主体为机构投资者时，由于机构投资者巨大的资金运作量，基金等机构能够更好地缓冲市场供需冲击，减少交易引起的价格波动与提高市场流动性。但是从市场交易的实践角度看，基金等机构毕竟需要通过持续交易来获取超额利润，尤其是择机与择股介入阶段，而不是纯粹为维稳而维稳，所以基金群体的交易行为基于其交易资金量大，而散户会不断通过基金等机构介入市场，导致资金流入市场的速度与规模分布不一致，促使基金等选择时机与证券品种受到冲击，从而使得市场产生非理性波动。而且存在一种情形，由于基金的信息优势具有“双刃剑”效应，基金存在利用优势操纵股价的可能性，从而会导致某些股票价格的非正常波动。

表 3 - 13 基金仓位变化与证券市场质量的 VAR

	Position	*AR*	*Depth*	*Spread*	*LV*	$\delta_{Temporary}$	$\delta_{Permanent}$	*Volatility*
Position (-1)	0. 462367	3. 61E -05	1056. 678	0. 000300	0. 000	5. 96E -07	3. 35E -07	4. 07E -06
	[6. 94951] ***	[0. 50083]	[0. 73925]	[1. 34856]	[-0. 32859]	[1. 19174]	[1. 02199]	[0. 60766]
Position (-2)	0. 035880	0. 000	1282. 017	5. 16E -05	0. 004723	4. 15E -07	4. 00E -07	2. 91E -06
	[0. 53810]	[-0. 73787]	[0. 89493]	[0. 23190]	[3. 16448] ***	[0. 82754]	[1. 21775]	[0. 43327]
AR (-1)	78. 97207	0. 022704	-539161. 9	0. 054772	1. 479056	-0. 001	-0. 001	-0. 008
	[1. 27582]	[0. 33818]	[-0. 40543]	[0. 26495]	[1. 06747]	[-2. 20482] ***	[-1. 81349] *	[-1. 35845]
AR (-2)	180. 1830	0. 026697	1640247.	0. 091730	0. 820526	0. 000261	0. 000290	-0. 001
	[2. 96627] ***	[0. 40522]	[1. 25687]	[0. 45216]	[0. 60346]	[0. 57155]	[0. 97035]	[-0. 20943]
Depth(-1)	2. 88E -08	0. 000	0. 029107	0. 000	0. 000	1. 36E -11	1. 72E -11	0. 000
	[0. 00895]	[-1. 00842]	[0. 42103]	[-0. 02508]	[-0. 08083]	[0. 56064]	[1. 08525]	[-0. 09007]
Depth(-2)	3. 48E -06	0. 000	0. 014498	9. 26E -09	0. 000	4. 84E -15	0. 000	0. 000
	[1. 08062]	[-0. 62365]	[0. 20951]	[0. 86070]	[-0. 08723]	[0. 00020]	[-0. 06435]	[-0. 14856]
Spread(-1)	-22. 157	0. 028994	274179. 1	0. 283217	1. 099641	0. 000169	0. 000272	0. 000
	[-0. 94111]	[1. 13541]	[0. 54206]	[3. 60185] ***	[2. 08657] ***	[0. 95287]	[2. 34713] ***	[-0. 05377]
Spread (-2)	9. 319628	-0. 012	458233. 9	0. 226280	-0. 575	0. 000	0. 000	-0. 001
	[0. 39200]	[-0. 45257]	[0. 89714]	[2. 84980] ***	[-1. 08127]	[-0. 24984]	[-0. 51140]	[-0. 47584]
LV(-1)	-1. 075	-0. 005	-28124. 550	0. 001644	0. 717619	3. 84E -05	1. 81E -05	0. 000365
	[-0. 34746]	[-1. 54895]	[-0. 42302]	[0. 15910]	[10. 3595] ***	[1. 65235] *	[1. 18755]	[1. 17291]
LV(-2)	2. 934356	0. 002361	-17055. 310	-0. 002	0. 221654	0. 000	0. 000	0. 000
	[0. 96047]	[0. 71250]	[-0. 25984]	[-0. 22857]	[3. 24116] ***	[-1. 49988]	[-0. 76263]	[-0. 79190]

续表

	Position	AR	Depth	Spread	LV	$\delta_{Temporary}$	$\delta_{Permanent}$	Volatility
δtemporary(-1)	49829.76	40.00526	1.26E+08	161.0799	-1010.186	0.886823	0.218590	-1.054
	[2.42592]***	[1.79567]*	[0.28641]	[2.34807]***	[-2.19708]***	[5.74466]***	[2.16070]***	[-0.50992]
δtemporary (-2)	-67821.340	-24.694	-1.95E+08	-144.796	629.8291	0.080859	-0.140	5.498344
	[-3.23333]***	[-1.08542]	[-0.43228]	[-2.06692]***	[1.34141]	[0.51292]	[-1.35323]	[2.60390]***
δpermanent(-1)	-40272.470	-37.171	-6.910E+08	-246.782	251.9385	-0.428	0.240253	0.400899
	[-1.35917]	[-1.15662]	[-1.08499]	[-2.49380]***	[0.37985]	[-1.92338]*	[1.64631]	[0.13440]
δpermanent(-2)	86281.61	21.95186	8.22E+08	187.3060	-704.362	0.081255	0.336667	-7.050
	[2.91487]***	[0.68374]	[1.29221]	[1.89467]**	[-1.06305]	[0.36525]	[2.30928]***	[-2.36598]***
Volatility(-1)	1131.024	0.186856	14483411	2.406060	-0.297	0.003192	0.001824	0.075768
	[1.69755]*	[0.25857]	[1.01183]	[1.08128]	[-0.01989]	[0.63754]	[0.55579]	[1.12966]
Volatility(-2)	313.2789	-0.360	-1.189E+06	-1.705	-1.866	0.002217	-0.001	-0.019
	[0.47053]	[-0.49913]	[-0.08311]	[-0.76665]	[-0.12523]	[0.44302]	[-0.44967]	[-0.28109]
C	-4.439	0.000920	124991.4	0.013003	0.393173	8.29E-05	3.90E-05	0.000
	[-1.00320]	[0.19161]	[1.31491]	[0.87993]	[3.96983]	[2.49437]	[1.78838]	[-0.09262]
R-squared	0.335468	0.089036	0.071128	0.253841	0.886053	0.665239	0.562674	0.080725
Adj. R-squared	0.29	0.02	0.00	0.20	0.88	0.64	0.53	0.01
Akaike AIC	7.00	-6.65	26.95	-4.40	-0.60	-16.60	-17.44	-11.41
Schwarz SC	7.25	-6.40	27.20	-4.15	-0.35	-16.35	-17.19	-11.16

注：括号[ ]是t统计量。*** 表示在1%水平下显著，** 表示在5%水平下显著，* 表示在10%水平下显著。

根据上述VAR模型的估计方程，我们通过EVIEWS软件绘制了脉冲响应图。图3-12是各个证券市场质量指标受基金仓位变化脉冲走势图。根据VAR模型所得到的个别变量发生自发性干扰变动时，对其他变量所造成的冲击影响动态图，亦即由个别变量发生一个正的标准化冲击（normalized impulse）时，对于往后交易日中变量本身与其他变量的影响情形。这里只考察基金仓位*POSITION*单位方差的变化对流动性、波动性、信息透明度指标的冲击作用，这样方便我们观察单个变量的冲击影响效果，不再考察对股票超额收益的影响。同时我们在选择单个变量冲击因素时，也考虑其他变量的影响，这与VAR模型中滞后阶数与变量的选择是一致的。

基金仓位*POSITION*单位方差的变化对自身的冲击是非常明显持续性，瞬间就能产生很强的正向冲击，由图3-12我们可观察基金仓位*POSITION*的变化在第一个月内对自身的影响先产生了一个向上的脉冲，前4个月起显著产生正向影响，不过效果逐渐减弱，并在第4~12月内对基金仓位变化冲击逐渐缓慢减弱。可见基金仓位变化具有反馈效应，基金群体存在羊群行为，促使仓位变化整体上具有持续冲击效果。

深度指标DEPTH对基金仓位POSITION单位方差的变化的初始反应是正向的，但是相对于交易量均值而言并不显著。在第一个月内产生正向冲击，在第四个月内达到最高值后逐渐回落，在第九个月出现负值，负向冲击逐渐增长。可以说明基金仓位变化在较长时间内保持一定的流动性交易量，但是并不显著。

速度指标LV对基金仓位POSITION单位方差的变化的初始反应是正向的，然后向下减少再在第二个月内快速上升，在第三个月达到高峰值后逐渐回落。与深度指标一样，与单位均值相比，基金仓位变化对其的冲击并不显著，但是基金仓位变化的冲击始终是正向的，基金的参与可以促进所持股的交易速度，保障了流动性。

基金仓位POSITION单位方差的变化对即时价格冲击IMPACT与持久价格冲击SUMIMPACT都是显著的冲击效果。在初始阶段是负向冲击，然后迅速回升，正向冲击效果在第四个月内达到最高峰后持续回落。基金加减仓行为对流动性的冲击是很显著的，具有持续的冲击效果。

基金仓位POSITION单位方差的变化对波动率指标的初始冲击是负向的，然后迅速出现明显的正向冲击效果，在第二个月内达到最高值，在接下来的2~3个月内正向冲击逐级回落，在第四个月后迅速减弱至零。可见基金加减仓行为初期加剧了市场波动，但是1~4月过后对市场波动的影响迅速减弱。

基金仓位POSITION单位方差的变化对宽度指标的初始冲击是正向的，显著的正向冲击效果在 1 ~3 个月内达到最高值，然后逐渐回落至冲击效果极弱，甚至后期转变为很小的负向冲击。可以说明，基金对所持股票加减仓的行为会加大价格冲击，甚至在初始阶段加剧了信息不对称的程度，制造了波动性，诱导了其他投资者的跟风行为。

整体上而言，以上基金仓位变化与证券市场质量实证结果只是对 2007 年证券市场的短期内的分析，并不是对基金行为的持续分析，所以对基金行为与证券市场质量包括流动性、波动性指标的影响还需要做进一步的持续跟踪

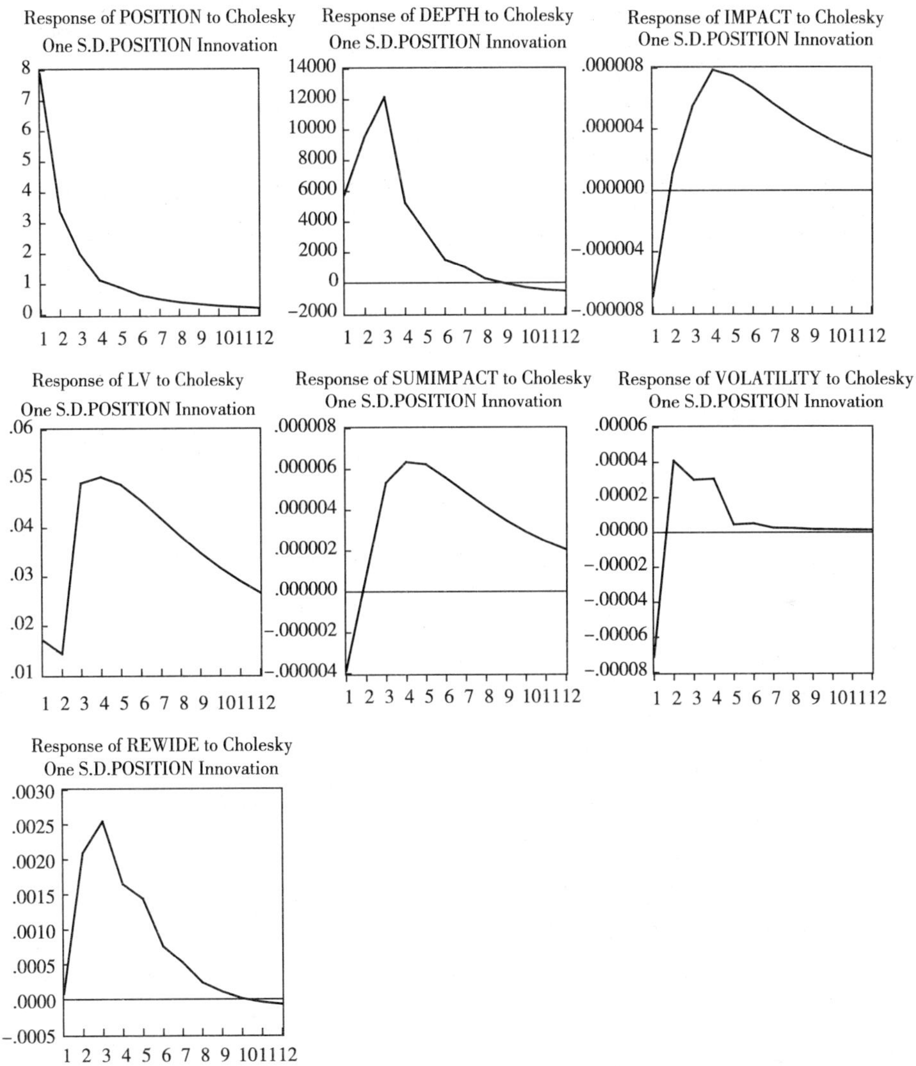

图 3－12　证券市场质量指标对基金仓位变化的脉冲响应图

研究，尤其是需要考察一个完整的股市周期。

从以上基金行为与证券市场质量的所有实证结果来看，基金等机构投资者作为知情投资者整体上可以抑制噪音交易者制造的潜在的异质波动性，在市场异动时期可以起到缓和市场波动的作用，尽管效果不大，但还是起到了一定的稳定市场作用。尤其是基金规模的壮大，对证券市场的发展的影响越来越大，至少在牛市期间能够改善证券市场流动性，提高证券市场的信息效率的作用。不过基金明显的加减仓行为，尤其是基民投资者的申购赎回导致基金被动式加减仓行为都会对证券市场产生流动性冲击，冲击还具有一定的持续性，这在一定时间段内加剧了市场的异质波动性。而且随着基金规模越来越大，基金仓位变化的平均交易规模也越来越大，除了对基金重仓的股票尤其是大市值公司，基金交易所引起的流动性冲击越来越难以避免，加上机构投资者的程序化交易越来越多，所以容易引发异质波动。这说明对基金等机构投资者在投资风格与理念上需要引导，促进机构投资者在证券市场中起到更加积极的作用。

4　基金投资行为与流动性：基于 ACD 模型研究

在基金行为对市场影响这一研究领域，目前的研究多侧重基金季度持股账户和低频率交易数据，而中国的基金普遍持股期限较短，使用低频数据分析的结果值得怀疑。因此，利用没有信息损失的高频交易数据能更好地描绘出基金行为对市场的影响。对高频数据的研究通常使用以交易持续期为核心的 ACD 模型和 UHF - GARCH 等模型，但传统的交易持续期的建模思路是应用交易间隔的微观数据反推交易行为的信息含量，并非从交易行为或信息事件出发挖掘交易间隔的微观特征。因此，本章从基金的交易行为入手，将市场微观结构理论和投资者交易行为相结合，研究了基金加减仓行为对市场流动性的影响。

4.1　基于 ACD 模型的流动性研究

4.1.1　问题的提出

随着证券市场微观理论的日渐兴起，应用高频数据建模对投资者行为挖掘成为一个重要的研究领域。其中，考虑交易时间的价格影响是目前信息模型的重要发展方向。为此，市场微观结构理论引入持续时间的概念，持续时间表示时间发生的间隔，包括价格持续时间和交易持续时间。价格持续时间指的是市场上资产交易价格发生变动的时间间隔，而交易持续时间则是连续两笔交易的时间间隔。根据市场微观结构理论，金融市场上存在不同信息的投资者，他们根据各自占有信息状况和投资信念参与市场交易，而持续时间则在市场价格发现过程中扮演者重要角色，在很大程度上可以揭示市场参与者的市场信念、信息占有和行为特征。这一理论背后的逻辑是如果交易时间与影响资产价格的因素有关，那么交易的发生与否将给市场参与者提供信息。如果市场参与者能够通过观察交易的时间获取信息，那么价格根据信息的调整也取决于时间。尤其是 Engle 和 Russell（1998）提出自回归条件持续期模型（autoregressive conditional duration，ACD），为交易持续期与市场波动、交易信息含量、流动性等市场质量指标进行实证检验提供了数据挖掘方法。

然而，在该领域大量研究过程中，我们却发现关于交易持续期模型的研究结论存在很大的不一致甚至冲突。例如，Diamond 和 Verrecchia（1987）认为较长的持续期意味着坏消息，市场将下跌；而 Easley 和 O'Hara（1992）认为，长的持续期表示没有消息和较低的波动率。Engle（2000）用 UHF - GARCH 模型对日内高频数据进行实证检验，发现收益率和波动率都与持续期负相关，也就是说长的持续期会导致收益率下降和波动率减小。Dufour 和 Engle（2000）的研究表明，交易持续期与交易价格负相关。Zhang、Russell 和 Tsay（2001）利用门限 ACD（TACD）的研究表明，短的持续期与大成交量、大的买卖价差及高波动率有关。Cellier（2003）研究发现，对于指令驱动的市场，波动率与持续期正相关，交易强度增加是由非知情交易者的流动性交易引起的。谭地军等（2008）研究发现，波动率与持续期之间存在非线性关系，交易量较小时，交易强度的增加主要来自于流动性交易；而交易量较大时，交易强度的增加主要来自于知情交易。

是什么因素导致上述交易持续期模型的研究结论不一致？是 ACD 模型假设还是市场交易机制的影响？目前学术界并无明确的结论。但是通过实证文献比较，我们发现国内外学术界对交易持续期领域存在两个鲜明的特点或问题：第一个特点是选择单个样本或同类少数样本进行微观数据挖掘，而非从交易行为或信息事件角度挖掘交易持续期的行为特性。例如 Engle（2000）开创性地提出将 GARCH 模型改进以适应不规则时间间隔的交易数据，并应用 IBM 日内数据得到波动率的超高频测度；Zhang、Russell 和 Tsay（2001）利用 TACD 模型对 1990. 11 ~ 1991. 1 三个月的 IBM 数据进行检验，表明预期持续期非线性地取决于过去的信息变量，较短持续期往往与较大价差、高成交量和高波动率等知情交易特征相伴；Meitz 和 Teräsvirta（2006）同样针对 NYSE 交易 IBM 股票，应用增广的 ACD 模型（AACD）进行实证；Fernandes 和 Grammig（2006）则扩大研究对象至 5 个，即 IBM 、波音（Boeing）、可口可乐（Coke）、迪士尼（Disney）及埃克森（Exxon）公司，在 ACD 模型基础上引入 Box - Cox 转换测度信息的非对称冲击。马丹等（2007）应用 ACD 和 UHF - GARCH 模型对 2004. 7 ~ 2004. 9 期间深发展进行研究；徐国祥（2007）以中石化为样本对 ACD 扩展模型设定进行非参数检验；谭地军（2008）对深发展、中兴通讯等 6 只股票 2003 年 9 月至 2005 年 6 月期间的分笔交易数据进行检验；涂登才、巫春洲（2010）以台联电公司为样本，应用 2005 年 3 月交易数据检验 ACD 模型在台湾市场的适用性。第二个特点是交易机制或交易制度不同，利用不同持续交易期进行建模可能难以得出一致性结论。在报价驱动市场条件下，Engle（2000）利用 UHF - GARCH 模型研究发现持续期与波动率负相关，而后的研究结果多数支持了这一观点。而在指令驱动市场条件下，Cellier（2003）基于不规则时间序列对交易时间、交易量和交易价格建立的动态系统模型对巴黎交易所指令驱动市场研究发现，股市波动性与交易持续期存在正相关性，暗含着股价波动与低的交易强度密切相关；Dionne（2009）对多伦多交易所（TSE）指令驱动下的交易间隔进行建模，应用 Intraday Value at Risk（IVaR）和 Log - VCD 对三家上市公司 2001 年 4 月 1 日至 6 月 30 日的分笔数据进行检验，发现交易间隔的信息含量与日内风险相关。

另一方面，从机构投资者对市场的影响来看，国内外学者使用低频数据得到的结论也不一致。Bohl M 和 J. Brzeszczynski（2006）研究了波兰的机构投资者，发现随着机构投资的增加股票市场的自相关性和波动性显著变化了，并且认为机构投资者有助于稳定市场的波动。盛军锋、邓勇和汤大杰（2008）利用 GARCH 模型对 A 股的研究发现机构投资者可以减小市场波动。胡大春、金赛男（2007）采用动态面板数据对 A 股进行研究，发现基金加仓会使股票收益率的波动率减小。而 Dennis 等（2002）研究发现高换手率、不正常的收益率都与基金仓位有关、Sias 等（2001）认为基金增加仓位会增大市场的波动。王美今、孙建军（2004）等的研究也认为机构投资者加剧了市场的波动。何佳等（2007）发现基金行为对市场的影响并没有一致的结论。

从上述研究文献看，国内外学术界对交易持续期问题的研究显然忽略或未刻画交易特性，侧重应用交易间隔的（超）高频数据的挖掘反推交易信息含量等微观指标，尚未从交易行为或信息事件出发挖掘交易间隔的微观特征。而对于机构投资者的研究基本使用的都是低频数据，忽略了微观数据的信息含量。正是基于这一问题，本章研究的着力点是将交易持续期和投资者交易行为结合，揭示交易行为的信息含量，这也是本章研究的主要动机所在。在研究过程中，本章从基金的交易行为入手，在沿循 Engle 和 Russell（1998）ACD 模型和 Engle（2000）UHF - GARCH 模型的基础上，检验随机时间间隔效应揭示的内容，解析中国股票市场上基金加减仓行为是否会改变市场微观变量之间的关系。通过分析中国股票市场上交易持续期、交易量和波动性之间的关系，试图从基金交易行为考察信息透明度冲击，并分析交易持续期间的信息含量，从而为识别中国股票市场上的知情交易和流动性交易提供证据。

4.1.2 交易持续期的估计模型

1. 自回归条件久期（ACD）模型。Engle 和 Russell（1998）提出了自回归条件久期（ACD）模型，针对交易持续期的聚类性进行建模。交易持续期的聚类性是指，短（长）持续期之后倾向于跟随短（长）持续期。因此，ACD 模型可以用于预测交易的到达时刻。

一个标准的 ACD（p，q）模型的基本形式为

$$x_i = \psi_i \varepsilon_i$$

$$\psi_i = E(x_i \mid \Omega_{i-1}) = a_0 + \sum_{j=1}^{p} b_j x_{i-j} + \sum_{k=1}^{q} a_k \psi_{i-k}$$

$$a_0 > 0;\ a_j, b_k \geqslant 0\ \ \forall j,k;\ \sum_{j=1}^{p} a_j + \sum_{k=1}^{q} b_k < 1 \tag{4.1}$$

式中：$x_i = t_i - t_{i-1}$，表示两笔交易的交易间隔，即持续期，t_i 表示第 i 笔交易发生的时间；ψ_i 是持续期 x_i 的条件期望；ε_i 服从独立同分布且 E（ε_i）$=1$，var（ε_i）$=\delta^2$ 不随时间变化，通常假定 ε_i 服从指数分布、Weibull 分布或广义误差分布（分别称为 EACD 模型、WACD 模型和 GACD 模型）；Ω_{i-1}表示 i 期之前的信息集；p、q 为滞后阶数；a_i 和 b_i 为待估参数，由于持续期不能为负值，所以估计参数时需要施加非负性约束。从形式上，ACD 模型与 GARCH 模型有相似的结构特征，这是因为 GARCH 模型刻画的是波动率的聚类性，而 ACD 模型刻画的是持续期的聚类性。因此 GARCH 模型中的性质在 ACD 模型中同样适用。

采用极大似然估计的方法估计系数。具有指数分布的 ACD（p，q）模型的拟极大似然估计（QMLE）的似然函数可以表示为

$$L(x_1, \cdots, x_{N(T)}; \theta) = -\sum_{t=1}^{N(T)} \left[\ln(\psi_i) + \frac{x_i}{\psi_i} \right] \tag{4.2}$$

如果误差项服从 Weibull 分布，则对数似然函数为

$$L(x_1, \cdots, x_{N(T)}; \theta) = -\sum_{t=1}^{N(T)} \left\{ \ln\left(\frac{\alpha}{x_i}\right) + \alpha \ln\left(\frac{\Gamma(1+1/\alpha)x_i}{\psi_i}\right) - \left(\frac{\Gamma(1+1/\alpha)x_i}{\psi_i}\right)^{\alpha} \right\} \tag{4.3}$$

式中：Γ（·）为伽马函数；a 为 Weibull 分布的参数。当 a 等于 1 时，Weibull 分布退化为指数分布。

市场微观变量序列一般都具有比较明显的日内周期变化效应（time - of - day effect）。Engle 和 Russell（1998）提出利用样条法对“日内效应”进行建模。对周期性显著的序列进行去除“日内效应”调整。具体使用如下公式去除“日内效应”：

$$\varphi_i = \sum_{j=1}^{N} D_j (a_j + b_j (t_i - T_j) + c_j (t_i - T_j)^2 + d_j (t_i - T_j)^3)$$

$$x_i = X_i / \phi_i \tag{4.4}$$

式中：X_i 表示原始序列，x_i 表示去除“日内效应”以后的序列；ϕ_i 表示“日

内效应”；N 为每天的时段数，本章选择每半个小时为一段，即 $N=8$；D_j 为指示变量，若第 i 笔交易位于第 j 个时段，则 $D_j=1$。通过回归估计出系数，然后去除“日内效应”。

2. UHF－GARCH 模型。由于高频数据的主要特征是交易发生的时间不等间隔性，所以不能直接把传统的 GARCH 模型应用于高频数据的波动率建模。Engle（2000）提出的 UHF－GARCH 模型将 GARCH 模型与 ACD 模型相结合，引入交易持续期变量，对高频数据进行波动率建模。

假设 p_i 为第 i 笔交易的交易价格，定义每笔收益率为 $R_i=\log(p_i)-\log(p_{i-1})$，由于收益率序列也存在“日内效应”，同样可以采用样条差值的方法去除“日内效应”。消除“日内效应”后的收益率序列记为 r_i。定义每笔收益率序列的条件方差为 $\mathrm{var}(r_i \mid \Omega_{i-1}) \equiv h_i$，单位时间间隔的波动率定义为 $\delta_i^2 \equiv h_i/x_i$。由于 $\mathrm{var}(\frac{r_i}{\sqrt{x_i}} \mid \Omega_{i-1}) = \mathrm{var}(r_i \mid \Omega_{i-1})/x_i = h_i/x_i = \delta_i^2$，所以可以对$\frac{r_i}{\sqrt{x_i}}$序列进行超高频 GARCH 建模。以上分析可以简单总结为：UHF－GARCH 模型利用持续期 x_i 序列将每笔收益率序列 r_i 进行时间上的“单位化”处理，从而满足了 GARCH 模型等间隔的要求。

一个典型的 UHF－GARCH（1，1）模型的形式为

$$\frac{r_i}{\sqrt{x_i}} = c_0 + \sum_{j=1}^{p} c_j \frac{r_{i-j}}{\sqrt{x_{i-j}}} + \varepsilon_i + \sum_{k=1}^{q} d_k \varepsilon_{i-k} + \lambda x_i$$

$$h_i = e_0 + f_1 \varepsilon_{i-1}^2 + e_1 h_{i-1} + l x_i^{-1} + m \psi_i^{-1} + n \frac{x_i}{\psi_i} \tag{4.5}$$

其中，收益率方程用“单位化”的收益率进行 ARMA（p，q）建模，并引入持续期，考察持续期对收益率的影响。方差方程中的第一部分是 GARCH（1，1），考察前一期的条件方差与残差对本期条件方差的影响；第二部分是持续期对条件方差的影响，x_i^{-1} 表示持续期对波动率的影响，ψ_i^{-1} 表示持续期的条件期望对波动率的影响，$\frac{x_i}{\psi_i}$表示持续期突然变化（预期之外的持续期）对波动的影响。Engle 指出，可以在条件方差方程中引入当期持续期、滞后的预期持续期、价差和交易量等变量，来检验各种微观结构假说。

4.2 样本数据与分析

1. 样本和数据说明。本章选取 2007 年基金持仓位显著变化，交易活跃并

且在基金仓位变动期间没有停牌的14只股票作为研究样本。其中，基金仓位变化按照基金持股仓位净值变化来划分，仓位显著净买入为基金加仓类型，该类型股票标记R；仓位显著净卖出为基金减仓类型，该类型股票标记F。仓位变动基准日按照基金持有某股票的仓位显著变化趋势来设定。为了挖掘基金行为对市场质量的影响，本章还选取基金发生仓位变动之前30个交易日的交易数据进行对比研究。数据来源为国泰安公司提供的中国股票市场超高频交易数据库；基金仓位变化来自于上海证券交易所金融创新实验室。具体数据情况如表4－1所示：

表4－1　实证分析数据样本

股票代码	股票名称	仓位变动起始日	仓位变动终止日	仓位变动方向	仓位变动期样本量	仓位变动前30个交易日样本量
600048	保利地产	8月17日	9月5日	R	23706	35697
600000	浦发银行	5月14日	5月29日	R	21636	30173
600307	酒钢宏兴	8月7日	9月30日	R	73797	34649
600015	华夏银行	8月17日	9月14日	R	48806	59485
601666	平煤股份	8月1日	9月14日	R	76560	40646
600029	南方航空	7月18日	8月10日	R	42403	43442
600362	江西铜业	8月10日	10月15日	R	101378	49495
600508	上海能源	7月23日	9月30日	R	98164	33574
600886	国投电力	5月16日	6月29日	F	68078	27538
600739	辽宁成大	11月15日	12月15日	F	50013	47580
600269	赣粤高速	2月1日	3月31日	F	68426	34021
600005	武钢股份	5月22日	6月15日	F	47772	34064
600037	歌华有线	10月8日	11月30日	F	64660	35448
600016	民生银行	2月23日	4月30日	F	59218	43529

2. 变量选择与数据处理。本章主要研究不同基金行为对各微观变量的直接影响，以及对各微观变量之间关系的影响，涉及的主要微观变量有：有效持续期、两笔有效持续期之间的累积交易量、有效持续期发生时的买卖价差、有效持续期发生时的买卖方向、有效持续期间的收益率、有效持续期间收益率的波动率，共6个变量。其中，借鉴Engle（2000）的思路，定义价格发生改变的持续期为有效持续期，其目的是便于考察有效持续期内的收益率；定义价格变动0.01元的持续期为有效持续期。为了便于描述，下文简称这些变量为持续期、成交量、买卖价差、买卖方向、收益率和波动率。

在进行分析之前，对原始数据进行了如下处理：（1）剔除9:30之前，11:30至13:00之间和15:00之后的数据；（2）剔除价格不变的数据，并将期间成交量累加；（3）剔除持续期超过5分钟的数据以及买卖价差的异常值。这是因为中国股票市场存在涨跌停板限制，出现涨跌停板时，持续期和买卖价差数据会严重偏离正常值。本章选择的股票成交均比较活跃，价格变化频繁，一般极少出现交易价格持续5分钟不变的情况，因此做上述剔除操作不影响分析结果。经过上述剔除后的数据描述性统计如表4－2所示：

表4－2 持续期、成交量、买卖价差均值的描述性统计

股票代码	样本量（期间）	样本量（前）	持续期均值（期间）	持续期均值（前）	成交量均值（期间）	成交量均值（前）	买卖价差均值（期间）	买卖价差均值（前）
600048	12396	17330	16.16	32.58	6517	6267	0.0858	0.0686
600000	10638	18295	14.83	79.10	38989	15884	0.0242	0.0242
600307	38440	17952	12.44	70.08	17568	10348	0.0270	0.0150
600015	24852	24206	12.73	56.58	40027	41228	0.0206	0.0138
601666	42612	24196	11.09	81.28	10981	7886	0.0256	0.0191
600029	20339	20137	12.03	14.90	38531	28215	0.0186	0.0146
600362	59967	31437	10.04	72.26	11251	8579	0.0361	0.0208
600508	52441	18844	13.18	60.07	9785	6688	0.0312	0.0175
600886	33584	14118	13.96	37.37	18045	13648	0.0181	0.0183
600739	25819	27698	12.23	11.19	10264	11845	0.0411	0.0538
600269	29842	15640	16.59	17.40	27489	23955	0.0133	0.0145
600005	21351	17201	12.66	38.59	107586	87079	0.0130	0.0120
600037	33501	18260	15.96	26.77	8125	7050	0.0313	0.0324
600016	25481	21670	13.14	12.85	124854	133326	0.0114	0.0140

注：（期间）表示基金仓位变动的时间段，（前）表示基金调整仓位之前1个月的时段。

3. 基金仓位调整与交易持续期变化。在基金仓位变化的样本中，江西铜业2007年8月10日至10月15日期间基金仓位变化幅度最大，日均换手率达到5.8%，交易活跃，流动性较好，是一只较为典型的股票。本章的研究中以江西铜业为例，分析基金仓位调整和交易持续期变化。

图4－1（a）是2007年证券投资基金对“江西铜业”累计持仓分布，从该图可见从8月10日～10月15日基金仓位出现显著上升，在此本章定义该时间区间为“基金加仓期”。下面，我们首先绘制其股票价格和有效持续期分

布图，图 4－1（b）为基金加仓期间该股的价格走势；图 4－2 是基金调仓前后持续期的分布图，横坐标是秒，如图 4－2（a）中横坐标 50 表示持续期是 50 秒的样本点大约有 1000 个。从图 4－2 中可以看出，基金调整期间，有效持续期较短，价格变动频繁。另外，持续期的分布类似于指数分布或者 Weibull 分布，由于 Weibull 分布比指数分布更加灵活，本章对持续期建模时均采用 Weibull 分布。

由于日内数据一般都有比较强的“日内效应”，图 4－3 则绘制了江西铜业（600362）有效持续期、买卖价差、成交量及收益率的日内五分钟走势图。

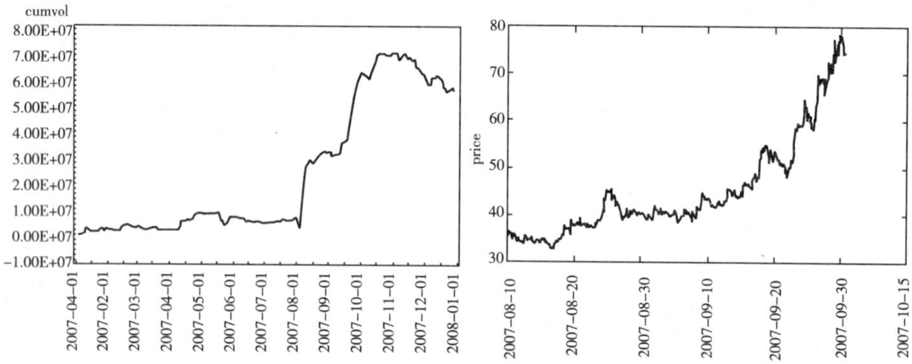

（a）基金仓位变化　　（b）基金仓期间的股价变化

图 4－1　基金调仓和股价走势

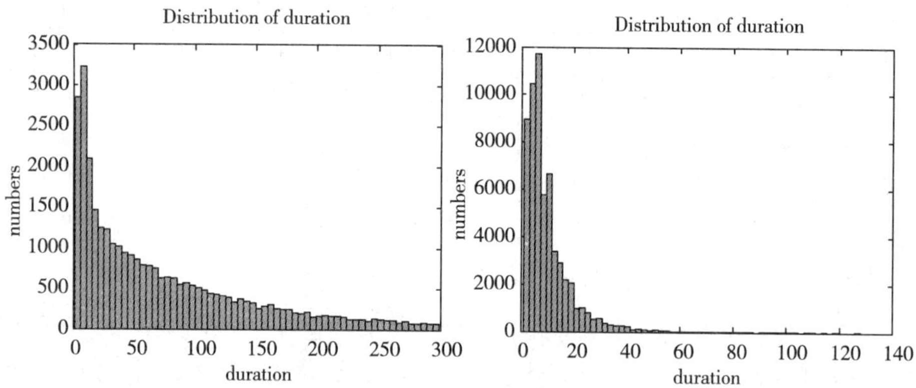

（a）基金加仓期间的持续期分布　　（b）加仓前 30 个交易日的持续期分布

图 4－2　基金调仓前后的效持续期分布

全天的交易时间为 4 个小时，图 4－3 中把不同交易日的数据每 5 分钟取一个平均值，一共有 48 组数据。从图中可以看出，持续期开盘和收盘时较

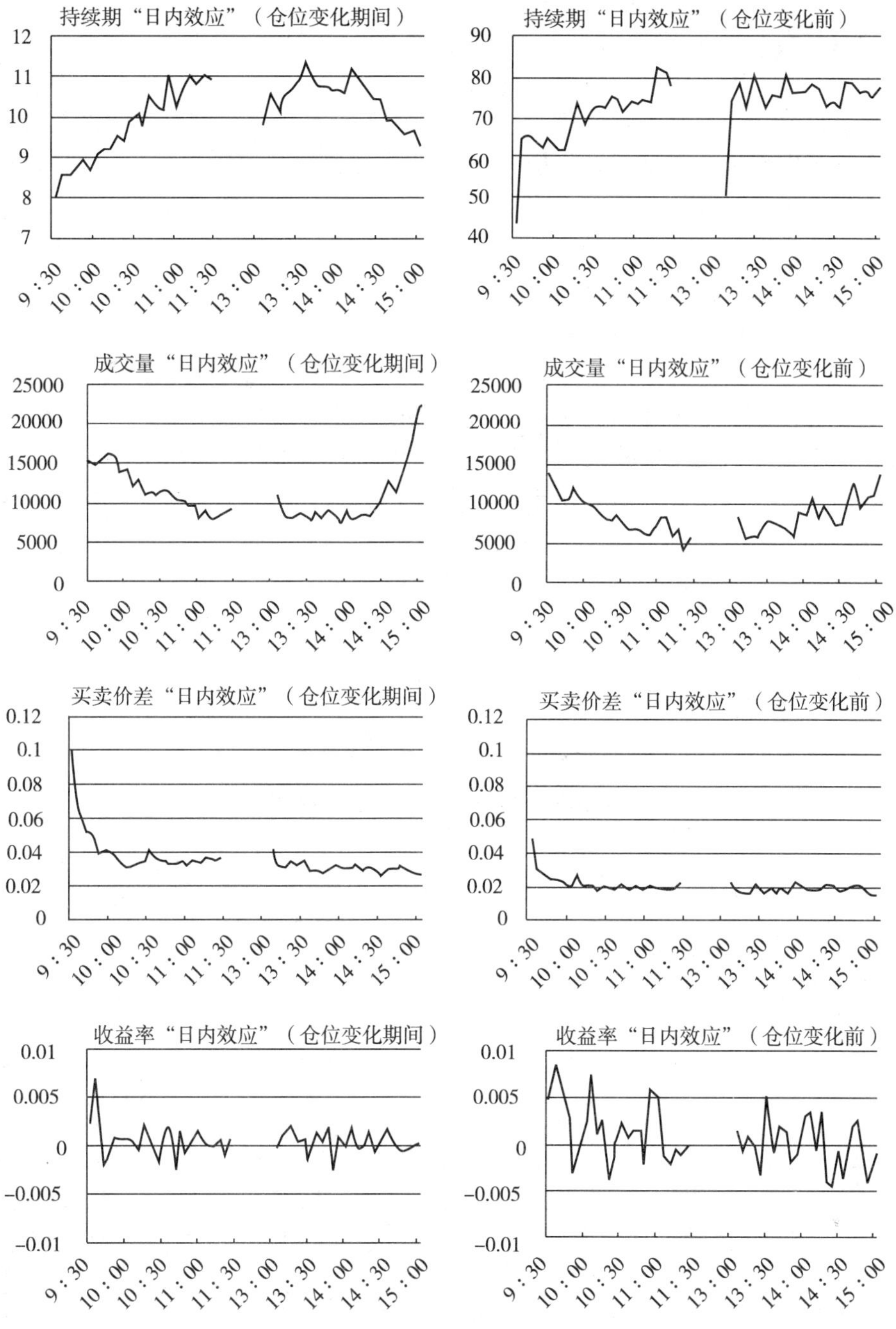

图4－3 江西铜业（600362）持续期、成交量、买卖价差、收益率的“日内效应”

短，中间较长，表明开盘和收盘时交易更密集。在第 25 个样本点，也就是下午开盘时刻 13:00，持续期有一个向下的跳跃，这是由于中国的二次开盘制度造成的。由于中午休市一个半小时积累了大量的信息，导致下午开盘时交易密集，价格变动频繁，有效持续期缩短。由于交易量是微观结构中的信息流的重要代理变量，交易量是投资者对信息流过程的反应（Andersen，1996）。成交量全天呈 U 型，表明开盘和收盘时交易活跃。买卖价差呈现出明显的 L 型，与屈文洲、吴世农（2002）的研究一致，这种现象与我国集合竞价的开盘机制有关。收益率的“日内效应”不是很明显，主要表现为开盘时收益率较大，并且仓位变动期间的波动率较小。

需要特别指出的是，根据 Easley 和 O' Hara（1992）的判断，当新信息到来时，有信息优势的知情交易者害怕信息被释放，急于成交，这种行为会导致持续期减小、成交量放大、买卖价差扩大、波动性增强。从图 4－3 可以看出，对于持续期而言，基金调整仓位前 1 个月时段，该变量主要集中在 50～80 秒区间，基金仓位变动期间则大幅下降到 8～11 秒区间。另外，图中还显示成交量在基金仓位变动时段放大，买卖价差随之扩大。基金进行仓位调整的行为对市场的影响与 Easley 和 O' Hara 所描述的知情交易者对市场的影响相同。

为了考察这一现象的普遍性，表 4－3 对比了基金仓位变动前后 14 只股票微观变量的均值，包括持续期、成交量和买卖价差。

表 4－3　　有效持续期、累积成交量、买卖价差描述

股票代码	仓位变动方向	样本量（仓位变化期）	样本量（前一个月）	持续期均值（仓位变化期）	持续期均值（前一个月）	成交量均值（仓位变化期）	成交量均值（前一个月）	买卖价差均值（仓位变化期）	买卖价差均值（前一个月）
600048	R	12396	17330	16. 16	32. 58	6517	6267	0. 0858	0. 0686
600000	R	10638	18295	14. 83	79. 10	38989	15884	0. 0242	0. 0242
600307	R	38440	17952	12. 44	70. 08	17568	10348	0. 0270	0. 0150
600015	R	24852	24206	12. 73	56. 58	40027	41228	0. 0206	0. 0138
601666	R	42612	24196	11. 09	81. 28	10981	7886	0. 0256	0. 0191
600029	R	20339	20137	12. 03	14. 90	38531	28215	0. 0186	0. 0146
600362	R	59967	31437	10. 04	72. 26	11251	8579	0. 0361	0. 0208
600508	R	52441	18844	13. 18	60. 07	9785	6688	0. 0312	0. 0175
加仓平均				12. 81	58. 36	21706	15637	0. 0336	0. 0242

续表

股票代码	仓位变动方向	样本量（仓位变化期）	样本量（前一个月）	持续期均值（仓位变化期）	持续期均值（前一个月）	成交量均值（仓位变化期）	成交量均值（前一个月）	买卖价差均值（仓位变化期）	买卖价差均值（前一个月）
600886	F	33584	14118	13.96	37.37	18045	13648	0.0181	0.0183
600739	F	25819	27698	12.23	11.19	10264	11845	0.0411	0.0538
600269	F	29842	15640	16.59	17.40	27489	23955	0.0133	0.0145
600005	F	21351	17201	12.66	38.59	107586	87079	0.0130	0.0120
600037	F	33501	18260	15.96	26.77	8125	7050	0.0313	0.0324
600016	F	25481	21670	13.14	12.85	124854	133326	0.0114	0.0140
减仓平均				14.09	23.96	49394	46151	0.0214	0.0242

从表4－3可以看出，基金加仓阶段与仓位变动前一个月相比，持续期大幅下降，各股票的平均持续期从58.36秒下降到12.81秒；成交量大幅上升，各股票的平均成交量从15637股上升到21706股；买卖价差大幅扩大，各股票的平均买卖价差从0.0242元扩大到0.0336元。另一方面，基金减仓阶段与仓位变动前一个月相比也大多表现出持续期缩短，成交量放大的特点，但是变化幅度不如加仓时明显，各股票的平均持续期从23.96秒变动到14.09秒，成交量从46151股上升到49394股。但是，基金减仓阶段的买卖价差出现了下降，各股票的平均买卖价差从0.0242元下降到0.0214元。

基金仓位变动期间，持续期下降、成交量放大这一现象普遍存在，并且对14只股票取各指标均值后，也反映出这一特点。本章对此现象作如下解释：由于在中国股票市场上，半数的交易者是散户，可以认为他们属于非知情交易者。而基金作为股票市场中的另一大主体，所掌握的信息量远远超过普通散户。如果把基金理解为知情交易者，那么上述结论实际上支持了Easley和O' Hara（1992）理论，即知情交易行为导致持续期减小、成交量放大。但是在买卖价差方面，基金仓位的不同变化方向对买卖价差有不同的影响，与Easley和O' Hara的理论并不完全一致。本章提出如下观点：基金持续加仓表明知情交易者获得了利好消息，他们害怕消息泄露，急于成交导致买卖价差扩大，这与Easley和O' Hara的观点一致。但当基金持续减仓时，表明知情交易者获得利空消息，由于中国市场上散户众多，在股票下跌过程中，基金下大的卖单扩大价差可能会引发散户的羊群效应，导致股票下跌，反而造成基金自身的损失。所以基金在减仓时倾向于尽量减小买卖价差。

4.3 基于交易持续期的流动性指标分析

在得到了持续期信息之后，结合持续期间的成交量等信息，就可以从市场微观结构理论出发，研究基金行为对市场效率的影响。本节主要研究了基于持续期的基金行为对市场流动性不同维度的影响。

4.3.1 基于持续期的市场流动性衡量指标选取

本章选取林伟斌、王立立（2006）提出的两个与交易持续期信息密切相关的单维指标来衡量市场的流动性，分别反映流动性的宽度和即时性维度，并根据基金行为的不同进行对比分析。

指标一，买卖价差指标，该指标反映流动性的宽度。我国的证券市场是指令驱动的市场，某个指令既可以在最优的限价指令上撮合成交，即买一价卖一价，又可以在次优的指令上撮合最终成交，即买二价卖二价、买三价卖三价等。单纯的买卖价差只考虑了最优买卖价差，不能真正衡量投资者的实际交易成本，特别是大额交易订单的实际交易成本。因此，本章对原始的买卖价差做了一定的修正，将成交量的信息反映进去，使得该指标更加全面地反映市场信息，具体指标设置为

$$Liquidity_t = \frac{1}{n}\sum_{i=1}^{n}\frac{(Sellprice5_{i,t} - Buyprice5_{i,t})/Averprice_{i,t}}{Volume_{i,t}} \tag{4.6}$$

$$Averprice_{i,t} = \frac{\sum_{j=1}^{5} Sellvol_{j,t} \times Sellprice_{j,t} + \sum_{j=1}^{5} Buyvol_{j,t} \times Buyprice_{j,t}}{\sum_{j=1}^{5}(Sellvol_{j,t} + Buyvol_{j,t})} \tag{4.7}$$

式中：$Volume_{i,t}$表示第 t 个交易持续期内的第 i 笔交易记录的成交量；$Averprice_{i,t}$表示第 t 个交易持续期内第 i 笔交易所记录的均衡价格；$(Sellprice5_{i,t} - Buyprice5_{i,t})/Averprice_{i,t}$ 反映了买五价与卖五价价之间的有效价差，说明了交易成本。为了将有效价差标准化，用有效价差除以交易量表示每单位成交量的有效价差，再将这一持续期内各笔单位成交量的有效价差求均值，用该指标来反映交易成本。该指标克服了单纯使用买一价卖一价的买卖价差而没有考虑成交量信息的问题，所以能够更真实地反映市场的流动性状况。这一指标越大，表明交易持续期内的平均每单位成交量有效价差越大，即交易成本越高，流动性越差。

指标二，单位成交量的持续期指标，反映流动性的即时性维度。

$$Liquidity_t = \frac{Duration_t}{\sum_i^n Volume_{i,t}} \tag{4.8}$$

该指标表示第 t 个交易持续期内每单位成交量的标准化持续期，该指标越大，表明相同交易量下的交易持续期越长，流动性越差。

4.3.2 基金行为对市场流动性的影响分析

下面根据前面介绍的衡量指标，分别计算基金加减仓期间的情况和基金加减仓前 30 天的情况，对比两段时期的异同，进而分析基金加减仓行为对市场流动性的影响，计算结果如表 4－4 所示：

表 4－4　　基金行为对市场流动性的影响

股票代码	仓位变动方向	流动性指标一的均值（仓位变化期）	流动性指标一的均值（前一个月）	流动性指标二的均值（仓位变化期）	流动性指标二的均值（前一个月）
600048	R	1.3×10^{-5}	1.1×10^{-5}	2.48^{-03}	5.20^{-03}
600000	R	6.2×10^{-7}	1.5×10^{-6}	3.80^{-04}	4.98^{-03}
600307	R	1.5×10^{-6}	1.5×10^{-6}	7.08^{-04}	6.77^{-03}
600015	R	5.1×10^{-7}	3.3×10^{-7}	3.18^{-04}	1.37^{-03}
601666	R	2.3×10^{-6}	2.4×10^{-6}	1.01^{-03}	1.03^{-02}
600029	R	4.8×10^{-7}	5.2×10^{-7}	3.12^{-04}	5.28^{-04}
600362	R	3.2×10^{-6}	2.4×10^{-6}	8.92^{-04}	8.42^{-03}
600508	R	3.2×10^{-6}	2.6×10^{-6}	1.35^{-03}	8.98^{-03}
加仓平均		1.5×10^{-6}	1.5×10^{-6}	5.90^{-04}	3.73^{-03}
600886	F	1.0×10^{-6}	1.3×10^{-6}	7.74^{-04}	2.74^{-03}
600739	F	4.0×10^{-6}	4.5×10^{-6}	1.19^{-03}	9.45^{-04}
600269	F	4.8×10^{-7}	6.1×10^{-7}	6.04^{-04}	7.26^{-04}
600005	F	1.2×10^{-7}	1.4×10^{-7}	1.18^{-04}	4.43^{-04}
600037	F	3.8×10^{-6}	4.6×10^{-6}	1.96^{-03}	3.80^{-03}
600016	F	9.1×10^{-8}	1.1×10^{-7}	1.05^{-04}	9.64^{-05}
减仓平均		4.3×10^{-7}	5.2×10^{-7}	2.85^{-04}	5.21^{-04}

从流动性指标一的计算结果来看，首先，对于基金加仓的个股来说，在基金加仓期间和加仓前 30 个交易日计算出的结果完全一致，均为 1.5×10^{-6}，说明基金的加仓行为对市场流动性的宽度影响不大，也就是说，基金加仓行为不改变市场价格变化较小幅度就能迅速成交的能力。其次，对于基金减仓的个股来说，基金减仓前 30 个交易日的结果要大于基金减仓期间的结果。这

一指标越大，表明交易持续期内的平均每单位成交量有效价差越大，即交易成本越高，流动性越差，表明基金的减仓行为改善市场流动性的宽度，使得较小幅度的价格变化就能迅速成交。

从流动性指标二的计算结果来看，首先，对于基金加仓的个股来说，基金加仓期间的指标5.90^{-04}要远小于加仓前30个交易日的指标3.73^{-03}。由于该指标越大，表明相同交易量下的交易持续期越长，流动性越差，那么结果说明基金加仓大幅改善了市场流动性的即时性。其次，对于基金减仓的个股来说，基金减仓期间的指标略小于减仓前30个交易日的指标，说明基金减仓行为也能改善市场流动性的即时性，但是改善幅度不大。

	流动性宽度	流动性即时性
基金加仓	影响不大	大幅改善
基金减仓	改善	改善

总体来看，基金的加减仓行为都会从不同侧面改善市场的流动性，加仓行为可以大幅改善市场流动性的即时性（即缩短成交某个数量交易量的时间长度）；减仓行为可以同时改善市场流动性的宽度（变化较小幅度就能迅速成交的能力）和即时性。

4.3.3 交易持续期对市场流动性指标的影响

一般来说，交易持续期越短的情况下，交易强度就越大，市场交易更容易成交，流动性也越好。为了进一步挖掘交易持续期对市场流动性的影响，构建OLS回归模型，分别考察基金不同行为之下，持续期对两种流动性测度的影响情况。

方程中的解释变量持续期为当期值，考察当期持续期对当期市场流动性的影响，而不是考察对流动性的预测性。

为了反映市场的整体情况，从整体上考虑持续期对流动性的影响，公式中的持续期和流动性指标均分别取基金加仓期和减仓期的平均值。

$$\ln Liquidity_t = \beta_0 + \beta_1 \ln Dur_t \tag{4.9}$$

表4-5　交易持续期对市场流动性的影响模型估计结果

被解释变量 Ln (*Liquidity*)	基金仓位变动前30个交易日		基金加仓期间	
	指标一	指标二	指标一	指标二
C	-6.1 (***)	-0.7 (**)	-8.3 (**)	-0.4 (**)
Ln (*Dur*)	0.8 (***)	0.3 (***)	2.3 (***)	1.3 (**)
R-Square	0.71	0.62	0.85	0.74

注：* 表示在10%水平下显著，** 表示在5%水平下显著，*** 表示在1%水平下显著。

表4-6　　交易持续期对市场流动性的影响模型估计结果

被解释变量 Ln（*Liquidity*）	基金仓位变动前30个交易日		基金减仓期间	
	指标一	指标二	指标一	指标二
C	-7.5（***）	-0.2（**）	-9.6（**）	-0.2（**）
Ln（*Dur*）	1.3（**）	0.7（***）	1.1（*）	1.9（***）
R-Square	0.88	0.75	0.79	0.85

注：* 表示在10%水平下显著，** 表示在5%水平下显著，*** 表示在1%水平下显著。

表4-5和表4-6中的R-Square均相对较高，说明模型有较强的解释力度。

对于基金加仓期间：从流动性的宽度指标来看，基金仓位变动前30个交易日的系数为0.8，并且高度显著，说明持续期越长，流动性宽度指标数值越大，意味着市场流动性宽度越差。在基金仓位变动期间，系数为2.3且显著，说明基金仓位变动期间，持续期对市场流动性宽度的影响更加剧烈。也就是说，基金行为可以改善市场的流动性宽度。

从流行性即时性的指标来看，基金仓位变动前30个交易日的系数为0.3，仓位变动期间的系数为1.3，且均高度显著。同样表明持续期越长，流动性即时性指标数值越大，意味着市场流动性的即时性越差。那么，基金行为可以通过缩短交易持续期，对市场流动性的即时性起到改善作用。

基金减仓期间的估计结果与加仓期间的结果极为相似，只是影响程度有一些不同，因此此处不再赘述。

总之，本节中对基金加仓和减仓期间的持续期对市场流动性各指标的影响做了估计。模型估计结果与上节中相互呼应，说明基金行为对市场流动性的宽度指标和即时性指标均有很强的改善作用。

4.4 基金行为对市场微观结构变量的影响

本节采用实证分析的研究方法，使用ACD和UHF-GARCH模型对高频数据进行建模和深入研究，结合基金行为，研究基金对市场微观结构变量的影响，并对结果进行解释。

4.4.1 自回归条件持续期（ACD）模型实证结果分析

前面提到，Weibull分布（即WACD模型）能够更好地揭示持续期序列的特征，因此本章为了方便与UHF-GARCH相结合，首先采用WACD（1，1）对持续期建模。其中涉及的数据序列已经采用样条法去除“日内效应”。具体模型如下：

$$x_i = \psi_i \varepsilon_i$$

$$\psi_i = a_0 + b_1 x_{i-1} + a_1 \psi_{i-1} + c_1 volume_{i-1} + d_1 spread_{i-1} \quad (4.10)$$

成交量等市场微观结构变量与持续期相似，有自相关和异方差性，并且相互影响，Cellier（2003）、Manganelli（2005）等提出了类似 VAR 的估计模型，把成交量等市场微观结构变量引入持续期模型进行联合估计。国内一些学者也将成交量和买卖价差等变量引入持续期的估计中，研究它们之间的关系，如曾勇（2008）、谭地军（2008）等。本章在方程中加入了成交量和买卖价差，考察这两个变量与持续期之间的关系。由于数据序列去除“日内效应”的过程相当于一个归一化的过程，因此下面的结果只需要关注符号的方向，而无须关注具体数值的大小。

本章的实证研究由于数据量较大，首先采用运行速度较快的 winrats 软件进行数据采集等工作，然后使用 MATLAB 进行后续建模处理。

表 4－7 为基金调整仓位阶段交易持续期模型的实证估计结果，表 4－8 为基金仓位变动前 30 个交易日的实证估计结果，表中原序列表示 x_i，残差由 $\varepsilon_i = x_i/\psi_i$ 表示。

表 4－7　基金仓位变动期间 WACD（1，1）模型估计结果

股票代码	加减仓	a_0	b_1	a_1	alpha	c_1	d_1	原序列 Q（24）	残差 Q（24）
600048	R	0.0132*** (0.0000)	0.0301*** (0.0000)	0.9555*** (0.0000)	1.1916*** (0.0000)	−0.0018*** (0.0000)	0.0033*** (0.0000)	629.1	80.6
600000	R	0.0012** (0.0412)	0.0048*** (0.0000)	0.994*** (0.0000)	1.2207*** (0.0000)	−0.0005*** (0.0001)	0.0006** (0.0183)	144.0	49.9
600307	R	0.0070*** (0.0000)	0.0178*** (0.0000)	0.9765*** (0.0000)	1.2645*** (0.0000)	−0.0009*** (0.0000)	−0.0002 (0.3586)	1990.4	126.2
600015	R	0.0011* (0.0392)	0.0165*** (0.0000)	0.9827*** (0.0000)	1.2482*** (0.0000)	0.0002 (0.1607)	−0.0003 (0.2867)	25350	51.7
601666	R	0.0081*** (0.0000)	0.0139*** (0.0000)	0.9805*** (0.0000)	1.3128*** (0.0000)	−0.0019*** (0.0000)	−0.0004 (0.1124)	1302.7	176.0
600029	R	0.0102*** (0.0000)	0.0137*** (0.0000)	0.9770*** (0.0000)	1.2465*** (0.0000)	−0.0004* (0.0630)	−0.0003 (0.5787)	230.4	68.2
600362	R	0.0113*** (0.0000)	0.0131*** (0.0000)	0.9773*** (0.0000)	1.3837*** (0.0000)	−0.0013*** (0.0000)	−0.0001 (0.4400)	907.7	265.3

续表

股票代码	加减仓	a_0	b_1	a_1	alpha	c_1	d_1	原序列 Q (24)	残差 Q (24)
600508	R	0.0111*** (0.0000)	0.0245*** (0.0000)	0.9680*** (0.0000)	1.2559*** (0.0000)	-0.0022*** (0.0000)	-0.0011*** (0.0000)	4471.2	150.3
600886	F	0.0039*** (0.0000)	0.0097*** (0.0000)	0.9873*** (0.0000)	1.2493*** (0.0000)	-0.0005*** (0.0000)	-0.0004* (0.0761)	603.4	98.9
600739	F	0.0083*** (0.0000)	0.0162*** (0.0000)	0.9766*** (0.0000)	1.2662*** (0.0000)	-0.0015*** (0.0000)	0.0007** (0.0383)	656.0	97.4
600269	F	0.0027*** (0.0000)	0.0096*** (0.0000)	0.9883*** (0.0000)	1.1924*** (0.0000)	-0.0005*** (0.0000)	0.00003 (0.9251)	1025.2	184.5
600005	F	0.1414*** (0.0000)	0.0047 (0.1116)	0.8611*** (0.0000)	1.2367*** (0.0000)	0.0039*** (0.0047)	-0.0101 (0.0000)	102.0	86.2
600037	F	0.0078*** (0.0000)	0.0291*** (0.0000)	0.9633*** (0.0000)	1.2216*** (0.0000)	-0.0012*** (0.0000)	0.0014*** (0.0001)	3684.2	99.1
600016	F	0.1587*** (0.0000)	0.0041 (0.1197)	0.8635*** (0.0000)	1.2139*** (0.0000)	-0.0034*** (0.0002)	-0.0218*** (0.0000)	194.3	180.2

注：①括号中为 p 值。

②*表示在 10% 水平下显著，**表示在 5% 水平下显著，***表示在 1% 水平下显著。

③alpha 是 Weibull 分布的参数，当 alpha 等于 1 时，退化为指数分布。下同。

表 4-8 基金仓位变动前 30 个交易日内 WACD（1，1）模型估计结果

股票代码	a_0	b_1	a_1	alpha	c_1	d_1	原序列 Q (24)	残差 Q (24)
600048	0.0015*** (0.0016)	0.0387*** (0.0000)	0.9601*** (0.0000)	1.1832*** (0.0000)	-0.0005*** (0.0002)	0.0003 (0.2873)	85743	144.8
600000	0.0002 (0.2043)	0.0232*** (0.0000)	0.9764*** (0.0000)	1.3161*** (0.0000)	-0.0001** (0.0331)	0.0001 (0.2498)	34580	52.2
600307	0.0011** (0.0111)	0.0317*** (0.0000)	0.9674*** (0.0000)	1.2234*** (0.0000)	-0.0007*** (0.0000)	0.0003 (0.4802)	43947	58.9
600015	0.0007** (0.0445)	0.0288*** (0.0000)	0.9712*** (0.0000)	1.1775*** (0.0000)	-0.0002*** (0.0096)	-0.0003 (0.3815)	106350	663.1
601666	0.0008*** (0.0003)	0.0224*** (0.0000)	0.9772*** (0.0000)	1.3003*** (0.0000)	-0.0002*** (0.0044)	-0.0003 (0.1278)	48257	67.8

续表

股票代码	a_0	b_1	a_1	alpha	c_1	d_1	原序列 Q (24)	残差 Q (24)
600029	0.0128*** (0.0001)	0.0170*** (0.0000)	0.9712*** (0.0000)	1.2066*** (0.0000)	−0.0013*** (0.0000)	0.0004 (0.6891)	421	60.7
600362	−0.0001 (0.4765)	0.0259*** (0.0000)	0.9742*** (0.0000)	1.2326*** (0.0000)	−0.0001 (0.1069)	0.0003** (0.0115)	40262	515.1
600508	0.0016*** (0.0088)	0.0256*** (0.0000)	0.9740*** (0.0000)	1.1873*** (0.0000)	−0.0007*** (0.0002)	−0.0003 (0.4906)	27191	392.5
600886	0.0021** (0.0205)	0.0368*** (0.0000)	0.9620*** (0.0000)	1.0711*** (0.0000)	−0.0024*** (0.0000)	0.0017*** (0.0000)	11887	538.1
600739	0.0135*** (0.0000)	0.0199*** (0.0000)	0.9678*** (0.0000)	1.3472*** (0.0000)	−0.0015*** (0.0000)	0.0006 (0.2180)	657	67.4
600269	0.0138*** (0.0000)	0.0144*** (0.0000)	0.9738*** (0.0000)	1.1795*** (0.0000)	−0.0032*** (0.0000)	0.0013 (0.1786)	280	102.1
600005	0.0010 (0.2137)	0.0289*** (0.0000)	0.9710*** (0.0000)	1.0666*** (0.0000)	−0.0007*** (0.0018)	0.0002 (0.7968)	19746	1056.0
600037	0.0005 (0.2880)	0.0291*** (0.0000)	0.9702*** (0.0000)	1.1382*** (0.0000)	−0.0005** (0.0486)	0.0009*** (0.0072)	39225	203.3
600016	0.0066*** (0.0019)	0.0051*** (0.0000)	0.9893*** (0.0000)	1.3303*** (0.0000)	−0.0003** (0.0109)	−0.0006 (0.1377)	90	81.6

从模型本身来看，两表中的 $b_1 + a_1$ 之和很接近 1，说明持续期有很强的聚类性。而模型残差 Ljung – Box 的 Q（24）统计量尽管显著，比起原始序列的 Q（24）统计量已有很大程度的下降，这说明了 WACD（1，1）模型解释持续期聚类性的效果较好。

通过对两表的实证结果进行对比分析，我们可以得出如下几点结论：

第一，表 4 – 8 中的原序列 Ljung – Box 的 Q（24）统计量比表 4 – 7 中的数值大很多。因为 Q 统计量越大表示数据序列的自相关程度越高，所以这一现象表明基金仓位调整前的 30 个交易日内，持续期具有更强的聚类性。Admati 和 Pfleiderer（1988）指出，自主流动性交易者（discretionary liquidity trader）根据市场的信号来调整交易策略，也就是说他们会选择进行交易时点，并且，倾向于选择不存在知情交易的时间段进行交易。一旦有知情交易的迹象出现，他们就会采取避免与知情交易者交易的策略，暂时退出市场。在市场上无知情交易者时，自主流动性的交易者会选择市场流动性较好、成交密集的时刻交易，这个时候，市场买卖价差小，波动低，可以降低交易的成本。可以理解为，自主流动性交易者使得持续期产生聚类性的特点。因此，两表中对 Q 统计量的对比表明：当基金进场交易的时候，持续期聚类性减弱；而当基金仓位未发生显著变化时，持续期的聚类性较强。这一现象进一步说明了证券投资基金相对于其他交易者来说，类似于知情交易者对市场的影响。而普通交易者会使市场持续期聚类性增强，具有流动性交易者的特点。

第二，两表中的系数 c_1（即成交量对持续期的影响）绝大部分显著为负，说明了基金调整仓位行为没有改变成交量与持续期之间的关系。在这两个市场微观结构变量的关系问题上，Admati 和 Pfleiderer（1988）与 Easley 和 O' Hara（1992）给出的结论一致，都是负相关，但阐述的原因不同。Admati 和 Pfleiderer 认为，市场上的交易频繁，交易时间比较短的时候，流动性交易者居多，此时的市场波动性和买卖价差都比较低，交易量大，也就是持续期与成交量呈现负相关关系。上文中也已提到，Easley 和 O' Hara 认为，新信息到来的时候，知情交易者有信息优势，因此害怕信息释放，急于成交，这样的行为导致持续期减小、成交量增大、买卖价差也扩大，也就是持续期与成交量呈现负相关。本章的实证分析结果同时支持上述两种观点，并且也说明证券投资基金的行为不会改变成交量与持续期的负相关关系。

在 WACD（1，1）的模型中，残差 Q 统计量的数值普遍在几十到几百的区间，总体上偏大，这说明残差存在一定自相关性，可能会使得模型中的关系不稳定。为了更好地检验成交量、买卖价差和持续期的关系，下面建立 WACD（2，2）模型，并继续进行估计，模型和估计结果（见表 4－9）如下：

$$\psi_i = a_0 + b_1 x_{i-1} + b_2 x_{i-2} + a_1 \psi_{i-1} + a_2 \psi_{i-2} + c_1 volume_{i-1} + d_1 spread_{i-1} \tag{4.11}$$

表 4－9　基金仓位变动期间 WACD（2，2）模型估计结果

股票代码	加减仓	b_1	b_2	a_1	a_2	c_1	d_1	残差 Q（24）
600048	R	−0.0158*** (0.0099)	0.0685*** (0.0000)	0.4161*** (0.0012)	0.5073*** (0.0000)	−0.0025*** (0.0000)	0.0049*** (0.0002)	22.33 (0.5596)
600000	R	−0.0304*** (0.0000)	0.0383*** (0.0000)	0.5300*** (0.0000)	0.4600*** (0.0000)	−0.0008*** (0.0012)	0.0009* (0.0683)	28.40 (0.2435)
600307	R	−0.0182*** (0.0000)	0.0459*** (0.0000)	0.5711*** (0.0000)	0.3929*** (0.0000)	−0.0011*** (0.0000)	−0.0002 (0.6429)	25.61 (0.7108)

续表

股票代码	加减仓	b_1	b_2	a_1	a_2	c_1	d_1	残差 Q (24)
600015	R	0.0037*** (0.0000)	0.0239*** (0.0000)	0.3309*** (0.0000)	0.6402*** (0.0000)	0.0004** (0.0176)	-0.0007 (0.1052)	40.60** (0.0184)
601666	R	-0.0303*** (0.0000)	0.0515*** (0.0000)	0.6220*** (0.0000)	0.3482*** (0.0000)	-0.0026*** (0.0000)	-0.0006* (0.0769)	23.86 (0.4699)
600029	R	-0.0177*** (0.0000)	0.0417*** (0.0000)	0.4427*** (0.0003)	0.5167*** (0.0000)	-0.0004 (0.2800)	-0.0005 (0.5721)	23.23 (0.5062)
600362	R	-0.0290*** (0.0000)	0.0482*** (0.0000)	0.6754*** (0.0000)	0.2918*** (0.0000)	-0.0016*** (0.0000)	-0.0002*** (0.3337)	56.84*** (0.0002)
600508	R	-0.0110*** (0.0001)	0.0464*** (0.0000)	0.6954*** (0.0000)	0.2582*** (0.0030)	-0.0029*** (0.0000)	-0.0016*** (0.0000)	32.06 (0.1255)
600886	F	-0.0221*** (0.0000)	0.0362*** (0.0000)	0.6600*** (0.0000)	0.3214*** (0.0000)	-0.0005*** (0.0001)	-0.0004 (0.1474)	32.82 (0.1080)
600739	F	-0.0190*** (0.0000)	0.0459*** (0.0000)	0.4308*** (0.0000)	0.5303*** (0.0000)	-0.0023*** (0.0000)	0.0011** (0.0482)	31.70 (0.1345)
600269	F	-0.0305*** (0.0000)	0.0479*** (0.0000)	0.3255*** (0.0000)	0.6532*** (0.0000)	-0.0008*** (0.0000)	0.0001 (0.8376)	39.69** (0.0231)
600005	F	-0.0709*** (0.0000)	0.0408*** (0.0000)	0.2497*** (0.0056)	0.1020 (0.1272)	0.0357*** (0.0000)	-0.0421 (0.1221)	36.03* (0.0545)
600037	F	-0.0083** (0.0402)	0.0539*** (0.0000)	0.5327*** (0.0000)	0.4094*** (0.0000)	-0.0018*** (0.0000)	0.0020*** (0.0002)	25.61 (0.3734)
600016	F	-0.0478*** (0.0000)	0.0559*** (0.0000)	0.4729*** (0.0000)	0.5122*** (0.0000)	-0.0005*** (0.0013)	-0.0010 (0.2791)	15.35 (0.9100)

注：由于篇幅所限，表中省略了 a_0 和 alpha。

从 WACD（2，2）的结果来看，残差 Ljung－Box 的 Q（24）统计量大多不显著，表示残差自相关性已被很好地消除，模型拟合的效果较好。成交量对于持续期的影响情况仍然显著为负，与 WACD（1，1）模型得到的结论相同。买卖价差的符号有正有负，也同前面的结果相同。证券投资基金仓位变动的行为并没有出现明显差异。总体来看，WACD（2，2）模型的拟合度好于 WACD（1，1）模型，但没有改变原模型中得到的结论。

基金变动仓位前的 30 个交易日内 WACD（2，2）模型估计结果与之类似，不再赘述。

4.4.2 UHF－GARCH 模型实证结果分析

本章采用 UHF－GARCH（1，1）模型对收益率的波动性建模，其基本形式为：

$$\frac{r_i}{\sqrt{x_i}} = c_0 + c_1 \frac{r_{i-1}}{\sqrt{x_{i-1}}} + d_1 \varepsilon_{i-1} + \lambda x_i + \varepsilon_i$$

$$h_i = e_0 + f_1 \varepsilon_{i-1}^2 + e_1 h_{i-1} + l x_i^{-1} + m \psi_i^{-1} + n \frac{x_i}{\psi_i} + o \times Spread_i + p \times Volume_i + q \times BSsign_i \tag{4.12}$$

在 UHF－GARCH（1，1）模型中，加入买卖方向，以及成交量、买卖价差等市场微观结构变量。公式中的 *BSsign* 表示第 *i* 笔交易的发起方，等于 1 表示由买方发起，等于－1 则表示由卖方发起（1 秒钟内可能有多笔交易，*BSsign* 指示主要成交发起方）；*Volume* 表示的是有效持续之间累积的交易量；而 *Spread* 表示有效持续期发生时刻的买卖价差。在均值方程中，x_i 表示交易持续期对收益率的影响情况。

从模型本身来看，$f_1 + e_1$ 远小于 1，与马丹、尹优平（2007）所做的研究结果相似，说明高频数据的 GARCH 的效应相对比较弱。

从两表的实证结果数据对比可得出如下结论：

第一，两表中比较明显的不同之处在于买卖价差前系数 *o* 的差异。一方面，在基金仓位变动期间，买卖价差的系数有正有负，与基金加仓还是减仓的行为没有明显关系，表明这段时期内，交易的发起方向对收益率波动性的影响具有不确定性，即基金的买入卖出行为对收益率波动性的影响没有明显的方向。另一方面，证券投资基金调整仓位前的 30 个交易日期间，买卖方向对波动率的影响系数 *q* 几乎全部为正值，这说明买方发起成交增大波动，卖方发起成交减小波动。这种现象可以理解为，基金调整仓位前的 30 个交易日内，交易者多是流动性交易者，由流动性交易者的买方发起成交容易增大市场波动，由流动性交易者的卖方发起成交容易减小市场波动。也就是说，个人投资者发起买入的行为更容易增大市场波动，而由个人投资者发起卖出的行为更容易减小市场波动。总体来看，基金在一定程度上起到了稳定市场的作用，而个人投资者的行为更有可能增大市场波动。

表 4 - 10 基金调整仓位期间 UHF - GARCH 模型估计结果

股票代码	加减仓	f_1	e_1	l	m	n	o	p	q
600048	R	0.3815*** (0.0000)	0.3184*** (0.0000)	7.3e-05*** (0.0000)	-4.4e-05*** (0.0000)	7.7e-06*** (0.0000)	-4.6e-06*** (0.0000)	1.7e-05*** (0.0000)	7.2e-04*** (0.0000)
600000	R	0.3165*** (0.0000)	0.3269*** (0.0000)	1.5e-04*** (0.0000)	-3.0e-05*** (0.0000)	3.6e-05*** (0.0000)	1.2e-05*** (0.0000)	6.2e-05*** (0.0000)	3.7e-04*** (0.0000)
600307	R	0.3183*** (0.0000)	0.2113*** (0.0000)	7.0e-04*** (0.0000)	-5.2e-04*** (0.0000)	1.5e-04*** (0.0000)	-3.4e-06*** (0.0003)	5.8e-04*** (0.0000)	1.3e-03*** (0.0000)
600015	R	0.2762*** (0.0000)	0.2738*** (0.0000)	4.1e-04*** (0.0000)	-2.9e-04*** (0.0000)	1.0e-04*** (0.0000)	5.1e-05*** (0.0000)	3.1e-04*** (0.0000)	8.0e-04*** (0.0000)
601666	R	0.2705*** (0.0000)	0.2346*** (0.0000)	3.2e-04*** (0.0000)	-3.7e-04*** (0.0000)	3.5e-05*** (0.0000)	9.9e-06*** (0.0000)	1.3e-04*** (0.0000)	5.8e-04*** (0.0000)
600029	R	0.1872*** (0.0000)	0.1524*** (0.0000)	1.1e-03*** (0.0000)	-5.2e-04*** (0.0000)	3.3e-04*** (0.0000)	5.9e-05*** (0.0000)	4.5e-04*** (0.0000)	1.5e-03*** (0.0000)
600362	R	0.2878*** (0.0000)	0.4392*** (0.0000)	1.5e-04*** (0.0000)	-1.3e-04*** (0.0000)	1.9e-05*** (0.0000)	-7.9e-06*** (0.0000)	7.7e-05*** (0.0000)	3.9e-04*** (0.0000)
600508	R	0.2638*** (0.0000)	0.2407*** (0.0000)	3.8e-04*** (0.0000)	-1.0e-04*** (0.0000)	7.6e-05*** (0.0000)	-2.9e-05*** (0.0000)	1.4e-04*** (0.0000)	1.0e-03*** (0.0000)
600886	F	0.2617*** (0.0000)	0.2803*** (0.0000)	3.1e-04*** (0.0000)	-3.6e-04*** (0.0000)	2.4e-05*** (0.0000)	-4.6e-06*** (0.0008)	7.5e-05*** (0.0000)	8.8e-04*** (0.0000)
600739	F	0.2943*** (0.0000)	0.2199*** (0.0000)	1.7e-04*** (0.0000)	-1.9e-04*** (0.0000)	7.2e-05*** (0.0000)	-8.5e-06*** (0.0000)	3.1e-04*** (0.0000)	6.0e-04*** (0.0000)
600269	F	0.1533*** (0.0000)	0.1483*** (0.0000)	4.2e-04*** (0.0000)	-5.5e-04*** (0.0000)	2.8e-05*** (0.0000)	-5.2e-06** (0.0114)	1.6e-04*** (0.0000)	1.1e-03*** (0.0000)
600005	F	0.2334*** (0.0000)	0.2550*** (0.0000)	5.1e-04*** (0.0000)	5.4e-04*** (0.0000)	6.7e-05*** (0.0000)	-1.1e-05*** (0.0003)	1.3e-04*** (0.0000)	7.0e-04*** (0.0000)
600037	F	0.2801*** (0.0000)	0.2594*** (0.0000)	2.2e-04*** (0.0000)	-1.4e-04*** (0.0000)	5.7e-05*** (0.0000)	1.6e-05*** (0.0000)	1.4e-04*** (0.0000)	8.4e-04*** (0.0000)
600016	F	0.1343*** (0.0000)	0.0770*** (0.0000)	4.9e-04*** (0.0000)	-1.5e-04*** (0.0003)	7.9e-05*** (0.0000)	2.5e-05*** (0.0000)	1.2e-04*** (0.0000)	5.0e-04*** (0.0000)

表 4-11 基金仓位变动前 30 个交易日内 UHF-GARCH 模型估计结果

股票代码	f_1	e_1	l	m	n	o	p	q
600048	0.2390*** (0.0000)	0.4564*** (0.0000)	5.0e-05*** (0.0000)	-5.4e-05*** (0.0000)	4.2e-05*** (0.0000)	6.9e-06*** (0.0000)	1.9e-05*** (0.0000)	5.6e-04*** (0.0000)
600000	0.2769*** (0.0000)	0.2565*** (0.0000)	5.1e-05*** (0.0000)	-6.5e-05*** (0.0000)	1.0e-04*** (0.0000)	7.1e-06*** (0.0000)	4.9e-05*** (0.0000)	4.0e-04*** (0.0000)
600307	0.2395*** (0.0000)	0.0773*** (0.0000)	3.4e-04*** (0.0000)	-2.9e-04*** (0.0000)	2.8e-04*** (0.0000)	3.4e-05*** (0.0000)	9.3e-05*** (0.0000)	6.7e-04*** (0.0000)
600015	0.1678*** (0.0000)	0.1079*** (0.0000)	1.4e-04*** (0.0000)	-1.4e-04*** (0.0000)	1.2e-04*** (0.0000)	3.6e-05*** (0.0000)	1.6e-04*** (0.0000)	5.5e-04*** (0.0000)
601666	0.2337*** (0.0000)	0.3189*** (0.0000)	6.9e-05*** (0.0000)	-7.6e-05*** (0.0000)	1.3e-04*** (0.0000)	7.1e-06*** (0.0000)	3.8e-05*** (0.0000)	3.9e-04*** (0.0000)
600029	0.2175*** (0.0000)	0.1603*** (0.0000)	9.9e-04*** (0.0000)	-4.9e-04*** (0.0000)	1.9e-04*** (0.0000)	1.1e-04*** (0.0000)	1.7e-04*** (0.0000)	1.5e-03*** (0.0000)
600362	0.2806*** (0.0000)	0.3471*** (0.0000)	5.2e-05*** (0.0000)	-5.3e-05*** (0.0000)	1.2e-04*** (0.0000)	3.9e-06*** (0.0000)	2.7e-05*** (0.0000)	2.2e-04*** (0.0000)
600508	0.2660*** (0.0000)	0.1804*** (0.0000)	1.4e-04*** (0.0000)	-1.5e-04*** (0.0000)	1.7e-04*** (0.0000)	1.6e-05*** (0.0000)	2.3e-05*** (0.0000)	6.0e-04*** (0.0000)
600886	0.3176*** (0.0000)	0.2737*** (0.0000)	1.4e-04*** (0.0000)	-2.0e-04*** (0.0000)	1.1e-04*** (0.0000)	-3.2e-05*** (0.0000)	5.5e-05*** (0.0000)	7.2e-04*** (0.0000)
600739	0.2490*** (0.0000)	0.1187*** (0.0000)	6.6e-04*** (0.0000)	-6.6e-04*** (0.0000)	9.6e-05*** (0.0000)	1.3e-05*** (0.0000)	1.3e-04*** (0.0000)	7.9e-04*** (0.0000)
600269	0.1743*** (0.0000)	0.2014*** (0.0000)	4.2e-04*** (0.0000)	-4.0e-04*** (0.0000)	3.2e-05*** (0.0000)	4.1e-05*** (0.0000)	1.3e-04*** (0.0000)	9.8e-04*** (0.0000)
600005	0.2174*** (0.0000)	0.0738*** (0.0000)	2.1e-04*** (0.0000)	-1.5e-04*** (0.0000)	1.2e-04*** (0.0000)	1.0e-05*** (0.0017)	3.5e-05*** (0.0000)	5.7e-04*** (0.0000)
600037	0.3158*** (0.0000)	0.2782*** (0.0000)	8.3e-05*** (0.0000)	-7.6e-05*** (0.0000)	2.7e-05*** (0.0000)	7.4e-06*** (0.0000)	1.2e-04*** (0.0000)	5.3e-04*** (0.0000)
600016	0.2133*** (0.0000)	0.2979*** (0.0000)	4.7e-04*** (0.0000)	3.9e-04*** (0.0000)	-2.2e-05*** (0.0000)	5.5e-06 (0.1784)	1.4e-04*** (0.0000)	9.6e-04*** (0.0000)

第二，两表中交易持续期的倒数这一变量前系数 l 显著为正，说明了持续期越长，收益率波动性越小，从而支持 Easley 和 O’ Hara（1992）“无交易预示着无消息”的判断。交易持续期和预期交易持续期的比值之前的系数 n 均显著为正，这说明当真实持续期超过预期持续期的时候，会导致大的价格波动。两表中成交量和买卖价差前系数 p 和 q 显著为正，说明大的买卖价差和交易量往往伴随着较大的波动。基金的加仓和减仓行为并没有改变市场微观结构变量之间的关系。

5　基金行为与波动性冲击：基于小波分解和互谱模型检验

在不同的金融环境下（包括金融市场发展程度、市场状态以及基金机构等投资决策的水平的不同），证券基金投资行为对市场和个股的波动性的影响都会有所不同。由于股市变化迅速且信息量巨大，且这类金融时间序列数据具有典型的非线性、非平稳性和高随机波动的特性，使得传统模型的估计结果有较大的局限性和非稳健性，因而应用非线性的估计模型对基金行为和市场波动关系的研究就成为一种必要。为此，本章引入小波分析和互谱分析方法，力图在不损失变量信息的基础上去除杂质信息，从而揭示和挖掘基金行为和市场波动的关系。

与传统时间序列模型比较，小波变换方法不仅可以分析平稳时间序列，还可以处理具有结构突变的数据，去噪、分解信号。此外，金融时间序列还具有高频数据特征，而互谱分析方法正是研究高频数据的有效方法。互谱分析是将时间序列数据看作是互不相关且具有不同振幅、频率和相位的周期分量共同叠加的结果，通过傅立叶变换把时间序列从时域变换到频域，利用谱密度函数分解出数据的各频率分量，比较分量间周期变化性质，从频域分析时间序列数据及相互间作用关系。对数据进行频域分析，变量指标在不同频率上会表现出不同相关性、先行或滞后期差异，利用变量在频域上的这些特征就可以清晰识别金融时间序列之间的关系。在课题研究过程中，我们应用小波分析和互谱分析，结合我国证券市场所经历的本轮的超级周期进一步研究，以此考察在中国股市周期中证券投资基金行为是如何变化的，这种证券投资组合调整是加剧还是平抑了股票波动率，以及这种调整如何影响市场情绪，是否带动更多的噪声交易，是否由个股的调整而影响到整个市场的调整，甚至进一步影响到个股，通过这些分析进而揭示基金行为对股市波动率的影响，为规范基金投资行为和提高证券市场质量、推动我国证券市场持续性发展提供金融学证据。

5.1 小波变换和互谱模型

5.1.1 小波分析

小波分析属于时频分析的一种，是分析时间序列和图像的有力工具。Percial 和 Walden（2006）指出，小波分析是研究时间序列的一种相当新颖的方法，其正式的研究可以追溯到 20 世纪 80 年代。他们认为，在某些情况下，小波分析是现存的分析技术（例如相关分析与谱分析）的补充，而在其他情况下可以用来解决一些在小波分析引入之前进展缓慢的问题。

传统的信号分析是建立在傅立叶（Fourier）变换的基础之上的，由于傅立叶分析使用的是一种全局的变换，要么完全在时域，要么完全在频域，因此无法表述信号的视频局域性质，而这种性质恰恰是非平稳信号最根本和最关键的性质。而小波变换正是一种信号的时间 - 尺度（时间 - 频率）分析方法，它具有多分辨率分析（Multi - resolution Analysis）的特点，而且在时频两域都具有表征信号局部特征的能力，是一种窗口大小固定不变但其形状可改变、时间窗和频率窗都可以改变的时频局部化分析方法。即在低频部分具有较高的频率分辨率和较低的时间分辨率，在高频部分具有较高的时间分辨率和较低的频率分辨率，很适合探测正常信号中夹带的瞬态反常现象并展示其成分。

离散小波变换（Discrete Wavelet Transform，DWT）是小波分析研究时间序列的基本工具，它是一种规范正交变换。规范正交变换有一个重要的性质，它以一种特殊的（即标准化的）形式重新表示时间序列，而这种表示方式使我们可以很容易地从它的变换重构时间序列。Percial 和 Walden（2006）指出，在某种意义下，变换后的“信息”和原来序列中的“信息”是等价的，即序列和它的变换可以被认为是同一种数学实体的两种表达。

具体而言，小波变换分为两个步骤：小波分解和小波重构。

第一步，小波分解。假设 M 为离散小波变换矩阵，则其为一个 $N \times N$ 的实值矩阵，且满足 $M^T M = I_N$，即为规范正交矩阵。时间序列 $\{X_t\}$ 的离散小波变换可以表示为：

$$W = MX \tag{5.1}$$

这里，W 称为离散小波变换系数。上式为规范正交变换，而规范正交性条件意味着有：

$$X = M^T W, \quad 其中 \| W \|^2 = \| X \|^2 \tag{5.2}$$

另一方面，根据离散小波变换矩阵 M 的构造特点，可以将列向量 W 中的元素划分为 $J+1$ 组，以分块矩阵形式表示为：

$$W = \begin{bmatrix} W_1 \\ W_2 \\ \vdots \\ W_J \\ V_J \end{bmatrix} \tag{5.3}$$

式中：$W_j(j = 1,\cdots,J)$ 为小波系数，V_J 为尺度系数，分别表示原时间序列在不同时间尺度上的局部化特征，各尺度的频率由高到低。如果用 τ_j 表示各尺度的频率，则 τ_1 为 W_1 的频率，且对应时间序列 X 的样本采样间隔；而各尺度间的关系为：$\tau_{i+1} = \frac{1}{2}\tau_i$ 。

第二步，考虑对原时间序列 X 的小波重构：

$$X = M^T W = \sum_{j=1}^{J} M_j^T W_j + M_{J+1}^T V_J \tag{5.4}$$

其中，$M_j(j = 1,\cdots,J+1)$ 是 M 的行分块矩阵，与（5.3）式中 W 的分块矩阵 $W_1,\cdots,W_J,V_J$ 相对应。现在，定义向量 $D_j \equiv M_j^T W_j,(j = 1,\cdots,J)$ ，以及 $S_J \equiv M_{J+1}V_J$ ，它们均为 N 维列向量。代入（5.4）式，得到：

$$X = \sum_{j=1}^{J} D_j + S_J \tag{5.5}$$

式（5.5）定义了时间序列 X 的一个多分辨率分析（MRA）；即我们将时间序列 X 表示成了一个常数向量 S_J 和 J 个另外的向量 $D_j(j = 1,\cdots,J)$ 之和。其中，D_j 中的每一个都包含与 X 在某一尺度上的变化有关的一个时间序列，我们把 D_j 称为第 j 层小波细节；把 S_J 称为第 J 层的光滑或趋势，因为其为光滑化后的 X 。

式（5.5）把原时间序列分解为趋势以及不同尺度上的细节之和，即原始信号可以表示为分解出来的各个信号之和，这个正是我们使用小波变换对时间序列进行分析的基础。其中，趋势部分去除了噪声信号的干扰，有利于我们观察原信号的真实值以及变化趋势；而细节部分则有效地分离并放大了原信号在不同尺度上的特征，有利于我们作进一步的分析。

本章将通过使用小波分析来观测基金重仓股的每只股票波动率的细节情况，从而推断基金行为对其波动的影响。

5.1.2 互谱模型

与小波分析相似，互谱分析是将时间序列相关信息作为信号波处理。不同的是小波分析侧重于研究单个波的细节，利用波谱观察其阶段性的局部特征，而互谱分析更强调的是几个序列之间的相关关系，即可以测量两种或多种波之间在频率或周期上包括先行、滞后等相互关系，也同样利用波谱研究阶段性的特征。

时间序列谱分析就是将时间序列看作是互不相关并具有不同振幅、频率和相位的周期分量叠加，将通过傅立叶变换把时间序列从时域变换到频域，分解出各频率分量和比较各分量的周期变化，并利用谱密度函数得到主要频率分量以研究时间序列的频域特征，诸如先行、滞后还是一致特征（陈磊，2001）。因而在多维相关时间序列分析领域有其独到的优势。

根据互谱理论，二元平稳时间序列 $\{x_t, y_t\}$ 的谱密度 $F_{x,y}(\omega)$ 实际上是自协方差函数 $R_{x,y}(t)$ 的频域形式，即：

$$F_{x,y}(\omega) = \sum_{t=-\infty}^{\infty} R_{x,y}(t) e^{-i2twt} \tag{5.6}$$

式中：ω 为频率；$F_{x,y}(w)$ 反映了两个时间序列在频率上的相互关系。$F_{x,y}(\omega)$ 的主对角线元素是单变量过程的谱密度即 $f_x(\omega)$ 和 $f_y(\omega)$，主对角线外的元素是交叉谱（corss - spectrum）密度，又称互谱密度函数 $f_{x,y}(\omega)$。由于 $\{x_t\}$ 和 $\{y_t\}$ 之间的交叉谱密度 $f_{x,y}(\omega)$ 一般为复数，其实数部分和虚数部分形式为：

$$f_{xy}(\omega) = c_{xy}(\omega) - iq_{xy}(\omega) \tag{5.7}$$

式中：$c_{xy}(\omega)$ 称为共谱（cospectrm），$q_{xy}(\omega)$ 称为正交谱（quadrature spectrum）。

基于谱密度函数的复数特点，实际操作有一定难度，研究往往只针对相干谱 $C_{xy}(\omega)$（coherency spectrum）和相位谱 $\varphi_{xy}(\omega)$（phase spectrum）展开。

相干谱函数为：

$$C_{xy}(\omega) = \frac{|f_{xy}(\omega)|}{\sqrt{f_x(\omega) f_y(\omega)}}, \quad 0 \leqslant C_{xy}(\omega) \leqslant 1 \tag{5.8}$$

相干谱是两个序列频率为 w 的分量的振幅乘积的标准化均值，测度在频率 ω 上 $\{x_t\}$ 和 $\{y_t\}$ 的绝对相关性。$C_{xy}(\omega)$ 的值越接近 1，说明两个时间序列在频率 ω 上的相关性越大，一般采用相干谱的平方来研究两个序列的相关程度。

相位谱则反映两个时间序列对应频率相位偏移的均值，相位谱由下式给出：

$$\varphi_{xy}(\omega) = \tan^{-1}\left(\frac{q_{xy}(\omega)}{c_{xy}(\omega)}\right) \tag{5.9}$$

若相位谱的值为正，则在频率 ω 上 $\{x_t\}$ 滞后于 $\{y_t\}$；若相位谱的值为负，则在频率 ω 上 $\{x_t\}$ 先行于 $\{y_t\}$。相干谱和相位谱提供了在不同频率 ω 上，相关性和先行滞后期的度量。利用相干谱和相位谱就可以比较两个时间序列，在不同频率上的相关程度和先行滞后期情况。本章在这里主要用来研究基金重仓股波动率和市场波动率之间是否存在先行滞后等关系，如果存在，这种滞后周期又是多少，以此检验市场波动和基金重仓股波动之间的关联关系。

5.2　小波分解与波动性冲击：基于（超）高频率数据的分析

5.2.1　样本与数据

本节选取 9 个样本股进行考察，其中包括 7 个机构加仓股，浦发银行（600000）、华夏银行（600015）、中国联通（600050）、云天化（600096）、上海能源（600508）、北大荒（600598）和平煤天安（601666）；以及两个机构减仓股，火箭股份（600879）和国投电力（600886）。

我们首先把上述 9 个样本股按机构的操作行为划分为三个时间区间，分别为：加（减）仓前持有阶段、加（减）仓阶段和加（减）仓后持有阶段；然后对这三个区间段的波动率特征使用小波分析方法进行研究。各个样本股的具体区间划分如表 5－1 所示：

表 5－1　样本的区间选择

	加（减）仓前持有阶段	加（减）仓阶段	加（减）仓后持有阶段
浦发银行（600000）	3.15～4.13	5.14～5.29	7.2～8.15
华夏银行（600015）	6.15～6.26	8.3～9.14	10.15～11.21
中国联通（600050）	4.18～5.29	6.18～8.9， 8.10～10.15	10.16～11.12（减）
云天化（600096）	6.5～7.5	8.20～9.28	10.15～11.15
上海能源（600508）	6.15～7.13	7.23～9.13	9.17～9.28
北大荒（600598）	6.5～7.31	8.1～9.28	10.15～11.30
火箭股份（600879）	8.8～10.11	10.12～11.9（减）	11.12～12.27
国投电力（600886）	4.2～4.30（加）	5.8～8.3（减）	8.6～9.6（加）
平煤天安（601666）	7.2～7.20	8.1～9.28	10.15～11.12

其中，600879 和 600886 为减仓股，其他为加仓股。而 600050 的第二阶段，又可细分为两个子阶段，因为其前一部分从 6 月 18 日到 8 月 9 日，与一段完整的股价盘整期重合，波动率为 0.0041，显著低于年平均水平；后一部分从 8 月 10 到 10 月 15 日，与一段完整的股价上升期重合，波动率为 0.0048，略高于年平均水平。另外，600050 和 600879 的第一阶段以及 600886 的第一、三阶段并非持有阶段，而分别是减仓或加仓阶段，见表 5－1 中所注。

其次，如表中所示，各股票的三阶段的起止日期之间并不完全衔接，这是为了更显著地区分机构的平稳持有阶段和具有典型加（减）仓特征的阶段，进而更有效地研究机构操作行为对市场波动率的不同影响。持有阶段与加（减）仓阶段中间的时间段称为过渡阶段，在此阶段机构买卖操作方向不单一且持续时间均不长，所以不能划入其前后的具有明显特征的操作阶段。

最后，由于“5.30”事件造成股市剧烈波动，所以各股票各阶段样本的选取均跳过 5 月 30 日到 6 月 4 日这个股市剧烈波动期。

本节所使用的数据为上海证券交易所提供的机构的每日仓位数据，以及股票价格的 5 分钟高频数据。前者用于确定样本股的区间划分，而后者则用于小波分析。

5.2.2 样本的分阶段分析

小波分析的多层分解功能具有平稳化时间序列的作用。股市变化迅速且信息量巨大，正适合用高频数据的方法采集信息。但高频数据通常都是不平稳的，且其中夹杂着很多噪音信号，干扰了我们对于真实信号的识别与研究。而正如前面所介绍的，小波分析的多层分解功能可以有效地把信号按其频率的高低分解成多层信号，从而把噪声信号分离到高频部分，把真实信号分离到低频部分；并且这种分离是无损的，因为各层信号相加之和即等于原信号。我们使用这种方法对股市波动率进行“去噪”处理，即可把股市波动率分解为由噪声交易者所造成的高频波动，以及由机构投资者的大宗交易行为所引起的影响到整个波动率趋势的低频波动。进一步地，我们就可以利用后者对机构投资者的不同操作行为对股市波动所造成的影响进行分析比较。

表 5－2 为各股票在机构有加（减）仓重大操作的前后各阶段的平均波动率，由 GARCH（1，1）的结果处理所得：

表 5－2 样本区间的波动性统计

	持有阶段	加（减）仓阶段	持有阶段	样本期平均波动率	全年平均波动率
浦发银行（600000）	0.0045	0.0041	0.0045	0.0047	0.0047
华夏银行（600015）	0.0051	0.0056	0.0051	0.0053	0.0053
中国联通（600050）	0.0043	0.0041，0.0048	0.0052（减）	0.0047	0.0046
云天化（600096）	0.0057	0.0056	0.0058	0.0055	0.0054
上海能源（600508）	0.0052	0.0056	0.0064	0.0055	0.0053
北大荒（600598）	0.0054	0.0053	0.0053	0.0053	0.0053
火箭股份（600879）	0.0045	0.0051	0.0045	0.0046	0.0049
国投电力（600886）	0.0056（加）	0.0056	0.0053（加）	0.0055	0.0054
平煤天安（601666）	0.0049	0.0055	0.0058	0.0055	0.0054

其中，样本期为从加（减）仓前持有阶段的起始时间到加（减）仓后持有阶段的结束时间，即包含了三个阶段之间的过渡阶段。

理论上来说，机构在短期内大幅加减仓的行为，一般会涉及大笔交易，且方向单一，所以容易增加股票价格的波动性；相对而言，机构的持有行为，由于其仓位一般较高（尤其是在一些蓝筹股，如本章所选的样本股），所以应该会降低该时期的股价波动率。但是，我们从表 5－2 可以看到，各样本股在第二阶段的加（减）仓阶段，有的平均波动率比其前后的持有阶段高，如华夏银行（600015）、火箭股份（600879）和国投电力（600886）；有的却反而比其前后的阶段低，如浦发银行（600000）、中国联通（600050）、云天化（600096）和北大荒（600598）；而另外的一些则处于中间位置，如上海能源（600508）和平煤天安（601666）等。可见，机构的加减仓行为并不一定会加大股票价格的波动率；或者换一句话说，机构的加减仓行为并未对股票价格的波动起决定性的作用。下面将对此进行深入分析，并研究其他潜在的影响到股价波动率的关键因素。

5.2.3 样本的小波分解

1. 浦发银行（600000）

（1）波动率的分区间统计特征。如图 5－1 所示，图（b）为对波动率使用 db5 小波，进行 6 层小波分解重构，所得到的趋势部分 a6 的示意图，反映了去除噪声后的波动率的趋势。而分解层数选择 6 层与样本区间的总数据量有关，具体则根据是否可以清晰地看出趋势及是否平滑所决定。图中五个区间分别为上述定义的三个主要阶段及其中间的两个过渡阶段。

如表5－1所示，或由图5－1的图（a）亦可见，机构投资者对浦发银行（600000）在2007年5月14日到5月29日进行了持续半个月的加仓操作；而在此前的3月15日到4月13日，以及其后的7月2日到8月15日，则各有一个较稳定的持有阶段。其中，加仓阶段一直延续到6月4日，但由于5月30日到6月4日期间受“5·30”事件的影响较大，所以为了更能反映一般情况，取样区间去除这段时间。

又如表5－2所示，由5分钟高频数据经GARCH（1，1）回归所得到的，浦发银行在此三阶段的波动率的平均值分别为，0.0045，0.0041和0.0045。

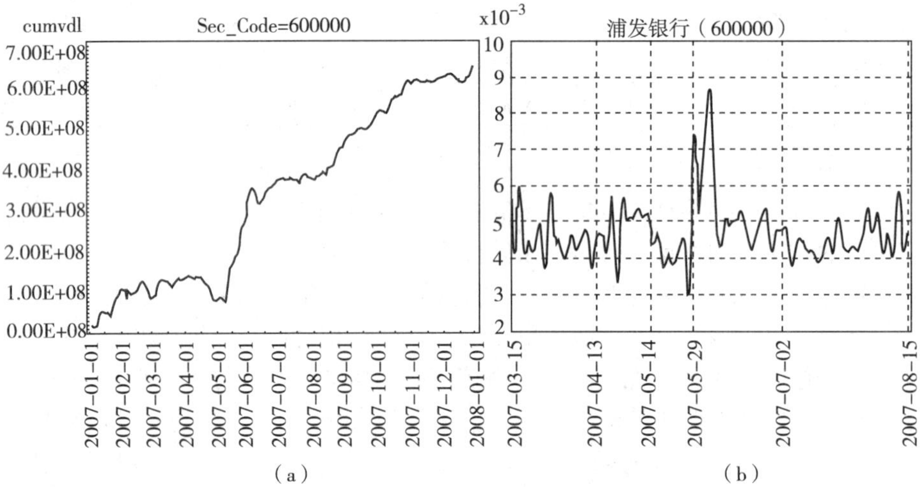

图5－1 浦发银行的仓位变化和波动率

（2）波动率的趋势特征。使用小波分解对波动率进行处理，可有效分解出波动率的趋势部分，有利于我们观察其中蕴含的信息。

表5－2的内容由图5－1图（b）也可直接看出，第一个持有阶段的波动区间主要在0.004与0.005之间，可知均值约为0.0045；而加仓阶段的波动区间则在0.003到0.005之间，变化单调且较均匀，所以容易估计平均波动率约在0.004附近；第三阶段为持有阶段，波动区间亦基本在0.004到0.005之间，故均值亦约为0.0045。另一方面，从图中我们还可以清楚地观察到，在5月29日后，波动率有一个大幅度的跳高，并且时间点精确地定位在5月30日。可见，由小波分解得到的该波动率趋势图，由于具有小波分解在时域、频域的优秀的“显微镜”功能，在去除原信号的噪声部分的同时，有效保留和精确反映了原信号的主要特征信息，是原信号的真实价值部分。

（3）对各阶段波动率变化的综合分析。本部分根据图5－1中浦发银行

(600000) 的机构加仓图和波动率趋势图，再结合股票价格的走势图，对各阶段波动率的变化趋势进行分析，研究影响股价波动的重要因素。

首先，从3月15日到4月13日是基金对浦发银行的低位持有阶段，而股票价格走势图（见任一股票软件）在此阶段为一段完整的升势，基金加仓图则为一段完整的持有期。我们从图5-1的波动率趋势图可以看到，除了两次较大的波动外，其余部分的波动都比较平稳，均只在一个较小的区间(0.004, 0.005) 范围内变动。同理，7月2日到8月15日的机构高位持有期亦呈现此特征。同时，如表5-2所示，这两个阶段的波动率不但比较平稳，而且与2007年全年的平均波动率相比，亦相对较小。这与理论相符，说明机构重仓持有的股票，在其执行持有操作的阶段，股价较为平稳，波动率变化平稳且相对较小。

其次，在中间的5月14日到5月29日，则为机构进行大幅加仓的阶段。理论上来说，大笔交易的增加应该引起波动率升高，但如图5-1（a）的机构加仓图所示，股票价格的波动率反而呈逐步下降的趋势，这是由于机构加仓操作是在股价盘整阶段所致。仔细观察股票价格走势图则可以发现，在此期间股票价格处于一个上升过程中的盘整阶段，说明多空出现分歧，对股票真实价值的评估不一；而不一样的价值评估将导致不一样的价格期望，此时市场投资者纷纷要求调整自己手中的股票头寸，即结束持有操作而进行买卖操作，对应的是股价走势图中此阶段的成交量大幅放大，此时股票价格亦容易出现大幅波动。但是，与此同时机构进行了大幅加仓的操作，逢低吸纳，稳定了价格，亦稳定了市场投资者对股价的预期，所以此阶段的股价波动率反而降低了。与上述理论对应的是，从波动率趋势图可以看到，该阶段的股价波动率呈显著下降趋势，这正是由于在股价盘整初期多空分歧严重，故波动最大；而随着机构投资者的不断吸纳，看空的投资者逐渐减少，股价波动随之不断减小。

上述分析说明了两点，其一，机构投资者有自己的价值评估模型，不容易受市场情绪的影响，在市场出现多空分歧的阶段具有稳定市场价格的作用；其二，机构投资者进行加仓操作时没有操纵股票价格，而是实施逢低吸纳的策略，否则此阶段的股价波动不应该是下降，而应该是大幅上升。

（4）波动率高频部分的信息。上面我们使用小波分解分析了波动率的低频部分（即趋势部分）所蕴含的信息，这一小节我们将再次使用小波分解，分析波动率的高频部分（即噪声部分，或称细节部分）所蕴含的信息。由于传统的小波分解的应用认为，信号的高频信息主要包含在前两层高频信号里，所以以下我们只需进行三层分解，而其中第三层只作为对比之用，主要分析前两层高频信号。

如图5－2所示，对波动率使用db5小波，进行3层小波分解重构。如前所述：原信号＝a3＋d3＋d2＋d1。其中，a3为低频部分；d3、d2、d1为高频部分，频率由低到高。其中，波动率的真实信号主要体现在低频信号部分，表现为波动率的趋势；而高频信号部分则主要体现的是噪声信号，或称细节信号。

从图中可以看到，波动率的高频部分信号较为浓密，说明波动率信号包含了较多的噪声。噪声信号的存在说明波动率信号受到多种因素的影响，亦即说明股票价格受到多种因素的影响。其中，大的真实信息冲击引起股价较大的波动，而噪声交易则引起小的波动。由于噪声交易的存在，所以股票价格反映的不是股票的真实价值，而是受到微观市场中各种因素影响的偏离真实价值的价格。

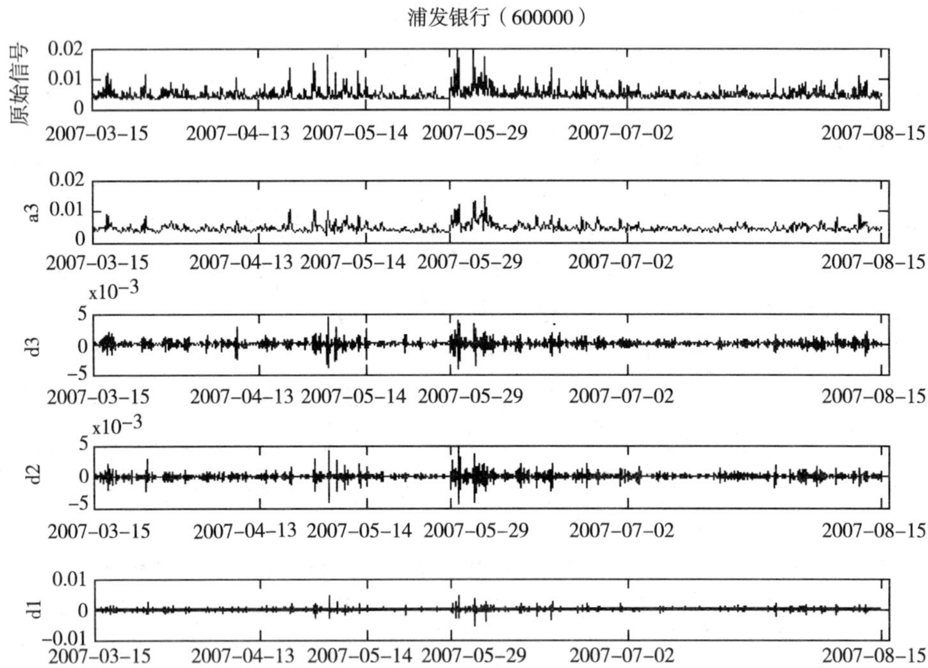

图5－2　浦发银行的波动率小波分解

如图中所示，在5月30日及其后几天的位置，趋势部分a3显示波动率出现大幅上升；而由细节部分d1、d2则可以看到该时期高频信号最为浓密。说明在信息冲击引起股价大幅波动的同时，亦伴随着噪声交易的显著增加。这是由于在大的信息冲击来临时，不知情交易者一时未能完全消化信息，对股票价值的评估容易出现较大分歧，从而造成噪声交易显著增加。

同理，我们从细节部分 d1 和 d2 可以看到，在整个样本区间，机构的加仓阶段（5 月 14 日到5 月 29 日）的噪声信号最少，说明机构在股价盘整阶段加仓确实有着促使不知情交易者快速消化新信息，提高新信息传播效率，使股票价格快速回归真实价值的作用。另一方面，图中第一、第三阶段两个机构平稳持有股票阶段的噪声信号，亦比两个过渡阶段的噪声信号要少，说明机构重仓持有股票亦有稳定股价的作用，与理论相符。总之，机构在股价盘整阶段加仓与机构重仓持有股票均起着稳定股价，减小股市波动的作用，只是相比较而言，前者的作用更为显著。

2. 华夏银行（600015）。图 5 – 3 同前，左图为机构累计加仓图，右图为使用 db5 小波，对波动率进行 6 层小波分解重构后得到的趋势部分 a6 的示意图。

同前，如表 5 – 2 所示，或由图 5 – 3 右图亦可直接观察到，第一、第三阶段的平均波动率均为 0. 0051，均比 2007 年全年平均波动率或整个样本期平均波动率（均为 0. 0053）低。再次说明机构重仓持有可以有效地稳定股价，减小股市波动，很好地与理论相符。而在 8 月 3 日到 9 月 14 日的加仓阶段，则如图可见，波动率较高，平均为 0. 0056，高于其前后两个持有阶段以及全年平均值。这是因为，如股价走势图显示该阶段股价处于一段上涨区间，且为中部到顶部的位置，此时市场投资者纷纷看多，机构与市场其他投资者进行同一方向操作，大大加剧了市场的波动。这是羊群效应的体现。

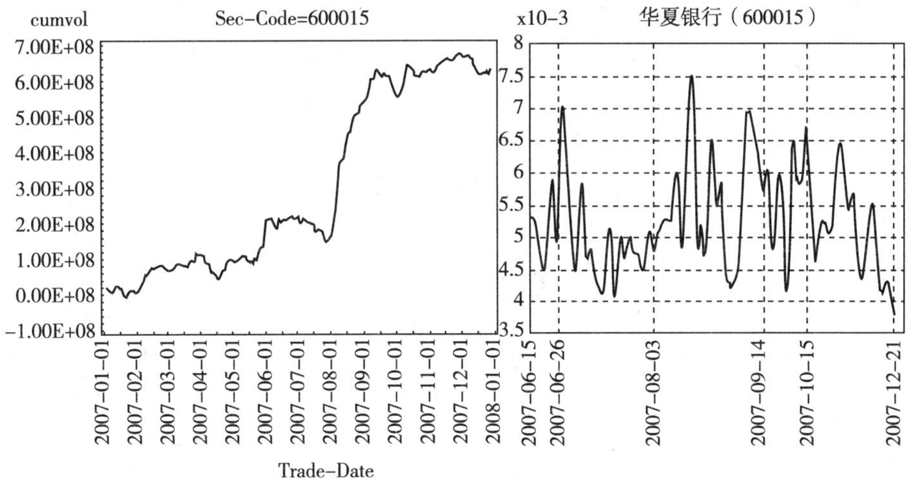

图 5 –3　华夏银行的仓位变化和波动率

图 5 – 4 为使用 db5 小波分解，对波动率进行 3 层分解重构得到的高频信

号图。如图，从细节部分 d1 和 d2 可以看到，加仓阶段的信号比其前后的持有阶段或过渡阶段都更为密集。对比图 5－2，则可看到该图加仓阶段的信号明显比图 5－2 加仓阶段的信号更为密集。

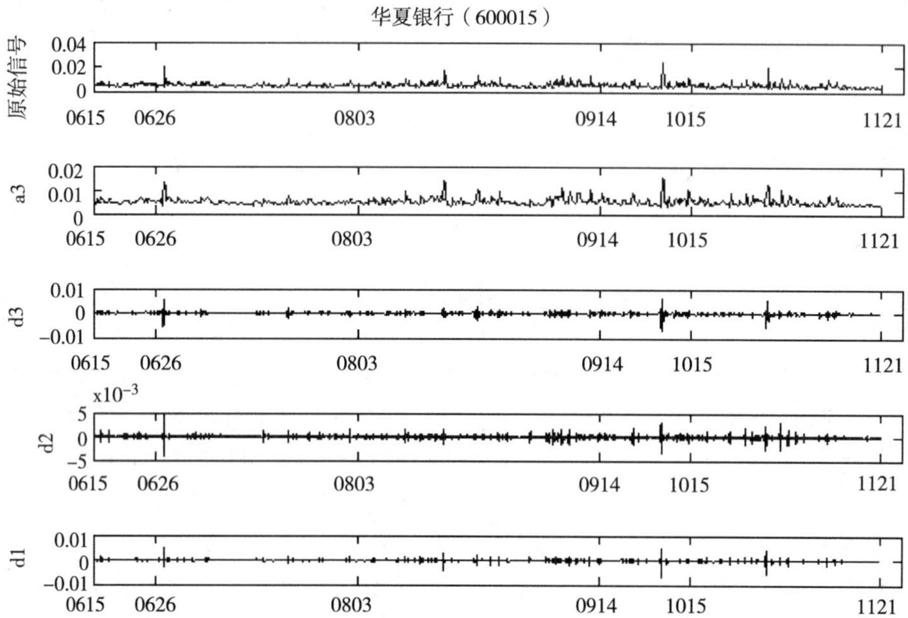

图 5－4　华夏银行的波动率小波分解

3. 火箭股份（600879）。上面两个股票均为机构加仓的样本，现在来看机构减仓的样本。图 5－5 同前，左图为机构累计加仓图，右图为使用 db5 小波，对波动率进行 6 层小波分解重构后得到的趋势部分 a6 的示意图。本股票在样本期直接分为三阶段，而无中间的过渡阶段。

同前，如表 5－2 所示，或由图 5－5 右图亦可直接观察得到，第一、第三阶段的平均波动率均为 0.0045，比该股票 2007 年全年平均波动率（0.0049）或整个样本期平均波动率（0.0046）低。而此两阶段均为机构的持有阶段，再次说明机构的重仓持有行为可以有效地稳定股价，减小股市波动。而在 9 月 3 日到 12 月 3 日的减仓阶段，则如图可见，波动率较高，平均为 0.0051，高于其前后两个持有阶段以及全年平均值。这是因为，如股价走势图所示，该阶段刚好是股价的下降阶段，此时市场投资者纷纷看空，机构与市场其他投资者进行同一方向操作，大大加剧了市场的波动。这是羊群效应的体现。

图 5－6 为使用 db5 小波分解，对波动率进行 3 层分解重构得到的高频信号图。如图，从细节部分 d1 和 d2 可以看到，减仓阶段的信号最为密集。对

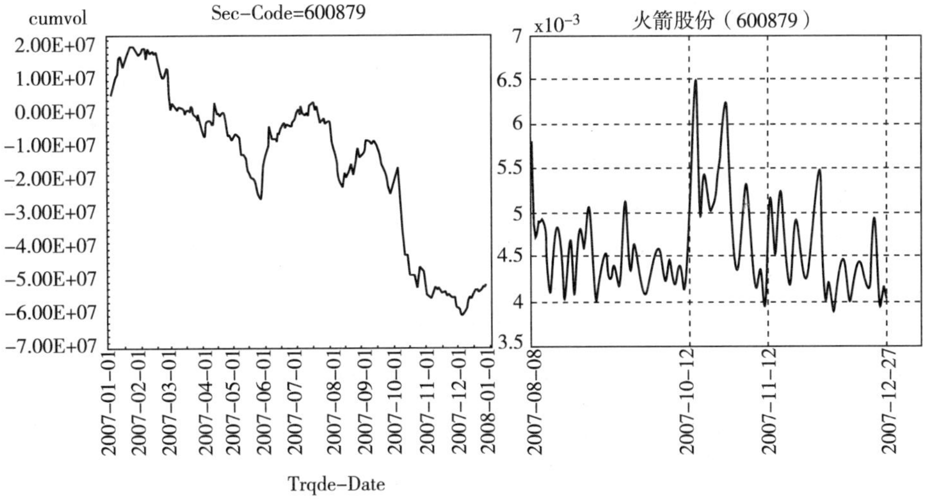

图 5 -5 火箭股份的仓位变化和波动率

比图 5 -2 与图 5 -4，则可看到该图减仓阶段的信号明显比图 5 -2 加仓阶段的信号更为密集，而与图 5 -4 加仓阶段的信号的密集程度差相仿。

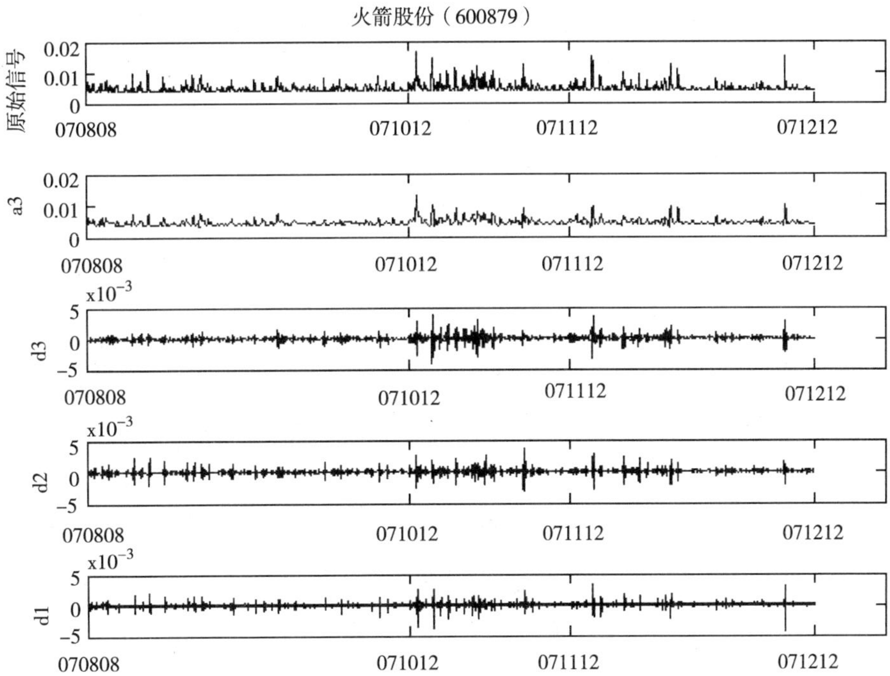

图 5 -6 浦发银行的波动率小波分解

5.2.4 小结

上面对9个样本股的其中3个进行了详细分析，从机构累计加仓图所反映的机构的操作，与股价走势图所反映的其他投资者的交易行为是否一致的角度，解释了市场波动率的大小变化。下面把所有9个样本股的情形归纳至表5-3。

研究发现，机构是否起稳定市场的作用是不确定的。具体而言，当机构的操作与市场方向不一致时，机构的操作具有稳定市场的作用；而当机构的操作与市场方向一致时，则加大市场的波动。

表5-3 样本的分阶段小波分解结果

	第一阶段	第二阶段	第三阶段	全年平均波动率
浦发银行（600000）	上升，持有，波动率中	盘整，加仓，波动率小	上升，持有，波动率中	波动率大
华夏银行（600015）	盘整，持有，波动率小	上升，加仓，波动率大	下跌，持有，波动率小	波动率中
中国联通（600050）	盘整，持有，波动率小	盘整，加仓，波动率小上升，加仓，波动率中	下跌，减仓，波动率大	波动率中
云天化（600096）	盘整，持有，波动率大	上升，加仓，波动率中	盘整，持有，波动率大	波动率小
上海能源（600508）	盘整，持有，波动率小	上升，加仓，波动率中	上升，持有，波动率大	波动率小
北大荒（600598）	盘整，持有，波动率中	上升，加仓，波动率小	下跌，持有，波动率小	波动率小
火箭股份（600879）	下跌，持有，波动率小	下跌，减仓，波动率大	上升，持有，波动率小	波动率中
国投电力（600886）	上升，加仓，波动率大	盘整，减仓，波动率大	上升，加仓，波动率小	波动率中
平煤天安（601666）	盘整，持有，波动率小	上升，加仓，波动率中	下跌，持有，波动率大	波动率中

5.3　基于小波与互谱分析的数据挖掘：基金持股季度数据分析

5.3.1　使用数据说明

在此使用数据为2007年初到2009年末基金十大重仓股（万科A、浦发银行、中国石化、中信证券、歌华有线、中国联通、上海汽车、海螺水泥、北大荒、上海医药）的日交易数据和基金季度报告中的基金持股比例来进行检验（数据来源为wind）。

根据HS300的走势，我们可以将市场分为3个阶段，2007年1月4日到2007年9月30日为上升期，2007年10月起到2009年1月9日为下降期，2009年1月后又为新一轮的上升期。时间范围上刚好覆盖了中国股市经历的高峰与低谷，可以比较充分地反映在一个震荡市场周期内每只股票的波动变化情况。

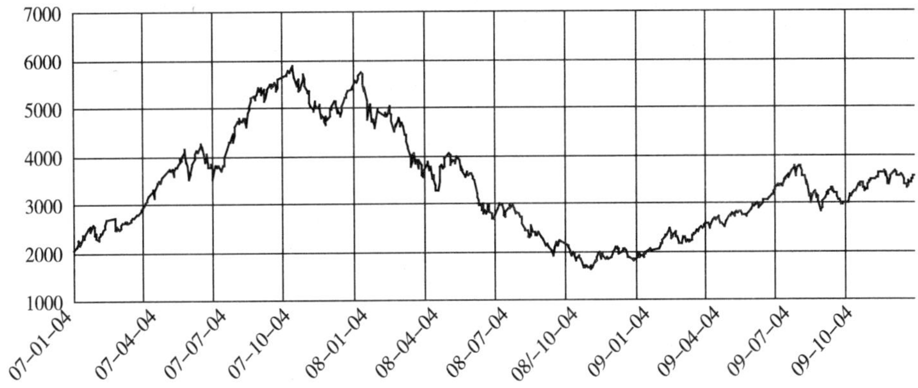

图5-7　沪深300指数走势图（2007年1月至2009年12月）

而在此期间，开放式基金数目日益增加，从2007年第一季度的92只偏股型基金增加到2009年第四季度的226只，基金数量迅速增加，这些基金的股票投资情况如表5-4所示。从表5-4我们可以看到，股票占基金投资组合的比例日益增加，而基金的仓位也随着市场的走势有所变化，有些激进型的基金在市场上升期间持仓比例一度达到90%以上，而在市场下跌期间，基金仓位较低甚至不足40%，可见市场环境不同，基金仓位总体波动较大。

表 5-4 **开放式偏股型基金投资情况** 单位：亿元、%

时间	持仓市值	占流通股比重	平均持仓比	最高持仓比	最低持仓比	持仓比中值
2007 年第一季度	3455. 721	2. 70	82. 8943	99. 49	45. 17	86. 87
2007 年第二季度	6587. 538	3. 96	77. 6089	99. 09	27. 96	84. 1
2007 年第三季度	12499. 03	4. 94	81. 9997	99. 86	34. 21	84. 705
2007 年第四季度	31388. 62	9. 59	80. 6572	99. 74	25. 67	83. 45
2008 年第一季度	10597. 48	4. 67	78. 3353	99. 79	54. 08	78. 93
2008 年第二季度	7974. 565	4. 48	74. 9082	99. 55	25. 38	73. 87
2008 年第三季度	6664. 409	4. 50	68. 8835	99. 38	20. 98	70. 58
2008 年第四季度	5646. 393	4. 65	69. 2253	99. 07	25. 32	69. 36
2009 年第一季度	7449. 861	4. 61	77. 079	98. 9	19. 79	78. 425
2009 年第二季度	9949. 006	4. 94	85. 122	99. 27	46. 07	87. 24
2009 年第三季度	9682. 37	4. 92	81. 0753	99	41. 98	82. 22
2009 年第四季度	11985. 95	4. 91	86. 0947	99. 48	22. 15	88. 64

为了方便研究基金行为对市场波动性的影响，我们对 10 个样本按基金季报数据中的持股比例变化情况来划分其增减仓阶段，之后的检验也将都建立在所划分的阶段的基础之上。根据市场上升和下降的不同阶段，对样本的波动性进行统计（见表 5-5）。

表 5－5　基金增减仓阶段划分以及相关描述性统计

基金增减仓	大盘上升期			大盘下降期					大盘上升期				
时间	2007/3/31	2007/6/30	2007/9/30	2007/12/31	2008/3/31	2008/6/30	2008/9/30	2008/12/31	2009/3/31	2009/6/30	2009/9/30	2009/12/31	3 年总波动率
对应天数	58	118	183	243	302	363	426	489	545	607	673	733	
万科 A	增仓	减仓	增仓	持有		减仓		增仓			减仓		
平均波动率	0.04510	0.05791	0.03762	0.03621		0.05196		0.03208			0.02728		0.04094
浦发银行	增仓	减仓	增仓		减仓	增仓	减仓		增仓		减仓		
平均波动率	0.04360	0.03013	0.0302		0.04479	0.04507	0.04582		0.03952		0.02621		0.03848
中国石化	增仓				减仓	增仓		减仓	增仓	减仓	增仓	减仓	
平均波动率	0.03530				0.03570	0.04044		0.03706	0.02444	0.01887	0.03060	0.02029	0.03356
中信证券	增仓	减仓	增仓	减仓		增仓		持有	增仓	减仓			
平均波动率	0.04661	0.03749	0.03774	0.03793		0.06288		0.04910	0.03464	0.02617			0.04183
歌华有线	增仓	持有	减仓	增仓	减仓		增仓					减仓	
平均波动率	0.045508	0.066571	0.03244	0.02781	0.04693		0.03525					0.02868	0.04001
中国联通	增仓	减仓	增仓		减仓		增仓	减仓	增仓	减仓		增仓	
平均波动率	0.03655	0.03254	0.03462		0.04071		0.03908	0.03523	0.02547	0.02527		0.01554	0.03242
上海汽车	持有		增仓	减仓					增仓			减仓	
平均波坳率	0.04266		0.03361	0.03985					0.03830			0.02375	0.03768
海螺水泥	增仓			减仓	增仓		减仓	增仓	减仓		增仓	减仓	
平均波坳率	0.04018			0.03182	0.03898		0.04703	0.05049	0.02910		0.03048	0.02542	0.03690
北大荒	持有			减仓	增仓		减仓				增仓	减仓	
平均波动率	0.04027			0.03598	0.05337		0.03924				0.03081	0.02595	0.04012
上海医药	持有	减仓	增仓		持有		增仓		减仓		持有		
平均波坳率	0.04695	0.04507	0.03218		0.04637		0.03922		0.03129		0.01598		0.03669

5.3.2 检验步骤

1. 波动来源的微观层面考察——小波分析。显然，仅使用标准差来描述波动率，存在很大局限性而很难将波动率的趋势刻画出来，同时掺杂异质信息（如噪声交易对波动率的影响以及异常事件对波动率的影响等）。利用小波分解技术，可以有效甄别和去除这些杂质信息，进而观察波动是如何产生的，基金行为对波动性如何影响。进行小波分析前，我们先选择本次研究适合的小波基函数和分解层数。在实际应用中，时间序列信号涵盖信息的大量性以及所研究问题侧重的差异性，使相似性对小波基函数的选择判断作用并不明显。综合考虑各小波函数紧支性、支撑宽度、对称性、正交性、消失矩等特性（见表5－6），我们选用db5小波。由于小波分解后的前三层是周期为1～8天的分量，包含了序列中的随机因素和不规则因素，而我们本身关注的也正是相关时间序列短期的波动性特征，因而，在此使用db5小波进行3层分解。

表5－6　　常用小波基函数的特性比较

小波基①	紧支性	支撑宽度	对称性	正交性	消失矩
haar	有	1	有	有	1
Mexh	无	无穷	有	无	－
morlet	无	无穷	有	无	1
meyer	有	无穷	有	有	－
dbN	有	2N－1	无	有	N
symN	有	2N－1	近似对称	有	N

由于基金持股比重对波动率的影响在不同特质公司表现出不同的特征，结合研究样本，我们将以上10只股票中选择权重且强周期类股票，抗周期防御型股票以及小市值股票，即选择代表性的万科A、北大荒和歌华有线依次进行解析。

（1）强周期且权重股——万科A。为应用小波分析对股价波动率进行分解，在此我们首先选择强周期且权重股——万科A（以下简称万科）。其小波

① Haar，Mexh，morlet，meyer，dbN，symN均为常用小波基函数，其函数表达式、图形可参考小波分析介绍的相关书籍，在此由于篇幅限制，不再过多介绍。

分解如图 5－8 所示，其中 s 为原始信号，a3 代表小波 3 层分解后的趋势部分，d1、d2、d3 小波分解高频部分的第 1 层、第 2 层和第 3 层。

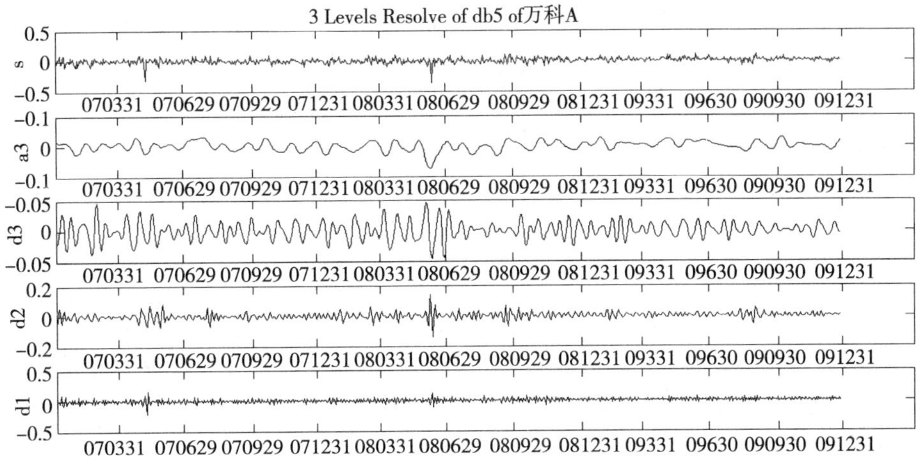

图 5－8　万科 A 波动率的小波分解

从万科小波分解的趋势部分看，万科股价波动总体上较为稳定，个别区间的波动较为明显，如 2008 年第二季度，波动率明显大幅增加，其股价也由第一季度末的 25.6 元跌至第二季度末的 9.01 元。最大的一次下跌发生在 2008 年 6 月 16 日，收盘价由 16.5 元跌至 10.6 元，图中表现为一个较大的波谷。观测细节部分，d1 和 d2 在 2008 年第二季度区间也都出现了较为密集的信号，尤其是 6 月 16 日左右的位置。这意味着波动率增加的同时，也伴随了大量的噪声交易。此正对应着基金减仓的行为，并且适逢市场开始逐步下跌。由此可知，市场下跌时，基金的减仓行为不仅造成了股票更大的波动，并且带来更多的噪声交易。

另一个大幅波动的减仓阶段出现在 2007 年第二季度。这一区间对应的市场处于一个上升期，但央行在第二季度连续两次加息以及一系列宏观调控措施都使房地产类股票开始走低。因此，从策略角度看，基金此时的减仓采取的是负反馈策略，促使股票回归其合理的估值区间。同时，也因为这些政策因素使得这只本来隶属于周期性股票的股价在一定程度上与市场走向产生了不一致。比较这两次减仓，2008 年的减仓造成的波动更大。但事实上第一次的减持幅度更大：2007 年的一次从 35986 万股减持到 34.99 万股，2008 年的一次从 195879 万股减持到 193340 万股。之所以发生这种情况，我们考虑主要是受到了市场的影响，市场的下跌在一定程度上引发了羊群效应。具体来说，基金第二次是在市场下降的时候减仓，这一操作行为对于其他中小投资者来说都是一个消极信号，引发他们过度反应，纷纷跟着减少头寸，从而使股票波动率大幅增加。并且如果市场继续下跌，则进一步增加股价波动率。因为当噪声交易者对市场前景感到悲观时，价格波动幅度会上升，即噪声交易者的情绪变化会对市场波动率造成影响（Lee，2002）。

而加仓情况与之相反，观测2009年第一季度区间，可以发现基金的加仓期间股价的波动率比较小，并且此区间的噪声交易也少。理论上来说，大笔交易的增加应该引起波动率升高。结合市场，我们发现此时市场处于从下降转为上升的盘整阶段，多空出现分歧，对股票真实价值的评估不一；不一样的价值评估导致了不一样的价格期望，看空的投资者纷纷要求调整自己手中的股票头寸，即结束持有操作而进行买卖操作。但是，与此同时机构进行了大幅加仓的操作，逢低吸纳，稳定了价格，亦稳定了市场投资者对股价的预期，所以此阶段的股价波动率反而降低了。至于噪声交易者，仍然表现出受情绪的影响，此刻他们对市场比较乐观，价格波动幅度下降（Lee，2002）。

对于加仓阶段的分析说明了两点：第一，机构投资者有自己的价值评估模型，不容易受市场情绪的影响，在市场出现多空分歧的阶段具有稳定市场价格的作用；第二，机构投资者进行加仓操作时没有操纵股票价格，而是实施逢低吸纳的策略，否则此阶段的股价波动不应该是下降，而应该是大幅上升。

综合整个样本区间，机构加仓阶段的噪声信号最少，说明机构在股价盘整阶段加仓确实有促使不知情交易者快速消化新信息，提高新信息传播效率，使股票价格快速回归真实价值的作用。另一方面，机构平稳持股阶段的噪声信号较少，说明机构持有重仓股票亦有稳定股价作用，与相关理论相符。总之，机构在股价盘整阶段加仓与机构重仓持有股票均起着稳定股价，减小股市波动的作用，只是相比较而言，前者的作用更为显著。这一结论与祁斌等（2006）研究结果相一致，即机构投资者持股比例与股票波动性呈现显著的负相关关系。但是和姚颐、刘志远（2008）关于震荡市场的结论又完全相反，即个人投资者对市场的异常放量并不是发生在繁荣期，而是在下跌期，悲观的市场情绪加剧了这一期间股票的波动率。

（2）抗周期防御型股——北大荒。由于房地产属于周期性行业，万科股价波动受经济周期的影响较大；相较而言，属于农业板块的北大荒则是典型的抗周期防御型股票。从北大荒的趋势图上看（见图5－9），股价大幅度波动产生于2008年第第四季度，这一阶段基金开始对其采取减仓操作，即基金持股数量从9609万股逐步减持到2009年第二季度的1945万股（这和基金对万科的加仓操作形成对比）。到了减仓后期，股票的波动率就相对平稳，几乎不受继续减仓的影响。这是因为市场已经转入上升期，基金的投资组合调整基本完成，不再出现大幅抛售，股价逐渐下降然后稳定在 11～13 元附近。同时，这一区间噪声交易也主要集中在前期，到了后期投资者都能比较理性地进行操作，因而噪音交易相对较少，减仓的利空信息基本消化而股价趋于稳定。

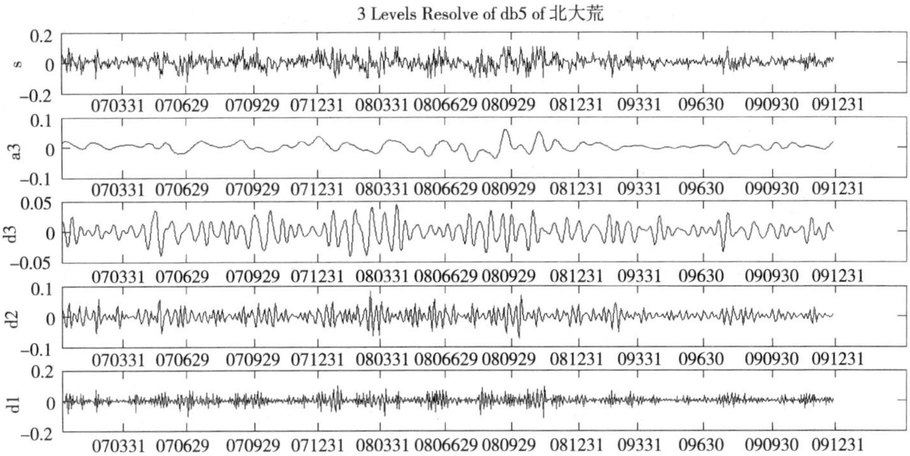

图 5－9　北大荒波动率的小波分解

与其他周期性股票相比，北大荒股价波动整体较小，但信号密集的区间比较多。考虑到农业股本身也容易受季节气候等外在因素的影响，中小投资者仍然会受到各种信息的影响进行频繁操作，进而产生了较多的噪音交易，理论上容易增加波动。但现实结果表明，机构对这只股票的操作占主导，其负反馈策略已经逐渐减少了波动率。

关于减仓阶段的影响，其他样本基本上也都显示出基金减仓会造成相应阶段的股票波动率增加以及噪音信号增加的特征，并且市场下跌期的波动也更为显著。这个结论与 Keim 和 Madhavan（1996）以及 Gemmill 和 Thomas（2002）的结论相吻合，即大额交易发生后，市场上噪音交易显著增加，并且加剧市场波动。

（3）中小市值股——歌华有线。至于加仓阶段的影响，样本中具有显著不同特点的股票为歌华有线。这只股票市值较小，因而基金操作对股价波动的影响也更为明显。对应图 5－10，2008 年第三季度到 2009 年第一季度为基金增仓阶段，这一期间市场逐渐走出低谷，进入上升通道。从趋势部分 a3 可以看出，股票的波动也明显增加，但是其细节部分显示此阶段的噪音交易却比较少。

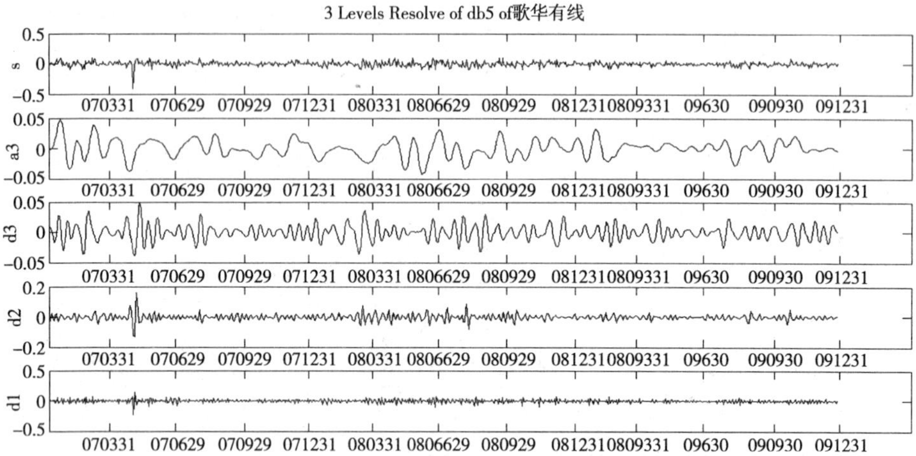

图 5－10　歌华有线波动率的小波分解

考虑到歌华有线市值较小，基金买卖操作对股价容易造成较大冲击，尤其是基金的大幅增仓初期，股价波动率较大，但随着机构投资者所持筹码不断增加，股价波动随之不断减小。同时我们观测到，此次基金加仓期也较长，到了后期股价波动减小的同时噪音交易也明显减少，即投资者对股票估值到位，使得股价基本平稳。另外，不同于万科等价值型股票，歌华有线是中小盘成长型股，对其成长性判断投资者存在分歧较大，因而在加仓阶段，由于不同投资者信念和分歧，导致其股价波动性也大幅增加。

在具体分析三个不同特性样本的基础上，我们应用小波分解方法对 10 只股票进行归纳（见表 5－7）。从所有研究样本检验结果看，对于权重股而言，基金的加仓和持有行为都使得波动率减小，而且此期间中小投资者也都比较理性，产生的噪音交易也比较少；而同样的操作却使得反周期股票的噪音交易增加，中小市值股票的波动率增加。但是基金一旦减仓，市场情绪就比较复杂和悲观，股票的波动率和噪音交易都明显增加，中小投资者产生一定的“非理性”投资行为。尤其是市场下跌期间，基金仓位减少后，中小投资者减仓对股价波动影响的权重上升。所以，市场下跌期间的股票波动率也更大。

表 5-7 小波分解总结

市场特征		市场上升				市场下降			
股票名称	基金行为	区间范围	波动率①		噪声交易②	区间范围	波动率		噪声交易
万科 A	增仓	2007 年第一季度	0.0121	减小	较少	2008 年第四季度	0.0125	减小	较少
	减仓	2007 年第二季度	0.0143	增加	较多	2008 年第二、第三季度	0.0216	大幅增加	很多
浦发银行	增仓	2007 年第一季度	0.0087	减小	较多	2008 年第二季度	0.0096	减小	较多
	减仓	2007 年第二季度	0.0116	增加	较多	2008 年第一季度	0.0136	大幅增加	很多
中国石化	增仓	2009 年第二季度	0.005	减小	较少	2008 年第二、第三季度	0.0126	减小	较少
	减仓	2009 年第一季度	0.0108	增加	较多	2008 年第四季度	0.0151	大幅增加	很多
中信证券	增仓	2007 年第一季度	0.0112	减小	较少	2008 年第三季度	0.0096	减小	较少
	减仓	2007 年第二季度	0.0127	增加	较多	2008 年第二季度	0.018	大幅增加	很多
歌华有线	增仓	2007 年第一季度	0.017	增加	较少	2007 年第四季度	0.0118	减小	较少
	减仓	2007 年第三季度	0.0115	增加	较多	2008 年第一、第二季度	0.0201	大幅增加	很多
中国联通	增仓	2007 年第一季度	0.0078	减小	较少	2008 年第三季度	0.0133	减小	较少
	减仓	2007 年第二季度	0.0081	增加	较多	2008 年第一、第二季度	0.0171	大幅增加	很多
上海汽车	增仓	2007 年第三季度	0.0071	减小	较少	N. A③	N. A	N. A	N. A
	减仓	2009 年第四季度	0.0091	增加	较多	2008 年全年	0.0135	大幅增加	很多
海螺水泥	增仓	2007 年第一至第三季度	0.0076	减小	较少	2008 年第一、第二季度	0.0139	减小	较少
	减仓	2009 年第一、第二季度	0.0131	增加	较多	2008 年第三季度	0.0158	大幅增加	很多
北大荒	增仓	2009 年第三季度	0.0066	减小	较多	2008 年第一、第二季度	0.0166	减小	较多
	减仓	2009 年第一、第二季度	0.0097	增加	较多	2008 年第三、第四季度	0.0238	大幅增加	很多
上海医药	增仓	2007 年第三季度	0.0084	减小	较少	2007 年第四季度	0.0125	减小	较少
	减仓	2007 年第二季度	0.0093	增加	较多	2008 年第三季度	0.0139	大幅增加	很多

① 此处波动率为小波分析趋势部分 a3 对应区间的标准差数值以及和前一阶段比较后的描述性结果。

② 此处波动率为小波分析高频部分 d1 + d2 观测到的信号密集程度的描述性结果。

③ 根据表 5 - 1 的划分阶段，基金在市场下降期没有对上海汽车增仓的操作。

总结上文小波解析结果，发现不同类型股票波动率影响略有差别。万科这类权重股受基金影响较大，加仓阶段基本能够平抑波动，并且噪声交易也少，但减仓阶段对市场情绪干扰较大，波动率和噪声交易都明显增加，表现出一定的羊群效应。而北大荒这类股票，虽然抗周期，但基金减仓时波动率也同样增加，不同的是，这只股票在基金加仓期噪声也会增加，这主要是由于农业股易受天气因素的影响，因而全年噪声交易频繁。另外，对于歌华有线这类成长型中小盘股，首先市值小易受大的交易量影响，其次投资者对其成长性判断的差异导致估值偏差，因而无论基金加仓或减仓，波动率都会增加。此外，由于其成长性不确定性高，中小投资者参与度不高，导致噪声交易相对较少。

2. 波动率来源的宏观层面考察——溢出效应检验和互谱检验。根据经典金融学理论，个股风险来源于系统性风险和非系统性风险，两者都可用波动率来衡量。而在上述小波分析中，我们暗含的假设是基金操作对股价波动性造成直接冲击，然而这种影响究竟是基于基金资产组合调整造成的还是基金自身行为造成的市场冲击？为了进一步分析，在此有必要解析这种波动产生的机制。

若是基金自身投资行为造成市场冲击，那么市场波动必然与个股波动存在密切的联系，即市场的波动带动个股的波动，反之则是基金资产组合的调整直接造成股票价格波动。为研究个股和市场指数这两列时间序列数据之间的相关关系，我们需要进行溢出效应检验或者互谱检验。由于两种方法是根据金融时间序列不同的特性，从不同的角度去检验彼此之间的相关性：溢出效应是从点的角度进行回归来判断短期的对应关系，互谱分析是从波的角度考察其整体相关性。对于高频金融数据，我们有时更关注其短期之间的关系，有时更关注长期的这种趋势相关关系，这个需要根据检验结果进行甄别。

如果某一股票的市场价格的波动会对另一股票的市场价格产生影响，那么前一股票的市场价格变化就会导致另一股票的市场价格的变化，也就是它们之间存在着溢出效应。应用股市收益率序列的经过小波变换后的高频信号序列来表示这种溢出效应如下：

$$Y[d_j]_t = \alpha + \beta X[d_j]_t + \varepsilon_t, j = 1,2,\cdots,N \tag{5.10}$$

或

$$Y[d_j]_t = \alpha + \beta X[d_j]_{t-1} + \varepsilon_t, j = 1,2,\cdots,N \tag{5.11}$$

关于互谱检验的方法则如模型所介绍，在此使用两种方法进行检验，再根据效果进行选择。这两种方法均建立在小波分析后的高频信号基础之上。

首先，我们对个股和 HS300 的收益率进行波动率溢出效应检验。

波动性的溢出效应的关键在于研究股价收益波动的高频部分，并用它来揭示不同股票市场的信息传导的机制，那么通过检验个股价格均方收益的序列

表 5-8 VAR 检验结果

	万科	浦发银行	中石化	中国联通	上海汽车	北大荒	中信证券	歌华有线	海螺水泥	上海医药
HS(-1)	-0.1221* (-1.6063)	-0.2744** (-3.8293)	-0.0312 (-0.4472)	-0.0902* (-1.2579)	-0.1701** (-2.0646)	-0.1054* (-1.4336)	-0.1571** (-2.0891)	-0.2774** (-3.8599)	-0.1394** (-1.9991)	-0.1501** (-2.2965)
HS(-2)	-0.0546 (-0.6829)	-0.1415* (-1.8741)	-0.1702* (-1.3809)	-0.0297 (-0.3917)	-0.1531* (-1.7517)	-0.1739 (-1.2471)	-0.2316* (-1.9343)	-0.2106* (-1.8578)	-0.1381** (-1.9313)	-0.0914* (-1.2992)
HS(-3)	-0.1376 (-1.7273)	-0.1729* (-1.2945)	0.03002 (-0.4197)	0.0542 (-0.7154)	-0.0609 (-0.6976)	-0.0445 (-0.5757)	-0.2029 (-1.5589)	-0.1272 (-1.7349)	-0.0833 (-1.1628)	-0.0815 (-1.1576)
HS(-4)	0.0714 (-0.9401)	0.0086 (-0.1181)	0.0011 (-0.0157)	0.0852 (-1.1927)	0.0113 (-0.1382)	-0.0767 (-1.0471)	-0.0192 (-0.2531)	0.0738 (-1.0283)	0.0086 (-0.1241)	0.0201 (-0.3105)
r(-1)	-0.4902*** (-10.6416)	-0.5003*** (-10.6002)	-0.5773*** (-11.1436)	-0.5748*** (-10.6853)	-0.4624** (-8.5558)	-0.5847*** (-12.6758)	-0.6148*** (-13.7135)	-0.4162** (-9.57471)	-0.4880*** (-10.3658)	-0.4192** (-9.6245)
r(-2)	-0.6200*** (-12.9730)	-0.5414*** (-11.0285)	-0.4721*** (-9.0001)	-0.6065*** (-10.5914)	-0.5369*** (-9.5989)	-0.6249*** (-12.6753)	-0.5009*** (-10.5102)	-0.5274*** (-12.3538)	-0.5252*** (-11.1479)	-0.5246*** (-11.7266)
r(-3)	-0.3745** (-7.8215)	-0.4112*** (-8.3591)	-0.5232*** (-10.0157)	-0.5214** (-9.1171)	-0.4333** (-7.7627)	-0.4698** (-9.5506)	-0.4330** (-9.0326)	-0.4221** (-9.8638)	-0.4358** (-9.2441)	-0.4191** (-9.3697)
r(-4)	-0.2801** (-6.0595)	-0.3049** (-6.5428)	-0.2324** (-4.4831)	-0.3157** (-5.8835)	-0.2951** (-5.4872)	-0.3006** (-6.5525)	-0.3035** (-6.7906)	-0.3248** (-7.4597)	-0.2958** (-6.2866)	-0.3402** (-7.7959)
C	-0.000061 (-0.0563)	-0.000015 (-0.0154)	-0.000015 (-0.0170)	-0.0000019 (-0.0023)	-0.000068 (-0.0695)	-0.000078 (-0.0766)	-0.000014 (-0.0130)	-0.000023 (-0.0213)	-0.000017 (-0.0174)	-0.000289 (-0.0304)
R^2	0.3436	0.3672	0.3421	0.3559	0.3404	0.3834	0.3781	0.3450	0.3329	0.3226
Adj. R^2	0.3363	0.3601	0.3347	0.3487	0.3331	0.3765	0.3711	0.3377	0.3254	0.3151

注：*，**，*** 分别表示在 10%，5% 和 1% 的显著性水平下显著。

的小波多分辨分析的两层高频细节信号的关系，便可获知个股与 HS300 波动性的溢出效应，即通过研究个股收益率的高频信号（d1 + d2）的关系来研究波动性的溢出效应。由于均方收益率表示了收益率序列的波动方差，是一种风险程度的表示方式，而股票市场的价格波动方差的变化就是股票价格的波动性。通过相关序列的价格波动方差进行回归，就可以研究变量之间的溢出效应了。宿成建（2004）在研究沪深股市的溢出效应中，对沪深股指收益率序列用小波分析作信号分解，分解为高频信号（细节信号）和低频信号（离散逼近信号）。通过比较沪深股市的高频信号之间的关系获知沪深股市之间存在着显著的价格和波动性的溢出效应。深市和沪市之间存在着一定程度的负的价格溢出效应；而深市对沪市存在着正的波动性溢出效应，沪市对深市存在着负的波动性溢出效应，并且波动性溢出效应大于价格溢出效应。

考虑到这种互动效应有可能持续几天，我们先使用 VAR 模型对我们的所有变量进行回归，以确定溢出效应检验中滞后的天数。回归方程如下：

$$Y[d_j]_t = \alpha + \sum \beta_p [R_j^2]_{t-p} + \sum \beta_q [r_j^2]_{t-q} + \varepsilon_t,$$
$$j = 1,2,\cdots,N, \quad 其中\ Y = d1 + d2 \tag{5.12}$$

从表 5 -7 可以看出，各股票的波动率和自身有多天的滞后关系，但和 HS300 的滞后关系不明显，基本上都只有滞后一天的系数通过 t 检验。于是，我们使用和宿建成同样的溢出效应的检验方法，将个股综合指数均方收益率的两层高频细节信号（$d1+d2$）分别按 R^2-r^2，$R_{t-1}^2-r^2$，$R^2-r_{t-1}^2$（R 为 HS300 收益率，r 为个股收益率）作回归分析，回归方程参见（5.12），结果如表 5 -9 所示：

表 5 -9　　2007—2009 年数据溢出效应检验结果

回归项	R^2-r^2		${R_{t-1}}^2-r^2$		$R^2-{r_{t-1}}^2$	
d1 + d2	回归系数[①]	R²	回归系数	R²	回归系数	R²
万科 A	1.5935 **	0.0829	-0.7195 **	0.7174	0.1967 **	0.0541
浦发银行	1.5136 **	0.0322	-0.7452 **	0.7434	0.2094 **	0.0591
中国石化	-2.0876 **	0.0145	-0.7358 **	0.7338	0.2233 **	0.068
中信证券	1.7235 **	0.1272	-0.7690 **	0.7672	0.2377 **	0.0737
歌华有线	1.5808 **	0.0874	-0.7501 **	0.7479	0.1653 **	0.0364
中国联通	-2.7062 **	0.0217	-0.7778 **	0.774	0.254 **	0.0833
上海汽车	-1.8464 **	0.0121	-0.7516 **	0.7502	0.1718 **	0.0395
海螺水泥	-2.3626 **	0.0247	-0.7191 **	0.7171	0.1904 **	0.0507
北大荒	-0.8693 **	0.0036	-0.7595 **	0.7569	0.1968 **	0.0513
上海医药	-0.0964 **	0.0538	-0.7246 **	0.7242	0.1273 **	0.0226

注：*、**、*** 分别表示在 10%、5% 和 1% 的显著性水平下显著。

① Matlab 回归分析给出置信区间，没有 t 检验值。表 5 -8 和表 5 -9 的结果是我们使用 5% 的置信区间进行对比得到的。

从表 5－9 可以看出，所有的回归系数均能在 5% 的显著性水平上通过 t 检验。溢出效应显示，HS300 前一交易日的收益率的变化，都对样本股票在当日产生 70% 左右的影响。不过结合考虑模型拟合度，即 R^2 的数值，我们认为模型的效果都不好，并且由于样本期较长，容易模糊一些阶段性的特征。我们按基金加减仓及市场不同的阶段再来分别进行溢出效应检验。由表 5－9 的结果，我们直接对（$R_{t-1}^2-r^2$）进行回归。考虑到基金规模日益增加，为了更好地体现研究的时效性，我们选取 2008—2009 年的区间数据检验，阶段划分参见表 5－5，结果如表 5－10 所示：

表 5－10　不同阶段溢出效应检验

市场特征	市场上升				市场下降			
基金行为	增仓		减仓		增仓		减仓	
股票名称	回归系数	R^2	回归系数	R^2	回归系数	R^2	回归系数	R^2
万科 A	-0.7441**	0.7292	-0.8690**	0.6635	-0.7801**	0.7384	-0.6450**	0.6364
浦发银行	-0.7562**	0.7514	-0.7788**	0.7562	-0.7739**	0.7739	-0.7271**	0.7236
中国石化	-0.7213**	0.7338	-0.7358**	0.6912	-0.7003**	0.7742	-0.7131**	0.7326
中信证券	-0.6690**	0.6672	-0.6611**	0.7611	-0.6690**	0.7672	-0.7690**	0.6689
歌华有线	-0.7004**	0.7489	-0.7501**	0.7421	-0.6982**	0.7623	-0.8501**	0.7122
中国联通	-0.7234**	0.7721	-0.7731**	0.7156	-0.7344**	0.7123	-0.7986**	0.6671
上海汽车	-0.7598**	0.7102	-0.7421**	0.7533	-0.7982**	0.7487	-0.6452**	0.6134
海螺水泥	-0.7289**	0.7135	-0.6897**	0.7086	-0.7377**	0.7762	-0.7469**	0.7538
北大荒	-0.7129**	0.7431	-0.6595**	0.7532	-0.7335**	0.7167	-0.8595**	0.6069
上海医药	-0.6646**	0.7942	-0.7335**	0.7181	-0.7136**	0.7378	-0.6246**	0.6942

注：*、**、*** 分别表示在 10%、5% 和 1% 的显著性水平下显著。

从表 5－10 我们发现，市场对个股不同阶段的影响不统一，情况、力度不尽相同，R^2 也仍然比较小，解释力度不强。对于这种结果，我们认为：如同物理中光的“波粒二象性”一样，金融时间序列有时也呈现出这种特性①。溢出效应某种程度上更侧重的是收益率序列当天的情况，即“粒子性”，但是其效果不明显且不易解释，我们继续用互谱分析来分析它的“波”的特性。如果效果明显且容易找到支撑这种结论的解释，那我们认为在这种情况下，用波去解释金融时间序列更好。董直庆、王林辉（2008）等也分别使用过溢出效应和互谱效应去分析通胀指数和证券市场指数之间的关系，最新的论文

① 金融学和物理学方面的紧密联系虽然没有具体的理论阐述，但已经得到很多学者的支持，包括股市的波粒二象性。

也使用了互谱分析的结果。

接下来，我们进行互谱检验。互谱检验结果的相干谱用来描述个股波动和市场之间的相关性，而相位谱则可以进一步区分两者在时间上的先后。如果相关性很低，那么这两种波就不存在联动性。在数据上我们都应用小波分析的高频部分（d1 + d2）来研究个股和我们的基准 HS300 之间的连带效应。在此仍然以万科为例，其互谱检验结果如图 5 - 11 所示。

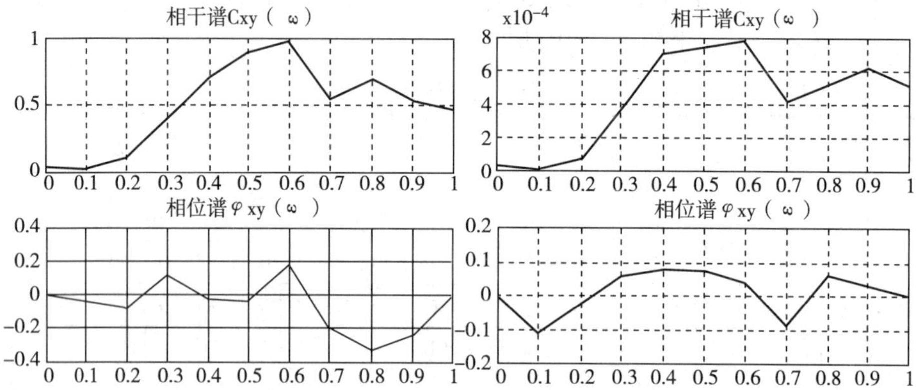

图 5 - 11　万科（左）和歌华有线（右）互谱检验结果图

从图 5 - 11 左可以看出，两者确实存在一定的相关性，但相关系数很小，相位上，万科略滞后于 HS300。而其他样本也都显示出这一特性，即相关系数小，相位上略微滞后，又如非权重股歌华有线（见图 5 - 11 右）。

从所有样本的互谱分析结果来看，股票波动率主要来自于基金对其组合的调整，和市场波动性的关系并不大，即便是权重股，它们之间的相关性也比较弱。现实中，基金仓位的调整和两市总市值相比，仍然有很大差别，因而对市场影响力度有限，这也是证券市场流动性充裕的体现。因而，本章我们采用互谱分析的结果。再结合之前的小波分析，我们认为市场的趋势会影响到投资者心理进而影响个股的趋势甚至是波动，但市场的波动和个股的波动相关性很弱，个股的波动仍然主要来自于投资者仓位变换。

通过互谱分析发现，所有个股的波动和我们的基准 HS300 的波动相关性很小。这说明在作用机制上，个股波动率增加主要还是由于基金投资组合调整以及噪声交易的增加引起的，由市场波动率引起的部分相当小。

附图：

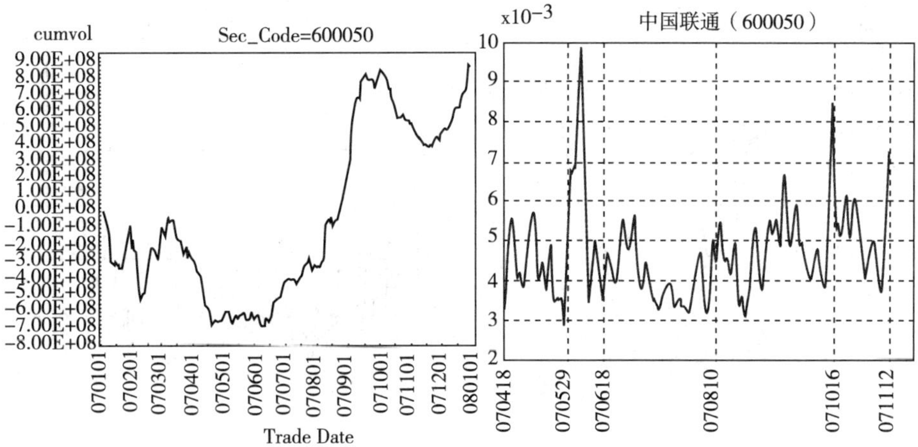

附图 1　中国联通（600050）机构累计加仓图和波动率趋势图

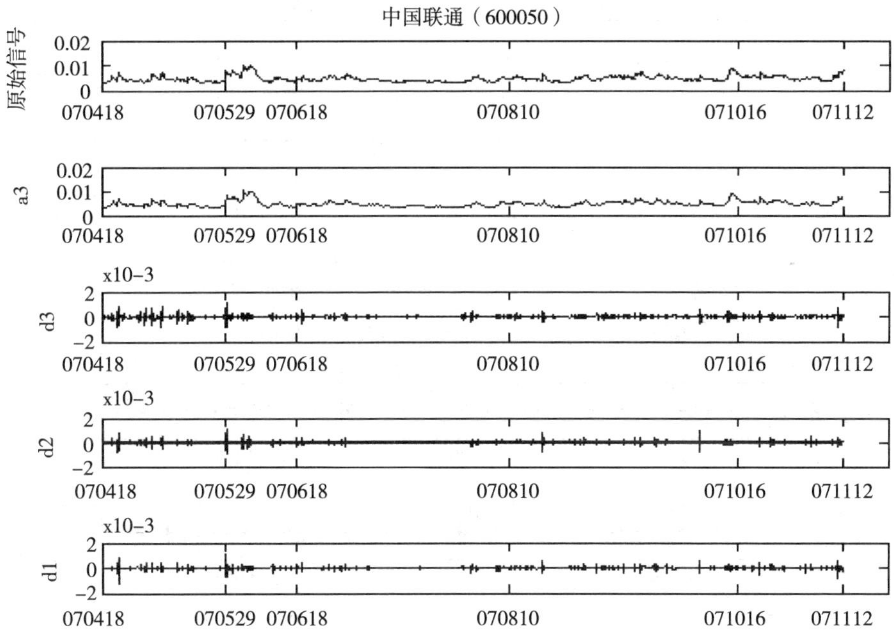

附图 2　中国联通（600050）db5 小波 3 层分解重构图

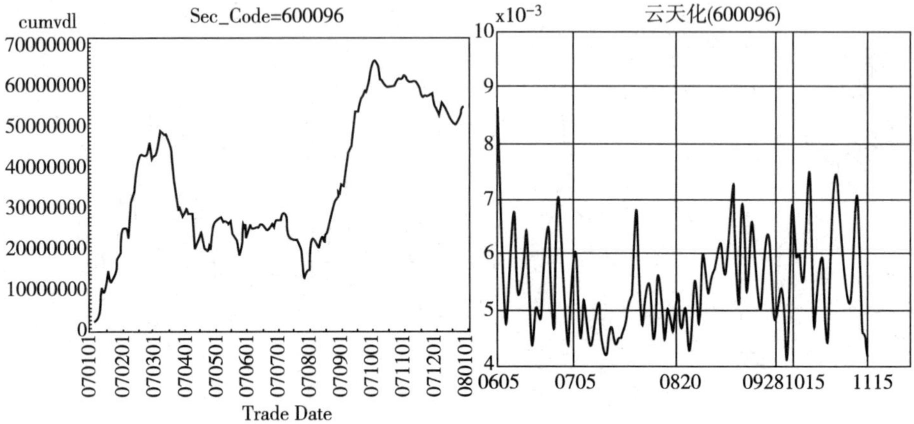

附图 3　云天化（600096）机构累计加仓图和波动率趋势图

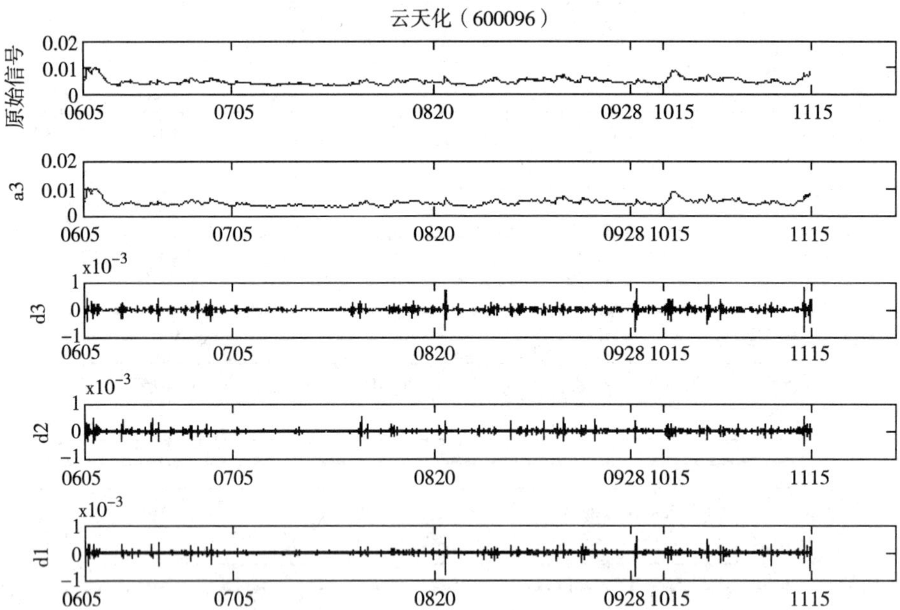

附图 4　云天化（600096）db5 小波 3 层分解重构图

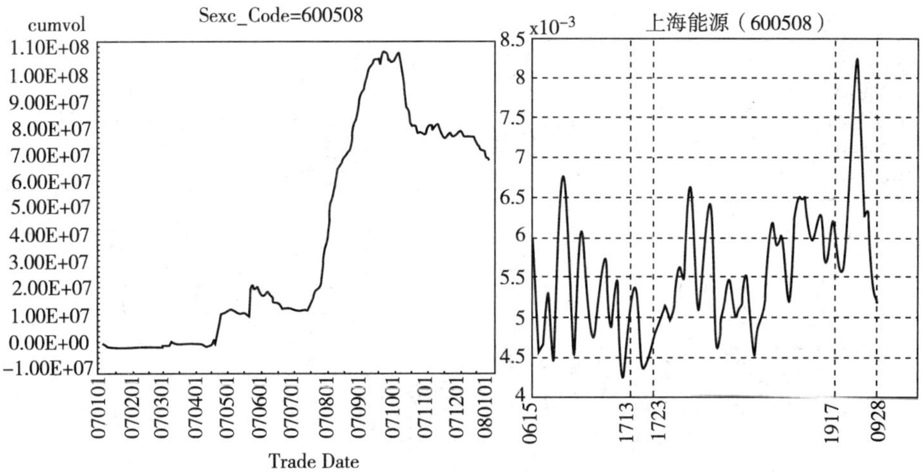

附图5　上海能源（600508）机构累计加仓图和波动率趋势图

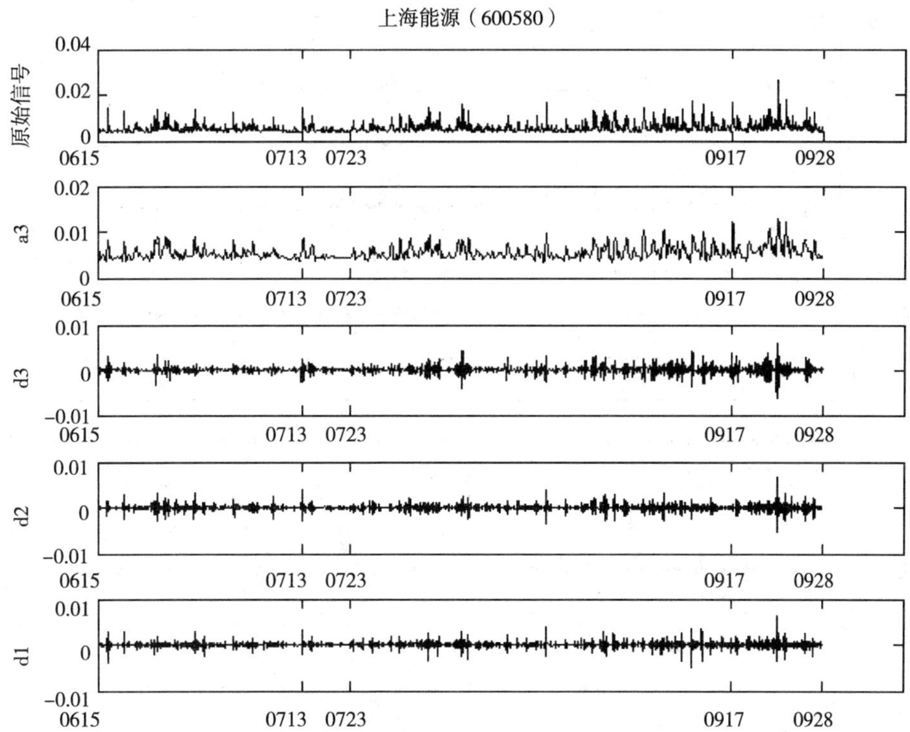

附图6　上海能源（600508）db5 小波3层分解重构图

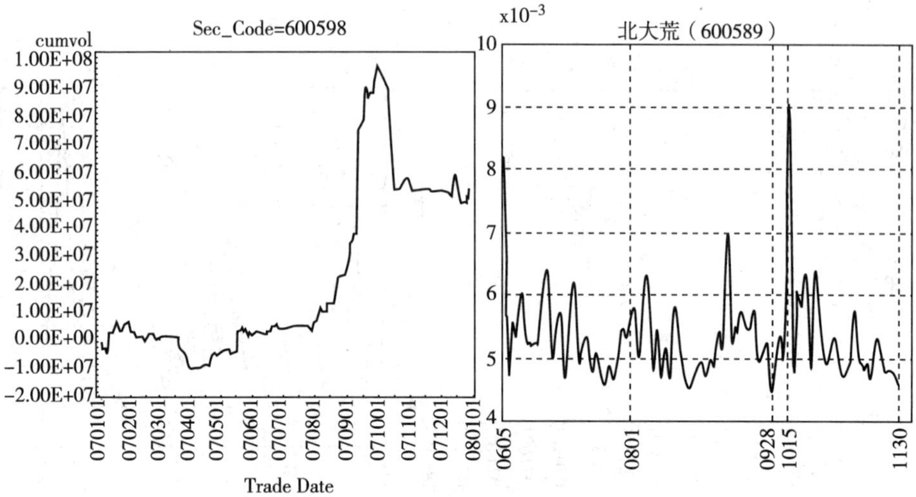

附图 7　北大荒（600598）机构累计加仓图和波动率趋势图

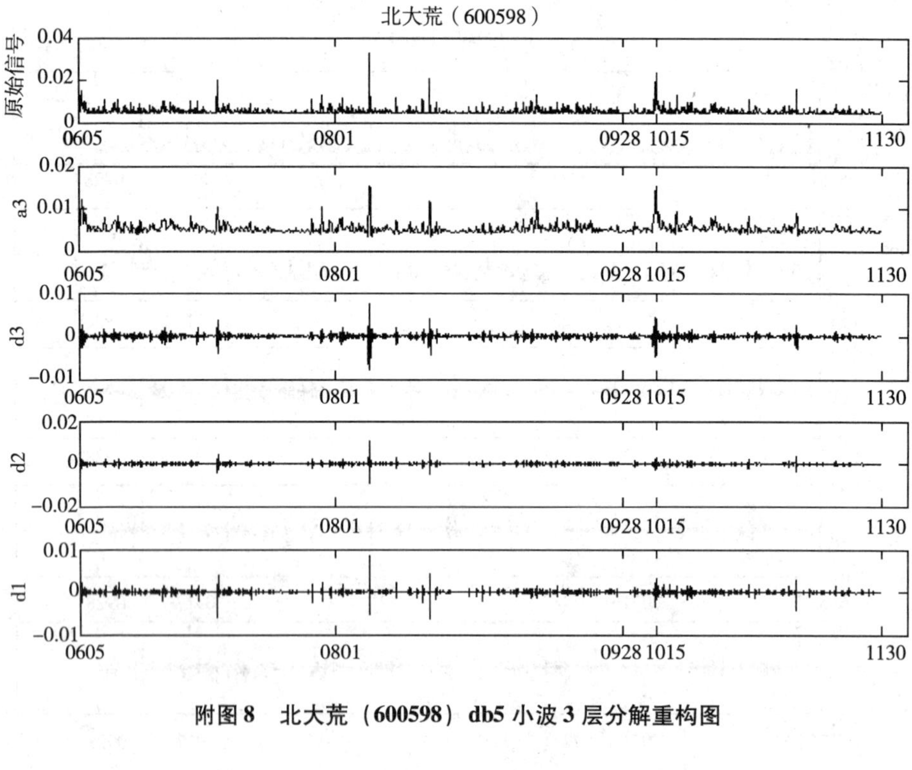

附图 8　北大荒（600598）db5 小波 3 层分解重构图

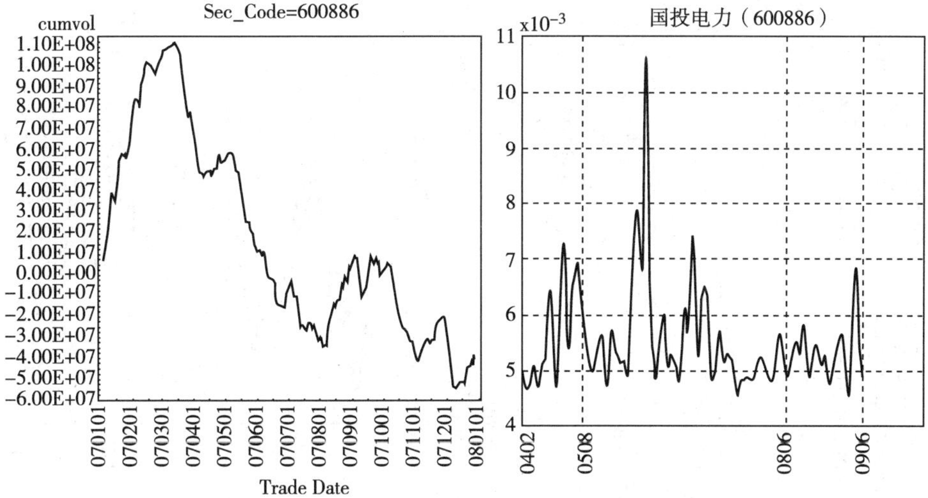

附图 9 国投电力（600886）机构累计加仓图和波动率趋势图

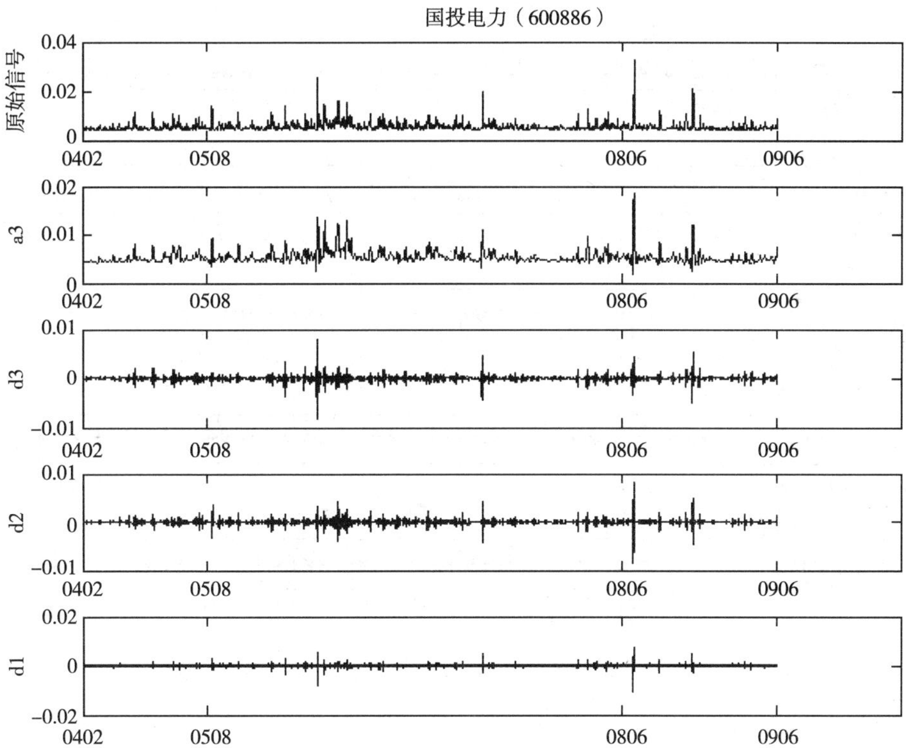

附图 10 国投电力（600886）db5 小波 3 层分解重构图

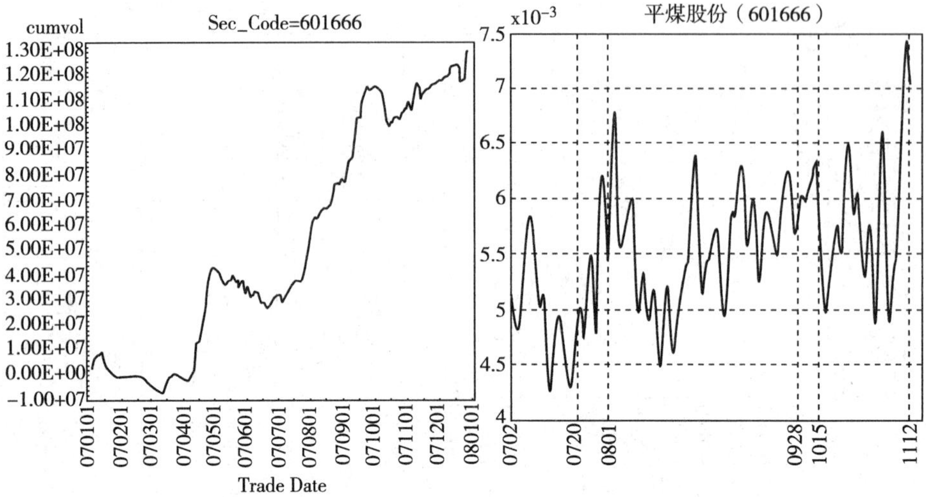

附图 11　平煤股份（601666）机构累计加仓图和波动率趋势图

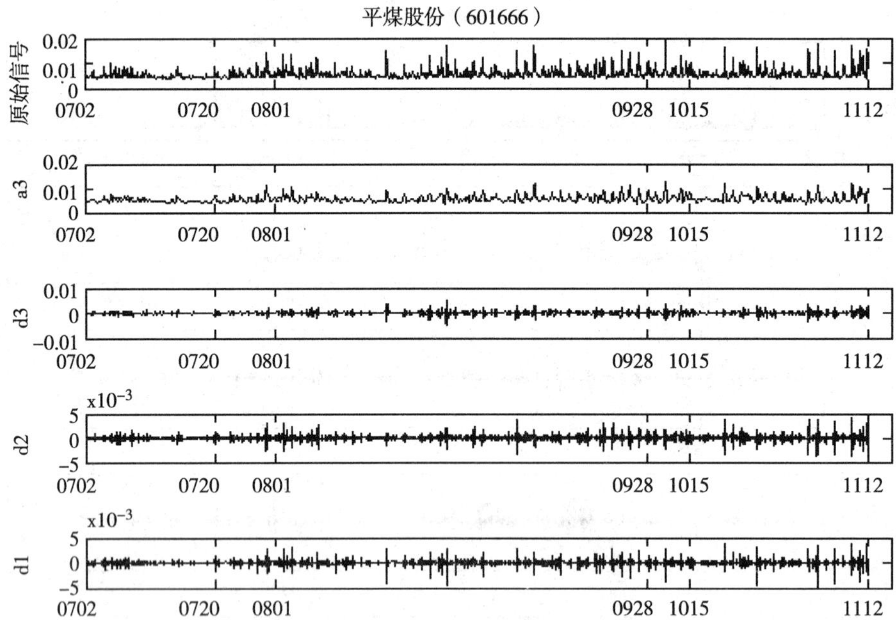

附图 12　平煤股份（601666）db5 小波 3 层分解重构图

6 基金流量与基金投资行为：基于动态面板模型的实证研究

对于开放式基金而言，由于基金持有人可以根据自身需求对基金份额进行申购赎回，申购时产生基金的资金流入，而赎回时则产生资金流出，因此，基金流量往往反映了基金投资者的行为偏好、市场投资者情绪等重要因素。相关研究发现，基金流量由于能够影响资金的流动，因此是导致开放式基金流动性风险的主要原因之一，同时会造成基金投资组合的动态调整。基金流量对市场的影响主要表现在其会引起基金经理买卖股票行为，组合资产配置动态调整，同时，基金总体流量也将通过对基金经理总体投资行为的影响，最终对市场表现产生不可忽视的作用。因此，本章的研究主要考察了中国开放式股票型基金的基金流量变化对基金投资行为和市场表现的影响。在研究设计上，我们通过引入“基金流量”变量对中国资本市场“证券投资基金行为与市场波动”这一重要命题进行重新诠释，即从“基金投资—市场波动”的传统研究视角拓展到“基金投资—基金流量—市场波动”，从而将传统分析转向制约基金投资行为背后的持有人行为对基金经理投资行为和资产组合配置调整的影响分析，以此挖掘中国基金经理投资行为“异质性”背后的基金申赎行为因素。

6.1 基金流量与基金投资行为问题的提出

随着中国资本市场的快速崛起，证券投资基金的规模和数量不断增大。与此同时，我国开放式基金的投资者结构发生了显著性变化，个人投资者数量和比重不断提升，个人投资者持有的基金份额从 2004 年的 45.48% 发展到 2010 年的 94.58%，从而取代机构投资者成为基金投资的主体。相对而言，美国等成熟市场上共同基金的持有人以养老基金等机构投资者为主，截至 2009 年第三季度，美国共同基金管理养老金资产达到 3.9 万亿美元，占共同基金资产的 36%（胡琦，2010）。当前中国共同基金持有人结构“散户化”趋势，是否对证券投资基金投资行为产生影响？尤其是近年来，无论是监管部门还是学术界对作为机构投资者代表的证券投资基金是否承担市场稳定力量的功能提出质疑（祁斌等，2006；蔡庆丰、宋友勇，2010）。而中国证券投资基金行为非理性的背后，是否与其持有人结构存在密切关联？基金持有人行为是否对基金经理的投资行为产生直接传递效应？基金投资者的申购行为或赎回行为是否引发基金组合动态调整进而对市场异常波动产生影响？

其实上述问题的提出，实际上是将基金行为和市场稳定这一资本市场关键性命题的研究视角，从简单分析基金投资行为转向制约基金投资行为背后的持有人行为对基金经理投资行为和资产组合配置调整。为挖掘基金持有人行为对基金经理投资行为及其资产组合配置的影响，在此我们引入了基金流量（fund flows）概念。由于基金流量即在特定时期内的基金资金流动，可以作为基金持有人行为的代理变量（Gruber，1996）。基金的净流入表明投资者申购该基金，而资金净流出则表示赎回该基金，这种基金流量变化反映了投资者行为偏好、情绪等，进而导致共同基金投资组合和配置结构的调整。在本章，我们通过引入基金流量变量，对中国证券投资基金“是否稳定市场”这一争议性命题进行解析，挖掘中国基金经理投资行为“异质性”背后的基金申赎行为因素，试图从基金流量引发基金经理资产配置动态调整的视角对中国证券投资基金是否“行为理性”这一重要命题给出重新诠释。

关于基金流量的研究，国内外学者已经进行了积极探索，学术界对这方面的研究主要围绕以下三条主线展开：第一条主线是基金持有人申赎行为因素研究。在对基金流量与基金业绩相关性研究的基础上，国外学者提出了PFR（performance - flow relationship）理论，认为投资者喜欢申购赢家基金、赎回输家基金，基金流量与基金过往业绩呈正相关，申购、赎回对业绩呈非线性反应。Sirri 和 Tufano（1998）、Froot 等（2001）研究结论显示，历史业绩较好的基金能吸引更多的资金流。同时，部分学者研究发现资金流和基金的历史业绩间呈现出非线性的关系，如 Chevalier 和 Ellison（1997），以及 DelGuereio 和 Tkae（2001）等研究显示，历史业绩优异的基金确实吸引了较大数量的新资金流入，但是历史业绩不尽如人意的基金并未出现同比例的资金流出。Ippolito（1992）对 1965—1984 年 143 只美国基金流量与其业绩之间的关系进行了研究，并根据风险调整后的收益是否大于市场指数将基金分为赢家基金和输家基金。研究结果显示，基金投资者能够对基金的业绩产生理性反应，并且选择申购赢家基金、赎回输家基金。第二条主线是将研究方向聚焦在基金流量对于基金经理投资行为所带来的影响。他们指出，基金流量的变化将影响基金业绩、投资组合决策以及基金经理股票买卖行为。关于基金流量对基金业绩的影响，国外学者指出，倘若 PFR 理论成立，即基金投资者在出现优异业绩后立即申购该基金，那么基金业绩将由于规模报酬递减原则而有所下降（Berk 和 Green，2004）。Edelen 等（2007）指出，这种规模不经济主要是由于交易成本导致的。因此，如果基金申购原则是追随优异的历史业绩，那么这一行为最终将对基金业绩产生负面影响（Chevalier 和 Ellison，1997）。正是由于这一原因，SEC 鼓励基金公司对投资期较短的投资者加收赎回费，从而弥补那些依然持有基金的投资者由于基金流量而蒙受的损失（Greene 等，2006）。关于基金流量对基金经理买卖股票行为的影响，Massa 和 Phalippou（2005）指出，基金经理在面对基金流量时所作出的基金流量引起的证券购买决策与其他原因引起的决策有明显不同，当基金面临资金净流入时，基金经理将由于可能提高交易频率而增加投资组合的流动性。Karceski（2002）的研究则发现，更高的资金流入将导致基金经理投资于更高 Beta 值的股票。Edelen（1999）使用 1985—1990 年间 166 只基金的数据发现了不同类型基金的流量怎样影响基金投资行为。Dubofsky（2010）使用 2000 多只基金在 1999—2003 年间的数据，发现投资国内市场的基金和指数化基金在买卖股票时对基金投资者申购行为有更大的敏感度。第三条主线则将研究视角聚焦在基金流量对投资组合配置的影响。Constantinides（1986）研究认为，尽管基金流量引起的交易将带来更高的成本，但若基金经理不对申购行为作出投资反应，则会被动增加现金持有比例，从而在市场上升阶段损失了应当获得的收益。在无摩擦的市场中，基金应当不断调整其投资组合从而保持一个最优现金比例，因此，基金流量对基金的现金持有不会产生影响。但在存在交易费用的市场中，连续地调整投资组合却不是最优的，最优策略应当是当现金持有量大于或小于某一阈值时才对组合进行调整。因此，基金的现金持有比例应当与基金流量存在稳定的正向关系。Yan（2006）在 Constantinides（1986）研究的基础上，通过 1992—2001 年美国股票型开放基金的数据检验了基金现金持有比例的影响因素，发现基金持有比例与基金流量呈现正相关关系，与基金流量的波动率也呈现正相关关系，而基金的现金持有比例与基金业绩并不存在相关关系。同时，本章研究发现基金现金持有比例并不能预测未来一期的市场收益率。

由于我国基金行业起步较晚，发展时间较短，对基金流量的研究主要集中在对基金投资者赎回行为的研究。国内学者发现我国的基金存在“异象赎回”现象，即面临赎回压力大的是业绩较好的基金，而不是业绩较差的基金。这说明我国的基金投资者并没有发挥“优胜劣汰”的作用，基金业绩的提高不但没有带来更多的资金流入，反而成为资金流出的理由。刘志远和姚颐（2005）使用截面数据和面板数据分别对 2004 年第一季度前成立的所有开放式基金赎回行为进行实证研究，发现我国开放式基金存在“异象赎回”现象，即随着基金业绩增长，赎回率不降反升，而且基金的净申购并不是出现在基金业绩增长最高的时点，而恰恰是在基金业绩增长最低的时点。陆蓉等（2007）以2003年前发行的14只偏股型开放式基金为样本，选取了2003年4月至2006年9月共14个季度数据，运用静态面板方法并使用净现金流作为基金流量代理变量，同样发现基金投资者倾向于赎回业绩好的基金。王擎等（2010）利用2007—2008年中国基金评级与资金流动的非平衡面板数据进行检验，研究发现基金评级有助于降低基金投资者选择基金的“搜寻成本”，基金星级的提高增加了基金的资金净流入，明星家族基金的资金净流入要高于非明星基金；明星基金可以为基金管理公司带来“明星效应”与“溢出效应”。肖峻、石劲（2011）运用固定效应的非平衡面板数据回归模型检验基金回报和基金流量关系，研究发现基金滞后年度回报率对资金净流量产生显著正面影响，投资者总体上“追逐业绩”而非“反向选择”，“赎回异象”不过是一种假象。

综上所述，国外学者对于基金流量的研究已经逐渐由影响基金流量因素分析转向研究基金流量对基金经理投资行为和资产配置方面的影响。然而，对于中国这样的新兴证券市场而言，目前国内学者对于这一问题的研究主要集中在影响投资者申购赎回因素方面，而在很大程度上忽视了基金投资者作为市场参与者对基金经理投资行为和资产配置方面的影响。正是由于中国资本市场的特有“新兴属性”，基金持有人申购赎回行为（即基金流量）才与海外市场存在显著性差异，从而产生“赎回异象”效应，这会直接导致中国市场上基金流量对基金投资行为的机制和影响效应完全不同。因此，挖掘中国资本市场的基金流量和基金投资行为有着独特的研究意义。

与海外成熟市场上证券投资基金稳定市场的功能不同，大量实证表明中国资本市场上证券投资基金并不能有力稳定市场。在研究设计上，本章通过引入“基金流量”变量对中国资本市场“证券投资基金行为与市场波动”这一重要命题进行重新诠释，即从“基金投资—市场波动”的传统研究视角拓展到“基金投资—基金流量—市场波动”，从而将传统分析转向制约基金投资行为背后的持有人行为对基金经理投资行为和资产组合配置调整的影响分析，以此挖掘中国基金经理投资行为“异质性”背后的基金申赎行为因素。这是本章研究设计的出发点，也是论文的学术价值所在。

6.2 样本数据与模型设计

（一）模型设定

本章以我国的股票型开放式基金为研究对象，研究基金投资者的申购赎回行为即基金流量的变化如何影响基金的投资选择行为。为此，本章模型构建分为两部分：第一部分检验基金流量与基金现金持有量之间的关系；第二部分检验基金流量怎样影响基金经理的证券买卖行为，并考察了不同类型基金的投资行为差异。考虑到我国基金市场较发达国家起步晚，若单纯采用时间序列或横截面数据进行分析，则样本量有限。同时考虑到与基金投资行为有关变量具有时间序列和横截面数据两个维度，以及不同基金之间的特质因素差异明显，因此本章使用动态面板模型进行研究。

1. 基金流量与现金持有比例模型。基金流量反映了基金投资者行为偏好。为应对基金投资者申赎行为和市场变化，基金的现金持有比例提供了基金投资组合配置的重要信息。一方面，通过主动选择合适的现金持有比例，基金经理向投资者传达了其对于目前和未来市场环境的理解和预测，基金经理通过"选时"试图"战胜市场"；另一方面，受到基金投资者申购赎回行为制约，基金经理不得不被动地调节现金持有比例以应对基金流量带来的冲击，而基金的现金持有比例又会反过来影响基金业绩和持有人收益，进而对基金流量产生影响（Constantinides，1986；Gruber，1996）。因此，研究基金流量与现金持有比例的关系，也就是研究基金流量如何影响基金经理的大类资产配置比例的选择。

为检验基金流量与基金行为之间的关系，在此将基金的现金持有比例作为基金投资行为的重要变量，通过分析基金现金持有比例挖掘基金的投资行为及其影响因素。在建模的过程中，本章参考 Opler 等（1999）、Yan（2006）等经典模型，考虑申购基金净申购、资产规模等基金因素以及市场情绪、市场收益率、波动率等市场变量，构建了如下模型：

$$Cash_{it} = aCash_{i,t-1} + \beta_1 Jsgl_{it} + \beta_2 Jsgl_{i,t-1} + \beta_3 LnTna_{i,t} + \beta_4 LnTna_{i,t-1} + \beta_5 StdR_{it} + \beta_7 Rm_{t-1} + \beta_8 Stdm_t + \beta_9 Senti_t + \beta_{10} Senti_{t-1} + h_i + \varepsilon_{it} \quad (6.1)$$

式中：h_i 是个体特质效应，不随时间变化；ε_{it} 是随机扰动项，服从正态分布 N（0，σ_i^2）。在模型（6.1）中，由于因变量的滞后项作为解释变量，从而导致解释变量具有内生性，因此如果应用面板数据的随机效应或者固定效应对模型进行估计，得到的参数估计值将是一个有偏的、非一致的估计量，导致所推导出的经济含义也是扭曲的。为解决这一问题，本章采用 Arellano 和 Bond（1991）动态面板广义矩估计法（GMM）对模型进行估计。本章使用 Stata 11.0 软件，根据命令 xtabond2 进行分析（Roodman，2006）。

2. 基金流量与基金股票买卖模型。Massa、Phalippou（2005）和 Karceski 等（2002）的研究都认为，基金投资者的申购赎回将会影响基金经理的交易决策，从而影响基金业绩。倘若大量投资者申购一只前期表现优异的基金，将会造成基金的规模边际效应递减，从而损害其未来收益（Chevaliar 和 Ellison，1997；Berk 和 Green，2004）。

在中国证券市场上，基金流量如何影响基金经理的投资交易决策？基金经理买卖股票行为是否受到基金投资者申赎行为的约束，即基金投资行为是否对基金流量存在敏感性？中国证券投资基金“异质性”的背后是否存在基金投资者申赎因素并对基金经理的资产配置产生影响？为揭示中国证券投资基金交易行为和基金流量之间诸多内在关联，本章以 Edelen（1999）的实证模型为基础，建立如下模型：

$$Buy_{it} = \alpha Buy_{i,t-1} + \beta X_t + h_i + \varepsilon_{it},$$
$$X = \{Sgl, LnTna, Index, Sgl \times Index, Lev, Sgl \times Lev, Inst, Sgl \times Inst\} \tag{6.2}$$

$$Sell_{it} = \alpha Sell_{i,t-1} + \beta X_t + h_i + \varepsilon_{it},$$
$$X = \{Shl, LnTna, Index, Shl \times Index, Lev, Shl \times Lev, Inst, Shl \times Inst\} \tag{6.3}$$

$$JBuy_{it} = \alpha JBuy_{i,t-1} + \beta X_t + h_i + \varepsilon_{it},$$
$$X = \{Jsgl, LnTna, Index, Jsgl \times Index, Lev, Jsgl \times Lev, Inst, Jsgl \times Inst\} \tag{6.4}$$

式中：交叉项 $Sgl \times Lev$ 和 $Sgl \times Index$ 分别考察对于不同杠杆水平和不同类型的基金中，基金经理买卖股票行为对基金流量敏感度是否有所不同，交叉项 $Sgl \times Inst$ 则考察对于不同持有人结构的基金中，基金经理买卖股票行为对基金流量敏感度是否有所不同。Frino 等（2009）的研究指出，当基金的杠杆率提高时，其买卖股票行为对于基金流量敏感度降低，这是因为其可以通过调节自身杠杆率来满足资金需求。因此，若这一理论正确，则 $Sgl \times Lev$ 的系数应当为负。同时，由于指数型基金应当以更高的仓位投资于目标指数从而减小跟踪误差，因此 $Sgl \times Index$ 的系数应当为正。最后，对于持有结构与基金买卖股票行为的关系，主要考虑到机构持有者作为市场中的信息优势方，其持有的基金比例代表了对于后市走势的判断以及对于该基金投资策略的认可程度。因此，机构持有比例高的基金，代表了投资者更看好该基金的未来表现，因此该基金应增加其买卖股票行为对基金流量的敏感度以更大程度地实现其投资策略，$Sgl \times Inst$ 的系数应当为正。

由于该模型中，因变量的滞后项同样作为解释变量，因此使用动态面板广义矩估计法（GMM）对模型进行估计。

（二）样本数据

本章使用平衡面板分析方法。在第一部分实证模型中，使用季度时间序列数据，选取在2006年以前成立的股票型开放式基金共42支，统计时间为2006年第一季度至2010年第四季度。同时，为刻画不同市场环境下投资者基金投资行为变化和基金经理投资决策差异，将样本区间进一步划分为市场牛市阶段（2006年一季度至2007年三季度）、熊市阶段（2007年四季度至2008年四季度）和震荡市阶段（2009年一季度至2010年四季度）。在第二部分实证模型中，由于基金买卖股票金额的数据仅在半年报中进行披露，因此使用的是以每半年为时间间隔的时间序列数据，采用与第一部分模型相同的42只基金样本，统计时间为2006年上半年到2010年下半年共10个时间序列。数据来源为wind金融数据库。

（三）变量选择

1. 基金行为变量。本章的研究重点为基金投资者的申购赎回行为如何对基金经理的投资行为产生影响。在如何刻画基金经理的投资行为这一问题上，本章的两部分模型主要从两个角度阐述，即基金的现金持有比例与股票买卖金额。

本章第一部分模型以基金的现金持有比例（*Cash*）代表基金的投资选择行为。证券投资基金持有的现金至少拥有三方面作用，即：满足投资者的赎回需求；用于支付管理费等其他费用；以及用于基金收益的分配。基金的现金比例体现了基金经理的择时能力，因此基金的现金比例作为中间变量，既能够反应投资者的申购赎回行为对于基金投资行为的影响，也能够考察基金行为与市场收益率之间的相互关系。

本章第二部分模型以基金的买入、卖出股票金额占平均净资产的比例作为基金投资行为的代理变量。Edelen（1999）指出，基金的证券买卖行为主要由两种因素驱使。第一为流动性驱动交易，主要引起基金买卖股票总额的变化。第二为信息驱动交易，其引起的交易主要体现为基金持有股票的配置比例的变化。因此，能够通过基金的买入卖出股票总额考察基金流量对于基金投资行为的影响。

2. 基金流量变量。基金流量将影响基金对于不同证券的配置决定。Massa和Phalippou（2005）的研究发现，当基金面对大量净申购时，将增加其组合的流动性以应对将来可能产生的大量赎回。同时，投资者的申购赎回行为也会引起资产配置的复杂化。为了更为直观地刻画基金流量，本章使用投资者每期的申购赎回比例作为基金流量的代理变量。Edelen（1999）指出，当使用半年期数据时，仅考察基金的净申购比例与股票净买入额不能准确考察基金流量与由此引起的资产交易之间的关系。因此，本章第二部分模型将分别研究每期的申购率、赎回率、净申购率与股票买入、卖出与净买入之间的关系。

3. 控制变量

（1）基金规模（*LnTna*）。作为重要的特征变量，基金规模大小往往影响基金经理的投资行为和投资者的选择行为（Nanda 等，2004）。在此，本章采用基金净资产的对数作为基金规模的代理变量。

（2）基金杠杆率（*Lev*）。为满足投资者的申购赎回需求或满足基金的投资目标，基金往往通过货币市场进行资金回购等业务调节自身杠杆率，以满足其资金需求。当基金杠杆率提高时，其买卖股票行为对于基金流量的敏感度降低（Frino 等，2009）。

（3）机构持有者占比（*Inst*）。作为数量少、资金量大的特殊基金持有人，机构持有者一旦出现巨额申购赎回行为将会对基金操作造成较大影响。例如，一旦机构持有者发生巨额申购，就会造成基金现金持有比例迅速提高，尤其在牛市环境会干扰基金经理投资策略，进而加大冲击成本。

（4）指数型基金虚拟变量（*Index*）。由于指数型基金的投资目标是模拟某一市场指数，从理论上讲，其应当以 100% 的仓位投资于目标资产。因此，对于指数型基金的基金经理而言，其买卖股票的操作对于申购赎回的敏感性应该大于普通股票型基金。

（5）市场指数收益率（*Rm*）。市场指数收益率与基金的现金持有量有密切关系。引入此变量的目的，是检验中国市场上基金经理对现金持有比例的决策选择是否受到市场收益率的影响。

（6）市场指数波动率（*Stdm*）。投资者往往是风险规避者，一般而言，在波动率大的市场中，基金经理往往提高现金持有比例来保持资产组合市值的稳定。本章使用 *Garch*（1，1）刻画上证指数时间序列，将所获得的条件标准差序列作为市场波动率的代理变量。

（7）投资者情绪指标（*Senti*）。本章将封闭式基金的平均折价率作为投资者情绪的代理指标。一般而言，折价率下降，意味着市场情绪的高涨（Elton 等，1998）。

表 6－1　　变量选择与定义

变量名	变量解释	变量定义
Cash	现金持有比例	现金总额/基金净资产
Buy	买入股票比例	买入股票总额/基金平均资产市值
Sell	卖出股票比例	卖出股票总额/基金平均资产市值
Jbuy	净买入股票比例	净买入股票总额/基金平均资产市值

续表

变量名	变量解释	变量定义
Sgl	申购率	申购份额/基金上一期总份额
Shl	赎回率	赎回份额/基金上一期总份额
Jsgl	净申购率	净申购份额/基金上一期总份额
LnTna	净资产规模	基金净资产的对数
Lev	基金杠杆率	（基金市值/基金净资产 -1） ×100
Inst	机构持有者占比	本期机构投资者持有比例
Index	股票型基金虚拟变量	若该基金为指数型基金，则 *Index* =1；否则，*Index* =0
Rm	市场收益率	期内上证综指收益率
Stdm	市场波动率	期内上证综指周收益率标准差
Senti	市场情绪	封闭式基金平均折价率；折价率 = 基金市价/基金净值 -1

4. 描述性统计。表6 -2 列示了本研究主要变量的描述性统计结果。从表可知，基金净申购率变量的中位数明显小于其平均值，意味着在某些样本或某些时间区间中，出现了大额申购的情况。这主要是由于在2005—2007 年的牛市中基金投资者大量申购基金而造成的。

表6 -2　变量的描述性统计

	平均值	中位数	标准差	最大值	最小值
Cash	6.93	5.75	4.75	30.69	0.32
Buyl	122.27	100.67	95.88	814.28	6.20
Selll	125.33	105.40	98.13	807.84	1.93
Jbuyl	-3.06	-4.27	23.61	187.14	-131.54
Sgl	45.49	10.54	151.42	2165.95	0.00
Shl	39.71	18.71	98.52	1158.76	3.51
Jsgl	5.78	-5.56	85.69	1438.45	-44.56
LnTNA	13.22	13.30	0.87	15.08	10.04
AggJsgl	-1.19	-2.45	11.93	26.95	-37.24
Lev	1.14	0.65	1.69	18.50	0.07
Inst	13.27	6.81	16.01	79.75	0.08
Index	0.16	0.00	0.36	1.00	0.00
Rm	-2.99	-8.04	37.46	62.53	-48.00
Stdm	2.07	1.93	0.51	2.82	1.52
Senti	16.42	17.49	5.69	23.16	8.46

6.3 实证检验与分析

（一）基于基金流量与现金持有比例关系的模型分析

本部分以基金流量与现金持有比例的关系为中心，考察投资者的申购赎回行为如何影响基金经理的投资决策。为检验模型的稳健性，考虑到基金净申购率和基金规模的滞后项可能会对现金持有比例产生影响，本章分别考察了在回归模型中是否加入变量的滞后项（即分为模型 A 和模型 B）作为解释变量对被解释变量即现金持有比例的影响。

表 6 –3　　基金流量与现金持有量关系的实证结果

	全部样本		牛市		熊市		震荡市	
	A	B	A	B	A	B	A	B
$Cash_{i,t-1}$	-0.504 **	-0.488 **	-0.469 **	-0.423 **	1.73	2.206	-0.369 **	-0.381 **
	(0.002)	(0.001)	(0.002)	(0.004)	(0.736)	(0.638)	(0.007)	(0.003)
$Jsgl_{it}$	0.003 *	0.002 *	0.005 *	0.002	0.298	0.264	-0.115 **	-0.099 **
	(0.056)	(0.065)	(0.037)	(0.150)	(0.748)	(0.668)	(0.004)	(0.004)
$Jsgl_{i,t-1}$	0.020 **		-0.001		-0.088		0.054	
	(0.002)		(0.557)		(0.885)		(0.405)	
$LnTna_{it}$	0.677	0.973 **	-1.733	1.396 **	3.799	-16.08	6.804	-0.963
	(0.471)	(0.004)	(0.174)	(0.019)	(0.964)	(0.680)	(0.362)	(0.100)
$LnTna_{i,t-1}$	-0.325		3.573 **		-12.35		-8.055	
	(0.765)		(0.006)		(0.885)		(0.282)	
Rm_t	-0.024 *	-0.017 *	-0.045 **	-0.055 *	-0.308	-0.182	0.128 **	0.088 **
	(0.073)	(0.074)	(0.048)	(0.068)	(0.699)	(0.839)	(0.041)	(0.039)
Rm_{t-1}	-0.040 **	-0.040 **	-0.048 **	-0.065 **	-0.638	-0.683	-0.063	-0.069
	(0.001)	(0.003)	(0.011)	(0.005)	(0.744)	(0.641)	(0.181)	(0.180)
$Stdm_t$	0.963	1.103 *	0.305	0.602	-54.62	-61.10	12.61 **	10.890 **
	(0.125)	(0.077)	(0.869)	(0.733)	(0.750)	(0.610)	(0.001)	(0.016)
$Sent_t$	-0.034	-0.016	-0.141 **	-0.117			-0.134	-0.098
	(0.331)	(0.679)	(0.043)	(0.134)			(0.553)	(0.700)
$Sent_{t-1}$	0.054	0.061	-0.026	-0.012			-0.102	-0.227
	(0.219)	(0.164)	(0.773)	(0.881)			(0.662)	(0.194)
AR（1）	0.052	0.031	0.004	0.088	0.885	0.652	0.019	0.040
AR（2）	0.208	0.269	0.243	0.072	0.912	0.682	0.361	0.274
Sargan	0.944	0.998	0.840	0.589	0.872	0.998	0.500	0.623
N	798	798	252	252	168	168	294	294

注：①**、*分别代表统计量在5%和10%的水平上显著，括号内为标准差。

②AR（1）、AR（2）分别为 Arellano – Bond 差分方程的一阶和二阶序列相关检验。AR（1）、AR（2）和 Sargan test 均给出了统计量所对应的 P 值。

表6－3给出了模型（1）的检验结果。在全部样本中，$Cash_{i,t-1}$系数显著为负，这表明现金持有比例的滞后项会对当期现金持有比例产生显著影响，也证实了使用动态面板进行模型分析的必要性和合理性。同时，显著负关系说明基金倾向于将现金比例保持在一个合理水平，即当期若现金比例过高，则将下调现金仓位，而若当期现金比例过低，则上调现金仓位直至合理水平。模型显示$Jsgl_{it}$系数为正且显著，这证实了Constantinides（1986）所提假设，即现实的投资中，基金经理并不会频繁调整现金持有比例，因此现金比例往往与基金流量存在稳定的正向关系。同时，$Jsgl_{i,t-1}$系数亦为正且显著，说明基金经理对于现金持有比例的调整还会受到投资者申购赎回行为的长期影响。同时，与Jain和Wu（2000）的研究结果相似，在模型B中我们发现基金当期规模与现金持有比例之间存在着显著正向关系，这是由于规模较大的基金消化投资者申购产生现金流的速度一般低于规模较小、投资灵活的基金所导致。

此外，Rm_t与Rm_{t-1}的系数显著为负，对此的解释是基金经理可能通过降低股票仓位，增加现金持有量以应对市场的下跌。这与Yan（2006）的研究结论不同，这说明在中国证券市场上基金经理通过不断调整现金持有比率和资产配置应对市场波动。同时，在模型B中，得到$Stdm_t$系数为正，反映了基金经理在面对剧烈市场动荡时，往往采取降低仓位、提高现金持有比例的行为来保护基金资产净值。此外，从模型Sargan检验值显示接受原假设，即模型工具变量联合有效，而AR（2）值也表明残差项不存在自相关，故模型形式设定正确。

与全部样本中使用的方法类似，我们又分别对牛市、熊市和震荡市中的数据进行了检验。在牛市样本中，$Jsgl_{it}$系数依然显著为正，符合我们的假设。同时，$LnTna_{it}$系数显著为正，体现了规模较大的基金可能由于被动的申购资金流入而拥有较高的现金持有比例，这在牛市中会对业绩造成负面影响。Rm_t与Rm_{t-1}系数与全部样本相同，依旧是显著为负，体现了现金持有比例与市场收益率之间的反向关系。此外，在牛市中$Senti_t$的系数显著为负。*Senti*是投资者情绪的代理变量，本章使用封闭式基金的平均折价率表示。*Senti*越低，则表示封闭式基金的折价率越低，即投资者情绪越高。这表明在牛市中投资者情绪高涨，投资者对于基金申购十分热情从而导致基金流量显著上升，基金的现金持有比例增加。熊市样本则呈现了完全不同的结果。我们发现在熊市中，基金的现金持有比例与基金流量、基金表现、市场收益率、投资者情绪都没有显著关系，这显示了在2007—2008年的大熊市中，投资者的投资行为出现了较大的差异，甚至出现了与经济规律悖离的“不理性”投资行为，从而造成实证结果的不显著。

震荡市样本的估计结果显示，$Jsgl_{it}$系数显著为负，这意味着当基金出现净申购时，基金经理将快速将现金投向市场从而增加股票仓位。结合 Rm_t 系数显著为正这一结果，我们发现，基金投资者和基金经理在震荡市中的投资方法与牛市、熊市存在着明显差异。在牛市中，投资者往往是越涨越买，熊市则是越跌越卖。而在震荡市中，投资者更青睐于波段操作而不是趋势操作，投资理念转为越跌越买，越涨越卖。因此，基金投资者往往在市场指数深度回调时，增加投资而出现净申购，基金经理则认为市场触底而加重股票仓位，减小现金持有比例，从而导致基金流量与现金持有比例的反向关系，以及现金持有比例与市场收益率之间的正向关系。同时我们发现，$Stdm_t$ 系数显著为正，这说明在震荡市中，由于市场环境变化较快，基金经理更加重视市场波动性，一旦市场波动性上升，将选择持有更多现金以防止资产损失。此外，震荡市的 $LnTna_{it}$ 与 $LnTna_{i,t-1}$ ，$Senti_t$ 与 $Senti_{t-1}$ 的系数均不显著。

（二）基于基金流量与基金股票买卖关系的模型分析

本部分主要考察基金流量怎样影响基金经理的股票买卖行为。Edelen（1999）指出，仅考虑基金的净申购比例与股票净买入额不能准确考察基金流量与由此引起的资产交易之间的关系。因此，本章分别考察基金的申购比例与股票买入额、基金的赎回比例与股票卖出额、基金的净申购比例与股票净买入额之间的关系。

表 6－4　　基金申购率与买入股票行为的实证结果

	模型 1	模型 2	模型 3	模型 4
$Buy_{i,t-1}$	－0.894** (0.001)	－0.672** (0.001)	－0.610 (0.001)	－0.853** (0.001)
Sgl_{it}	0.297* (0.072)	1.343** (0.006)	0.770** (0.019)	0.500* (0.052)
$LnTna_{it}$	－55.936** (0.029)	－83.67* (0.08)	－10.958 (0.837)	－10.784 (0.953)
$Index_{it}$	－636.686** (0.004)			－426.129** (0.015)
$Sgl_{it}\times Index_{it}$	0.217 (0.528)			0.828* (0.060)
Lev_{it}	48.086** (0.002)	49.871* (0.002)	50.554** (0.003	45.603** (0.001)

续表

	模型 1	模型 2	模型 3	模型 4
$Sgl_{it} \times Lev_{it}$	-0.101 * (0.061)	-0.370 ** (0.029)	-0.230 * (0.051)	-0.157 * (0.065)
$Inst_{it}$		-3.414 (0.352)		-1.238 (0.657)
$Sgl_{it} \times Inst_{it}$		-2.022 * (0.093)		-2.206 * (0.057)
AR（1）	0.030	0.042	0.153	0.151
AR（2）	0.467	0.270	0.433	0.324
Sargan	0.748	0.184	0.181	0.648
N	378	378	378	378

注：①**、* 分别代表统计量在 5% 和 10% 的水平上显著，括号内为标准差。

②AR（1）、AR（2）分别为 Arellano - Bond 差分方程的一阶和二阶序列相关检验。AR（1）、AR（2）和 Sargan test 均给出了统计量所对应的 P 值。

从表 6 -4 中可发现，Sgl_{it} 系数均显著为正，即基金投资者申购行为将导致基金经理股票买入率上升，这一结果是符合逻辑的，尤其在牛市中，由于基金申购行为将增加基金的现金持有比例，基金经理必须尽快将现金转化为股票从而减少现金对于收益率的稀释。$LnTna_{it}$ 的系数显著为负，这意味着规模越大的基金，其在一段时间区间内买入股票的比例越低，也意味着规模大的基金其持股的活跃度会有所下降。模型 4 中，$Sgl_{it} \times Index_{it}$ 系数显著为正，这与假设符合，即对指数型基金而言，由申购率上升所导致的股票买入额大于主动型基金，即指数型基金的基金经理对于投资者申购行为较为敏感。四组模型中，$Sgl_{it} \times Lev_{it}$ 系数均显著为负，这与假设相符，即当基金的杠杆率较大时，其由申购率上升所导致的股票买入额将小于杠杆率较小的情况。也就是说，基金的融资杠杆钝化了基金申购对基金经理股票交易造成的影响。模型 2、4 中，$Sgl_{it} \times Inst_{it}$ 系数显著为负，这与假设不符。对此的解释是，由于机构持有人资金量较大这一特征，较高的机构持有人比例增大了发生巨额赎回的可能性，一旦产生对基金以及基金持有股票的不利信息，则可能触动机构持有人的集中赎回行为。因此，当机构持有人比例较高时，基金经理往往降低用申购获得资金购买股票的比例来应对可能的集中赎回，从而增加基金投资的稳定性。

表 6-5 基金赎回率与卖出股票行为的实证结果

	模型 1	模型 2	模型 3	模型 4
$Sell_{i,t-1}$	-0.773 ** (0.001)	-0.797 ** (0.000)	-0.724 ** (0.001)	-0.762 ** (0.001)
Shl_{it}	0.330 * (0.083)	0.368 * (0.052)	0.367 ** (0.012)	0.373 * (0.058)
$LnTna_{it}$	-23.219 (0.622)	-100.511 ** (0.001)	-71.992 ** (0.016)	-76.339 * (0.050)
$Index_{it}$	-257.934 ** (0.007)			-114.791 (0.431)
$Shl_{it} \times Index_{it}$ *	-0.195 (0.429)			-0.154 (0.785)
Lev_{it}	55.078 ** (0.016)	49.178 ** (0.007)	22.848 ** (0.016)	54.948 ** (0.011)
$Shl_{it} \times Levit_{it}$ *	-0.060 * (0.077)	-0.090 ** (0.029)	-0.060 ** (0.040)	-0.087 ** (0.029)
$Inst_{it}$		-3.552 ** (0.024)		-3.735 (0.107)
$Shl_{it} \times Inst_{it}$		-0.492 (0.196)		-0.065 (0.941)
AR（1）	0.876	0.556	0.072	0.109
AR（2）	0.196	0.124	0.822	0.124
Sargan	0.938	0.618	0.155	0.911
N	378	378	378	378

注：①**、*分别代表统计量在5%和10%的水平上显著，括号内为标准差。

②AR（1）、AR（2）分别为 Arellano - Bond 差分方程的一阶和二阶序列相关检验。AR（1）、AR（2）和 Sargan test 均给出了统计量所对应的 P 值。

表6-5考察了基金赎回对于基金经理卖出股票的影响。Shl_{it} 系数均显著为正，这与假设相符，即基金投资者赎回基金份额将导致基金经理卖出股票的数量增加。这一结论是符合逻辑的，因为基金经理需要通过卖出股票来获得流动性以应对投资者赎回份额产生的现金需求，否则，基金则面临较大的流动性风险。表中结果显示，$Shl_{it} \times Index_{it}$ 和 $Shl_{it} \times Inst_{it}$ 系数不显著，即仅考虑赎回时，不同基金的指数投资特征和机构持有人比例与基金对投资者赎回行为的敏感度之间没有显著差异。$Shl_{it} \times Lev_{it}$ 系数显著为负，即杠杆率越高的基金对投资者赎回行为的敏感度越低，这一结论符合假设，也就是说，由于基金可以通过调节自身杠杆率来满足资金需求，因此杠杆率高的基金，在面

对份额赎回时所需要卖出的股票金额较小，即其对于基金流量的敏感度较低。

表 6-6　　基金净申购率与净买入股票行为的实证结果

	模型1	模型2	模型3	模型4
$JBuy_{i,t-1}$	0.170** (0.036)	0.131** (0.045)	0.119* (0.091)	0.109 (0.070)
$JSgl_{it}$	0.054** (0.024)	0.181** (0.048)	0.044* (0.077)	0.045* (0.089)
$LnTna_{it}$	31.623** (0.003)	25.647 (0.160)	33.754** (0.001)	19.186** (0.005)
$Index_{it}$	21.421 (0.216)			30.257* (0.077)
$JSgl_{it} \times Index_{it}$	0.086 (0.220)			0.079 (0.330)
Lev_{it}	9.504* (0.076)	14.649* (0.059)	11.246* (0.060)	7.540** (0.030)
$JSgl_{it} \times Lev_{it}$	-0.004 (0.768)	-0.007 (0.794)	0.009 (0.484)	0.002 (0.909)
$Inst_{it}$		-2.981** (0.043)		-0.754* (0.097)
$JSgl_{it} \times Inst_{it}$		-0.610 (0.226)		-0.076 (0.730)
AR（1）	0.064	0.223	0.047	0.029
AR（2）	0.574	0.984	0.574	0.531
Sargan	0.548	0.951	0.279	0.536
N	378	378	378	378

注：①**、*分别代表统计量在5%和10%的水平上显著，括号内为标准差。

②AR（1）、AR（2）分别为 Arellano-Bond 差分方程的一阶和二阶序列相关检验。AR（1）、AR（2）和 Sargan test 均给出了统计量所对应的 P 值。

表 6-6 考察了基金净申购率对于股票净买入比例的影响。在各模型中，$JSgl_{it}$ 的系数显著为正，即净申购率上升将导致基金的股票净买入比例上升。同时，与表 6-4、表 6-5 的结果不同，在考虑率净申购率时，我们发现 $JSgl_{it} \times Index_{it}$、$JSgl_{it} \times Lev_{it}$、$JSgl_{it} \times Inst_{it}$ 的系数均不显著，也就是说，在考虑不同杠杆、机构持有人比例以及不同类型的基金时，投资者申购基金对于基金买入股票的影响，与投资者赎回基金对于基金卖出股票的影响被相互抵消，从而导致结果不具有显著性。这也验证了 Edelen（1999）的观点，即仅考虑基金的净申购比例与股票净买入额不能准确考察基金流量与由此引起的资产交易之间的关系。

（三）模型的稳健性检验

为了验证上述结论的稳健性，在此我们进一步对上述研究模型进行了稳健性检验。基于一些学者在研究中指出的，可以使用净现金流来作为基金流量的代理变量这一观点（陆蓉等，2007），本章将基金流量变量使用净现金流（*flow*）进行替代，并重新进行了动态面板检验。其中，净现金流定义为：

$$Flow_{i,t} = NAV_{i,t} - NAV_{i,t-1}(1 + R_{i,t}) \tag{6.5}$$

式中：$Flow_{i,t}$ 为基金的净现金流；$NAV_{i,t}$ 为基金资产净值；$R_{i,t}$ 为基金净值增长率。实证结果见表6－7、表6－8。

在进行上述代理变量替换后，模型的显著性和变量系数估计值的正负与原始模型没有实质性差异，从而证明前文的检验结论是稳健的。

表6－7　　稳健性检验：基金流量与现金持有量的关系

	全部样本	牛市	熊市	震荡市
$Cash_{i,t-1}$	－0.335**	－4.91**	0.153	－0.404**
	(0.005)	(0.001)	(0.940)	(0.001)
$Flow_{it}$	0.108**	0.014**	0.101	－0.105**
	(0.003)	(0.036)	(0.897)	(0.037)
$Flow_{i,t-1}$	0.020**	－0.001	－0.119	0.051
	(0.010)	(0.772)	(0.117)	(0.139)
$LnTna_{it}$	1.582	－3.649*	18.123	3.990
	(0.554)	(0.079)	(0.689)	(0.595)
$LnTna_{i,t-1}$	－1.583	5.240**	－20.335	－5.400
	(0.562)	(0.003)	(0.562)	(0.493)
Rm_t	－0.033*	－0.042*	－0.464	0.153**
	(0.067)	(0.056)	(0.674)	(0.024)
	－0.34**	－0.050**	－0.051	－0.066**
	(0.002)	(0.011)	(0.821)	(0.037)
$Stdm_t$	8.15	0.660	－9.038	14.783**
	(0.207)	(0.711)	(0.851)	(0.012)
$Senti_t$	－0.49	－0.158**		－0.215
	(0.203)	(0.017)		(0.403)
	0.59	－0.028		－0.234
	(0.218)	(0.750)		(0.149)
AR（1）	0.085	0.039	0.969	0.009
AR（2）	0.187	0.184	0.258	0.906
Sargan	0.957	0.872	0.855	0.852
N	798	252	168	294

注：**、* 分别代表统计量在5%和10%的水平上显著，括号内为标准差。

表 6－8　　稳健性检验：基金净申购率与净买入股票行为

	模型 1	模型 2	模型 3
$JBuyl_{i,t-1}$	0.122 * (0.067)	0.110 ** (0.021)	0.199 * (0.074)
$Flow_{it}$	0.170 ** (0.002)	0.156 ** (0.025)	0.247 ** (0.001)
$LnTNA_{it}$	25.644 ** (0.007)	30.582 ** (0.001)	27.27 ** (0.001)
$Index_{it}$	91.874 (0.186)	105.125 (0.191)	
$Flow_{it} \times Index_{it}$	0.186 (0.264)	0.399 * (0.089)	
Lev_{it}	2.686 ** (0.035)	2.346 (0.629)	0.520 (0.901)
$Flow_{it} \times Lev_{i}t$	-0.020 (0.515)	-0.020 (0.533)	-0.022 (0.270)
$Inst_{it}$		-2.321 * (0.095)	
$Flow_{it} \times Inst_{it}$		-0.143 (0.897)	
AR（1）	0.002	0.003	0.030
AR（2）	0.144	0.130	0.179
Sargan	0.424	0.476	0.605
N	378	378	378

注：**、* 分别代表统计量在 5% 和 10% 的水平上显著，括号内为标准差。

7　背后机制挖掘：证券投资基金行为与市场质量作用机制分析

7.1　证券投资基金行为理性的进一步检验：基于市场情绪的分析

7.1.1　证券投资基金行为是否理性——基于市场情绪的研究视角

在对金融市场异象的研究中，行为金融学侧重以投资主体为研究对象，既融合了传统金融学以数学模型为基础的资产定价理论，又引入投资者的信念、情绪、行为等因素对资产定价的影响。投资者信念，作为一种主观概率或一种主观期望，受到投资者自身特性和外部信息冲击的影响。经过贝叶斯学习过程对信息的处理，投资者不断调整信念，产生先验信念和后验信念之分。信念的不断变化反映到市场中导致投资者情绪的变化，并最终影响到投资决策的选择。通过这个过程，投资者信念作用于市场，而市场收益的起伏又会反作用于信念。既有文献多从信念与市场收益、情绪与市场收益中的某一方面着眼，而本章的研究则试图构建从投资者信念到情绪再到市场波动的理论模型，论证投资者情绪、主观信念调整和市场波动之间的内在机制，并通过实证分析检验这三者之间的内在传导机制。

在行为金融领域，关于投资者情绪及市场波动的经典理论模型较为丰富，但是两者与信念结合的模型较少。Delong 等（1990）通过假设存在两种投资者（理性投资者、噪声交易者）与两种资产（安全资产与风险资产），建立起两种投资者的财富效用函数，并最终推导出 DSSW 资产价格模型，指出噪声交易者创造并承担风险，相比风险厌恶者获得更高的风险回报。Barberis 等（1998）假设只有一种资产，其收益服从随机漫步；只存在一类投资者，其存在一种信念；资产收益只分两种走势模式：均值回归及趋势叠加。投资者通过观察前一期资产收益及信息来判断未来收益的走势模式，在这一前提下建立起 BSV 资产价格模型，考察了对不同强度及不同比重的信息，投资者是反应不足还是过度反应。Daniel 等（1998）以行为金融学中的两种行为偏差过度自信和自我归功为基础，得出 DHS 模型，考察了不同类型的投资者的行为对资产定价的影响，得出投资者对私人信息过度反应，对公共信息却反应不足，连续的过度反应导致收益的正自相关，短期收益的正自相关与长期负自相关是一致的。Hong 等（1999）的 HS 模型中假设市场由两种有限理性交易者构成：信息观察者与动量交易者，同时信息在信息观察者中传播逐渐扩散，短期内信息观察者对新信息存在反应不足，为动量交易者提供套利机会，并在长期内使得价格过度反应。国内的学者中，张强等（2009）在 DSSW 模型基础上进行改进，假设理性投资者已知风险资产的收益分布，通过对噪声交易者的行为反向操作来最大化自身财富效用，并从模型中得出风险资产收益随投资者情绪波动而波动，且收益水平受噪声交易者情绪水平及其波动剧烈程度的影响。张胜平（2002）将投资者偏好、信念、信息联系起来，通过建立不同情境下的理论模型，分析证券价格的形成过程。李平、曾勇（2005）将情绪分为过度反应与反应不足、乐观与悲观，利用不完全理性学习过程建立了情绪与短期资产价格的数学模型，并进行了 MATLAB 仿真检验。王美今等（2004）在 DSSW 基础上进行改进，将噪声交易者进一步分为受情绪影响的噪声交易者及其他交易者，并通过 GARCH 实证检验，得出投资者处理信息时情绪系统性地影响均衡价格。张强等（2007）采用直接构造投资者的情绪方法，对中国股票市场的数据进行 GARCH－M（1，1）模型检验，得出机构投资者是影响证券价格的重要因素以及小盘股并不主要受个人投资者情绪影响。杨阳、万迪昉（2010）应用中国股市数据进行实证研究，发现投资者情绪对股票市场的收益并无显著影响，而股票收益却对投资者情绪的作用显著；同时投资者情绪对预期收益波动的冲击存在非对称效应，即牛市阶段股票收益与投资者情绪正相关，而熊市阶段则为负相关。Finte 和 Ruenzi（2012）应用主成分法构建综合情绪指标，以德国股票市场为例考察投资者情绪对股票市场收益率的影响，发现投资者情绪对市场未来收益并无预测效果。

此外，传统文献对投资者情绪对资产定价的研究，重点关注情绪对市场指数的影响。针对情绪对不同风格、不同行业股票价格的影响机制进行研究相对较少。近年来，国内外学者开始关注市场情绪变化对不同投资风格的影响或冲击。例如，刘莉亚等（2010）通过横截面数据采用市场情绪指标对 2001 年 8 月至 2007 年 5 月中国 A 股市场不同特征的公司影响进行研究发现，市场情绪对大市值、高市盈率和盈利能力强的投资组合影响弱于小市值、低市盈率和盈利能力差的投资组合。Hu 和 Wang（2012）运用中国股市数据研究投资者情绪对资产定价的影响，发现低账面市值比、高市盈率股受情绪影响显著，投资者情绪属于系统性风险。

从以上文献看，国内学者以往研究往往着重考察投资者情绪对市场收益的影响，而较少关注情绪、信念与市场波动机制方面的研究。在借鉴国内外既有学术成果的基础上，课题建立了投资者信念、情绪和市场波动的理论模型，并构建了投资者情绪指数和主观信念代理变量（股票型基金仓位），对中国股市的超额收益和市场波动进行实证，同时进一步分析不同风格的股票受情绪影响异同。

在此，我们研究的出发点，是拓展传统行为金融对市场情绪和市场波动的理论模型，通过投资者情绪、信念和市场波动的内在传导机制，并对投资者信念调整对中国股票市场波动的传导路径进行验证。在本章研究过程中，创新点主要体现为以下 3 点：（1）应用主成分分析，选取适合我国股票市场的情绪指标，构建情绪综合指数对投资者情绪进行度量；（2）引入主观信念变量，通过理论建模和实证研究对情绪和市场波动机制进行解析，对信念调整引致的市场异常波动路径进行刻画，即从“信念调整→投资者情绪→市场波动”的路径对市场行为进行研究；（3）从资产风格视角，解析投资者情绪对我国股票市场上不同资产风格的影响。

7.1.2 情绪、信念调整与市场波动：理论模型

在证券市场上，新信息通过何种途径引起市场波动？投资者期望收益的改变又是如何影响市场情绪变化，以及情绪变化引发波动？为了回答这些问题，我们试图构建“信息→信念调整→投资者情绪→市场波动”理论模型，说明投资者情绪、主观信念调整和市场波动的内在机制。

在此，我们假设投资者对风险证券的价格存在自认为“合理的”预期，而不断更新的风险证券价格，作为信息集，又反作用于投资者预期。具体而言，投资者对于风险证券的价格走势往往有自己的先验信念。通过不断分析新信息，来修正改变先验信念，得到后验信念，在此过程中，投资者情绪发生变化。情绪水平的高低和波动的频繁程度最终反映到风险证券的价格走势中。下面我们通过建立理论模型来分析这个过程。

与 DSSW 模型相同，假设市场上没有卖空机制，存在两类投资者，分别为机构投资者 A 和散户投资者 B，他们在市场上的比例分别为 γ 和 $1-\gamma$。存在两种资产：无风险资产和风险资产（以股票为代表）。无风险资产支付固定的红利 r；股票也定期支付相同的红利 r，股票供给弹性为 1。与 DSSW 模型不同之处在于，我们并非直接通过最大化预期效用来考察预期价格与当前价格之间的关系，而是创造性地将经典 DSSW 模型与贝叶斯学习过程有机结合，

把主观信念调整引入模型，更清晰地考察其在投资者处理信息并影响情绪的过程中所起的传导作用。这是本模型的创新之一。假设对于不同的投资者，股票价格 P_t 先验地服从条件正态分布 $P_t \mid \mu \sim N(\mu, \sigma^2)$。$\sigma^2$ 已知，μ 未知。本章参照 Grossman（1976）、Kyle（1989）等经典模型关于证券信息与收益之间的假设，即股价受到两种信息 ξ_t 和 ε_t 的影响，并对两种信息进行了统计学意义上的定性描述。ξ_t 代表基本面信息，来源真实可靠，$\xi_t \sim N(\mu_\xi, \sigma_\xi^2)$。$\varepsilon_t$ 代表噪音，包括一些并不真实可靠的传闻等，$\varepsilon_t \sim N(0, \sigma_\varepsilon^2)$。$\xi_t$ 和 ε_t 分布已知，且相互独立。假设 $\sigma_\varepsilon^2 > \sigma_\xi^2$，即噪音波动比基本面信息更频繁。

由于不同偏好导致两类投资者先验信念不同，进而反应到投资者对待损益的态度上。设投资者先验信念为 $\mu_i = \omega_i\xi + (1-\omega_i)\varepsilon$，$i = A, B$。$\omega_i$ 代表不同投资者对不同信息的重视程度，$\omega_i \in (0, 1)$。假设机构和散户对两类信息 ξ_t 和 ε_t 的偏好不同，机构投资者 A 更偏好 ξ_t，而散户 B 更偏好 ε_t。因此 $\omega_A > \omega_B$，$\omega_A > 1/2 > \omega_B$。假设先验信念服从正态分布，$\mu_i \sim N(\mu_{0,i}, \sigma_{0,i}^2)$，其中，$\mu_{0,i} = \omega_i\mu_\xi$，$\sigma_{0,i}^2 = \omega_i^2\sigma_\xi^2 + (1-\omega_i)^2\sigma_\varepsilon^2$。

两类投资者均采用贝叶斯学习过程来估计股票未来价格，即均为贝叶斯理性。通过分析 n 个历史数据 p_0，p_1，…，p_{n-1} 不断更新先验信息，进而调整信念，产生新的后验信念，即：

$$\mu_i \mid p_0, p_1, \cdots, p_{n-1} \sim N(E(p_{t+1,i}), \sigma_{t+1,i}^2), \quad i = A, B \tag{7.1}$$

经过推导，得：

$$E(p_{t+1,i}) = \frac{\sigma^2}{n\sigma_{0,i}^2 + \sigma^2}\mu_{0,i} + \frac{n\sigma_{0,i}^2}{n\sigma_{0,i}^2 + \sigma^2}\overline{P_m}, \quad m = 0, 1, \cdots, n-1 \tag{7.2}$$

式中：$\overline{P_m}$ 是 i 交易者已知的 m 个历史价格的平均值。

$$\sigma_{t+1,i}^2 = \frac{\sigma_{0,i}^2\sigma^2}{n\sigma_{0,i}^2 + \sigma^2} \tag{7.3}$$

对上式求导：

$$\frac{\partial\ \sigma_{t+1,i}^2}{\partial\ \omega_i} = \frac{2\sigma^2\sigma^2(\omega_i\sigma^2\xi + \omega_i\sigma_\varepsilon^2 - \sigma_\varepsilon^2)}{\{n[\omega_i^2\sigma_\xi^2 + (1-\omega_i)^2\sigma_\varepsilon^2] + \sigma^2\}^2} \tag{7.4}$$

由前文假设可知，$0 < \omega_B < 1/2 < \frac{\sigma_\varepsilon^2}{\sigma_\xi^2 + \sigma_\varepsilon^2}$，可见 ω_B 与 $\sigma_{t+1,B}^2$ 负相关。即若散户投资者能给予基本面信息更多关注，则有助于减少其信念的频繁波动。这个结论符合实际，且有一定的指导意义。对于 ω_A，只要其小于 $\frac{\sigma_\varepsilon^2}{\sigma_\xi^2 + \sigma_\varepsilon^2}$，当其越趋近于 $\frac{\sigma_\varepsilon^2}{\sigma_\xi^2 + \sigma_\varepsilon^2}$ 时，机构投资者 A 的信念波动越平稳。即机构投资者信念调整与其对基本面信息关注度密切相关。

下面，我们来推导股票的短期价格 P_t。假设投资者效用函数为 $U=-e^{-aW}$，a 为风险厌恶系数，W 为投资者 $t+1$ 期的财富。

最大化预期效用 $E(U)=-e^{-aE(W\mid p_0,p_1,\cdots,p_{n-1})+\frac{a}{2}D(W\mid p_0,p_1,\cdots,p_{n-1})}$，等价于求 $W-\frac{a}{2}\sigma_W^2$ 最大化。

$$W-\frac{a}{2}\sigma_W^2=c_0+X_t[r+E(p_{t+1})-p_t(1+r)]-\frac{a}{2}(X_t)^2\sigma_{E(p_{t+1})}^2 \quad (7.5)$$

最大化后得，风险证券最优持有量：$X_t=\dfrac{r+E(p_{t+1})-p_t(1+r)}{a\sigma_{E(p_{t+1})}^2}$

由于风险资产总供给为 1，$\gamma X_{t,A}+(1-\gamma)X_{t,B}=1$，令 $a_A=a_B=1$，得到：

$$p_t=\frac{r}{1+r}+\frac{\gamma\sigma_{E(p_{t+1},B)}^2\times E(p_{t+1,A})+(1-\gamma)\sigma_{E(p_{t+1},A)}^2\times E(p_{t+1,B})-\sigma_{E(p_{t+1},A)}^2\sigma_{E(p_{t+1},B)}^2}{(1+r)[\gamma\sigma_{E(p_{t+1},B)}^2+(1-\gamma)\sigma_{E(p_{t+1},A)}^2]} \quad (7.6)$$

我们考察信念波动对股票短期价格的影响：

$$\frac{\partial p_t}{\partial\sigma_{E(p_{t+1},A)}^2}=\frac{\gamma\sigma_{E(p_{t+1},B)}^2\{(1-\gamma)[E(p_{t+1,B})-E(p_{t+1,A})]-\sigma_{E(p_{t+1},B)}^2\}}{(1+r)[\gamma\sigma_{E(p_{t+1},B)}^2+(1-\gamma)\sigma_{E(p_{t+1},A)}^2]^2}$$
$$\frac{\partial p_t}{\partial\sigma_{E(p_{t+1},B)}^2}=\frac{(1-\gamma)\sigma_{E(p_{t+1},A)}^2\{\gamma[E(p_{t+1,A})-E(p_{t+1,B})]-\sigma_{E(p_{t+1},A)}^2\}}{(1+r)[\gamma\sigma_{E(p_{t+1},B)}^2+(1-\gamma)\sigma_{E(p_{t+1},A)}^2]^2} \quad (7.7)$$

观察以上两式可知，若机构 A 信念波动与股价正相关，则须有：

$$E(p_{t+1,B})-E(p_{t+1,A})>\frac{\sigma_{E(p_{t+1},B)}^2}{1-\gamma}>0 \quad (7.8)$$

则 $E(p_{t+1,A})-E(p_{t+1,B})<0$，即散户 B 信念波动与股价负相关，反之亦然。进而得到以下结论，机构和散户两者中，对未来预期更悲观（对下期股价预期 $E(p_{t+1})$ 低于另一方）的一方，其信念波动与价格正相关。对未来预期更乐观一方，其信念波动与价格负相关。若机构希望使其信念波动（机构投资者信念波动与其情绪波动相同，见下文）与股价正相关，则其预测的下期股价至少应小于散户所预期的下期股价与 $\dfrac{1}{(1-\gamma)\left[\dfrac{1}{\omega_B^2\sigma_\xi^2+(1-\omega_B)^2\sigma_\varepsilon^2}+\dfrac{n}{\sigma^2}\right]}$ 之差。此时机构 A 必须知道市场上散户比例 $(1-\gamma)$、散户的信息偏好 ω_B。

下面，我们把情绪指标引入短期价格公式中。张强、杨淑娥（2009）将情绪定义为预期价格与资产基础价值间的差，且资产基础价格为常数 1。这与现实存在偏差，即资产基础价格并不一定恒为常数。不同于既有文献，本研究将情绪定义为下期期望价格与先验信念均值的差，先验信念服从正态分布，$\mu_i \sim N(\mu_{0,i}, \sigma_{0,i}^2)$ 。对于机构 A，其情绪为：

$$\rho_{t,A} = E(p_{t+1,A}) - \omega_A \mu_\xi \tag{7.9}$$

散户情绪往往受机构上一期情绪影响，故散户情绪中加入了机构滞后一期的情绪指标。

$$\rho_{t,B} = q\rho_{t-1,A} + E(p_{t+1,B}) - \omega_B \mu_\xi, \quad q > 0 \tag{7.10}$$

则机构 A 情绪波动即 $\sigma_{\rho_A}^2 = \sigma_{E(p_{t+1},A)}^2$ ，相当于其信念波动。假设 $E(p_{t+1,B})$ 和 $E(p_{t,A})$ 不相关，可得散户 B 情绪波动 $\sigma_{\rho_B}^2 = \sigma_{E(p_{t+1},B)}^2 + q^2\sigma_{\rho_A}^2$ 。可见，由于受到机构情绪影响，散户情绪波动比其自身信念波动更频繁。联立以上各式可得：

$$p_t = \frac{r}{1+r} + \frac{\gamma(\sigma_{\rho_B}^2 - q^2\sigma_{\rho_A}^2)(\overline{P_m} - \frac{\sigma^2\rho_{t,A}}{n\sigma_{0,A}^2}) + (1-\gamma)\sigma_{\rho_A}^2[\overline{P_m} + \frac{\sigma^2(q\rho_{t-1,A} - \rho_{t,B})}{n\sigma_{0,B}^2}] - \sigma_{\rho_A}^2(\sigma_{\rho_B}^2 - q^2\sigma_{\rho_A}^2)}{(1+r)[\gamma\sigma_{\rho_B}^2 + (1-\gamma-\gamma q^2)\sigma_{\rho_A}^2]} \tag{7.11}$$

可见，投资者当期情绪水平（无论是机构还是散户）均与股票当期价格负相关；机构投资者上期情绪水平与当期股价正相关。另外，投资者情绪波动对价格也有直接影响。

如果我们用 P_t 减去 P_{t-1}，则可以得到下式：

$$\Delta P_t = \frac{\gamma(\sigma_{\rho_B}^2 - q^2\sigma_{\rho_A}^2)\Delta\rho_{t,A} + (1-\gamma)\sigma_{\rho_A}^2[\Delta\rho_{t,B} + \frac{\sigma^2 q\Delta\rho_{t-1,A}}{n\sigma_{0,B}^2}]}{(1+r)[\gamma\sigma_{\rho_B}^2 + (1-\gamma-\gamma q^2)\sigma_{\rho_A}^2]} \tag{7.12}$$

从上式可以看出情绪变化量对股票价格变化的影响。通过比较 $\Delta\rho_{t,A}$ 和 $\Delta\rho_{t,B}$ 的系数大小来判断哪种投资者的情绪变化对股价变化冲击更大。略去计算过程，可得到以下结论：$\omega_A + \omega_B < \frac{\sigma_\varepsilon^2}{\sigma_\xi^2 + \sigma_\varepsilon^2}$ 且 $\gamma > 1/2$ 是机构投资者情绪变化比散户情绪变化对股价涨跌影响更大的充分非必要条件。

综上所述，市场信息带来投资者信念的调整，并通过投资者情绪反映到市场波动中。下面，我们采用国内数据对我国投资者信念、情绪与股票市场收益波动进行多元回归实证分析，并考察不同风格资产波动率与市场整体信念、情绪的关系。

7.2 投资者情绪、基金信念调整与市场冲击

（一）变量与数据

1. 投资者情绪指标（*SENT*）。本研究通过引入6个情绪代理变量，采用主成分分析法（PCA），构建投资者情绪指标（SENT）。代理变量包括：

（1）封闭式基金折价率。该指标是投资者情绪基本代理变量之一，本研究采用封闭式基金月末折价率加权平均值。

（2）市场换手率。该指标是场内投资者情绪代理变量，本研究采用市场整体交易量和流通市值之比衡量市场换手率，以此说明股市交易频繁程度，换手率越高，市场情绪水平越高。

（3）投资者新增开户数。该指标是场外人士的市场情绪，该指标越高表示场外人士入市动力越强，市场情绪越高。

（4）上涨下跌家数比。该指标采用统计区间内上涨家数与下跌家数的月度比值。

（5）A股平均市盈率。市场估值水平高低是投资者情绪变化的市场表现，在此引入市盈率指标作为A股市场情绪代理变量之一。

（6）上证指数振幅。本研究采用上证指数的振幅作为市场情绪代理变量。

以上所有数据来自wind金融数据库，均为2006年6月至2011年11月的月度数据。本研究采用主成分分析将上述6个情绪变量进行降维处理，在损失较少数据信息的基础上，提取出其中相同的受到情绪影响的部分，把多个情绪指标转化为投资者情绪综合指标。前4个主成分的累计解释百分比达到88.5%，可以很好地解释大部分信息。因此选取前4个主成分，按照各自解释百分比进行加权构造投资者情绪综合指标（SENT）。

表7-1　　情绪代理变量主成分分析

特征向量	1	2	3	4	5	6
封闭式基金折价率	0.008	0.791	-0.406	-0.019	0.452	0.061
换手率	0.583	-0.125	-0.216	-0.029	0.116	-0.764
市盈率	0.276	0.252	0.811	-0.360	0.269	-0.006
上涨下跌比	0.349	0.018	0.212	0.876	0.163	0.196
上证指数振幅	0.476	-0.396	-0.283	-0.304	0.342	0.572
新增开户数	0.485	0.370	-0.071	-0.093	-0.752	0.219
百分比	0.390	0.201	0.152	0.142	0.077	0.039
累计百分比	0.390	0.591	0.743	0.885	0.961	1.000
特征值	2.342	1.203	0.914	0.849	0.460	0.232

2. 信念调整变量：基金仓位（*FUNDS*）。股票型基金仓位在一定程度上可以代表机构投资者信念。基金仓位变动反映出机构投资者的期望收益在受到信息冲击后的调整。本章将仓位估计问题设定为以下最优：

$$MinTE = \frac{1}{T}\sum_{t=1}^{T}\left(IR_t - \sum_{i=1}^{N}\phi_i XR_{it}\right)^2 \tag{7.13}$$

$$\text{s.t.}\ 0.6 \leqslant \sum_{i=1}^{N}\phi_i \leqslant 0.95,\quad \phi_i \geqslant 0,\quad i = 1,2,3,\cdots,N$$

式中：TE 为某基金 T 个交易日内净值增长率与加权指数收益率之间跟踪误差的平均值（在此设 $T=20$）；IR_t 为第 t 期的基金净值收益率；XR_{it} 为指数 i 第 t 期的收益率；$\sum_{i=1}^{N}\phi_i$ 为要估计的基金仓位。通过模型（7.13）对开放式股票型基金的仓位估计结果如图 7－1 所示。

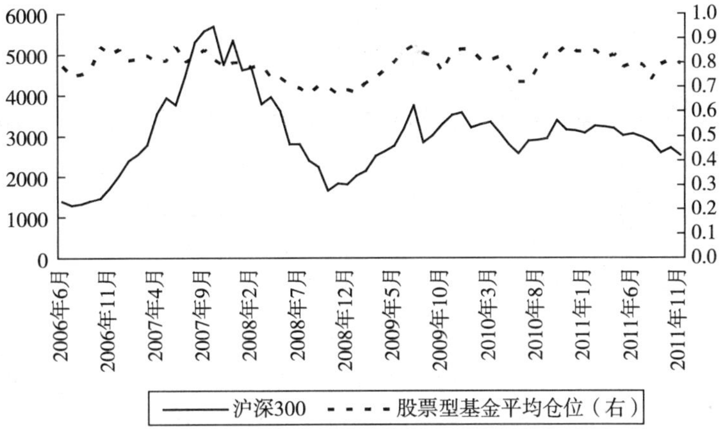

图 7－1 股票型基金仓位与沪深 300 股指走势

3. 主观风险溢价（*PREMIUM*）。投资者主观风险溢价的变化，是解释股市异常波动的重要因素（Campbell 等，2004）。本章采用沪深 300 指数月度收益波动率与上证国债指数月度收益波动率比值来间接测量投资者主观风险溢价，即公式表达为：

$$\text{Premium} = \frac{\sigma_{stock}}{\sigma_{bond}} \tag{7.14}$$

式中：σ_{stock}、σ_{bond} 分别为沪深 300 指数月度收益波动率与上证国债指数月度收益波动率。通过公式（7.14）计算出的中国证券市场主观风险溢价时间序列如图 7－2 所示，该图显示投资者的主观溢价水平和投资者情绪时间序列呈现负相关性。

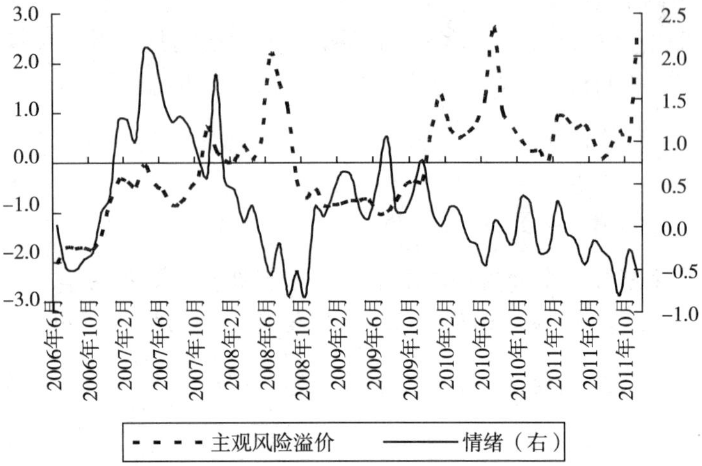

图 7－2　主观风险溢价与投资者情绪时间序列

4. 宏观经济变量。由于本章的数据频度为月度数据，与季度 GDP 数据频度不一致，在此采用工业增加值同比增速（*INDUSTRY*）、国内信贷同比增速（*CREDIT*）、超额流动性（*LIQUIDITY*）作为宏观控制变量。其中：

$$LIQUIDITY_t = M2_t - GDP_t - CPI_t \tag{7.15}$$

式中：$M2_t$ 为 t 期 $M2$ 货币供应量的同比增速；GDP_t 为 t 期所属季度国内生产总值同比增速；CPI_t 为 t 期消费者物价指数同比增幅。

5. 股票收益率和波动率。本章股票收益率（*RETURN*）及波动率（*VOLATILITY*）均指上证综指月度收益率及波动率。另外，不同风格资产多元回归中，指数标的采用申万风格指数。其中，资产收益率为对数收益率；波动率为连续 12 个月收益率标准差。

（二）实证检验与分析

1. 投资者情绪对市场收益率和波动性的冲击。为检验投资者情绪和主观风险溢价如何对市场收益率和波动率造成冲击，在此使用多元线性回归和脉冲响应函数进行验证。首先，采用 ADF 检验法对相关观测变量进行单位根检验，以防止“伪回归”问题。ADF 单位根检验显示，股票型基金仓位、投资者情绪、市场收益率、国内信贷同比增速、超额流动性以及所有申万风格指数收益率均为零阶单整 I（0）；市场波动率、主观风险溢价以及所有申万风格指数收益波动率均为一阶单整 I（0），一阶差分后接受平稳性假设，符合零阶单整 I（0）。

本章分别以市场收益率、市场波动率为被解释变量，其余变量为自变量进行多元回归，回归结果如表7－2所示。模型检验结果显示，在以市场收益率为因变量回归中，波动率在1%水平上存在显著的负向冲击，可见随着股市波动率提高，系统性风险增加，投资者避险情绪上升，进而导致市场期望回报率降低，这进一步验证了DSSW模型所提出的噪声交易者的情绪变化方向及幅度与资产定价相关，市场收益与投资者情绪往往存在正反馈机制。本研究实证表明，投资者情绪变量系数显著为正，这一结果与国外文献及我们之前的理论模型结论一致，即投资者情绪对市场收益率存在较强的推动作用：当投资者情绪高涨时，市场趋于乐观，股票市值偏离内在价值，股市收益率提高（Brown和Cliff，2005）。可见，投资者预期反作用于市场，最终导致预期自我实现并对资产价格波动产生影响。Lee等（2002）、Hu和Wang（2012）均认为投资者情绪是系统性风险因素之一，是资产定价过程中需要考虑的重要因素。本章实证结果显示，中国股市资产定价中同样需要将投资者情绪列为重要的系统性风险因素。同时，从代表机构投资者主观信念水平的基金持仓变量（*FUNDS*）看，投资者情绪转化为持仓行为从而对股市收益率具有推动效应。此外，从宏观经济控制变量检验结果看，反映经济基本面的工业增加值（*INDUSTRY*）变量并不显著，这说明中国股市收益率和波动率更主要受到情绪推动而非经济面直接驱动，正如前文模型所论证，基本面信息变化是通过改变机构投资者信念从而对证券市场趋势产生间接作用；信贷增速（*CREDIT*）检验结果显著且为负，这在很大程度上是由于近年我国货币当局执行逆周期信贷政策取向所引致；而超额流动性（*LIQUIDITY*）系数较为显著且为正，说明中国股市的流动性效应都非常明显，对股市收益率和波动率有直接的驱动效果。

表7－2各组模型显示，代表投资者主观信念水平的股票型基金仓位变量在5%水平上均显著且系数为正，说明投资者主观信念和市场收益率与波动率水平密切相关，市场收益增加会驱动机构投资者提升持仓水平，同时也会助推市场波动性增加，这也从另一个角度佐证了国内外学术界对机构投资者难以稳定市场的质疑（祁斌等，2006；何佳等，2007）。同时，从基金仓位和市场波动关系看，基金仓位调整与市场波动发生共振效应，这说明基金行为信息含量高，不仅能有效地提高股市对新信息的调整，同时能显著增加市场波动。基金仓位作为机构投资者信念的代表，对股市收益率及波动率均存在显著影响，但是对模型（1）、模型（2）及模型（4）、模型（5）分别比较发现，通过模型变换投资者情绪（*SENT*）这一变量会显著提高模型整体的解释力度，这说明基金仓位并不能完全反映市场情绪，而只是反映了市场中部分机构投资者的情绪。这与前文理论模型假设相符，即市场中的非机构投资者

的情绪对市场影响不可忽视，相反，非机构投资者情绪（即散户情绪）作用甚至大于机构投资者情绪。此外，模型（4）、模型（5）中投资者情绪对波动率存在正的显著性作用。即投资者情绪水平越高，市场波动性越大，这也与前文理论模型的推导结论相一致。

表 7－2 上证综指收益波动率、投资者情绪及基金仓位影响因素回归分析

	RETURN			D（*VOLATILITY*）		
	（1）	（2）	（3）	（4）	（5）	（6）
D（*VOLATILITY*）	-4.617***	-3.895***	-3.895***	—	—	—
CREDIT	-1.127***	-0.999**	-1.008**	-0.112***	-0.092*	-0.096**
D（*INDUSTRY*）	-0.330	0.299	-0.307	-0.054	-0.058	-0.022
FUNDS	0.665**	0.908***	0.632**	0.068**	0.070**	0.076***
LIQUIDITY	0.799***	0.672**	0.734***	0.061**	0.048	0.045
D（*PREMIUM*）	0.027	0.013		0.007***		0.007***
RETURN	—	—	—	-0.047***	-0.051***	-0.032***
SENT	0.083***		0.080***	0.005***	0.005**	
C	-0.376**	-0.564***	-0.366**	-0.038**	-0.042**	-0.045**
R－squared	0.4623	0.2296	0.4448	0.4223	0.2462	0.3415
F－statistic	7.0003***	2.8814**	7.7458***	5.9525***	3.1569***	5.0142***

注：***、**、* 分别代表在 1%、5%、10% 水平下显著。

为更直观观测投资者信念、情绪与市场波动率之间的关系和机制，我们在多元回归分析之后进一步通过脉冲响应函数进行验证。图 7－3 显示出滞后二期的市场收益对波动率变化达到最大的正冲击，图 7－4 则反映出投资者情绪对市场波动率短暂的负向冲击后是持续减弱的正向冲击。图 7－6～图 7－8 说明市场参与者与市场本身收益与波动之间是相互作用的，长期来看，市场波动会推高情绪水平，情绪水平的提高又会加剧市场波动，即两者之间存在正反馈机制。从图 7－5 波动率变化对投资者情绪冲击图看，波动率始终对情绪有着显著的正向冲击性，说明市场波动率变化越大，市场参与者操作越频繁，即情绪水平越高。图 7－6 揭示出市场波动率对收益率存在负冲击，并在 2 期后震荡减弱，这说明市场波动率变化会导致投资者主观信念调整，进而对市场收益率产生传递效应。图 7－7 显示滞后二阶的主观风险溢价变化短期内对投资者情绪存在显著的正向冲击，而图 7－8 显示投资者情绪对主观风险溢价变化几乎没有任何冲击，两图直观地验证了我们在前文理论模型中的假设：新信息首先影响投资者信念进而传导至市场情绪，而不是相反的路径。

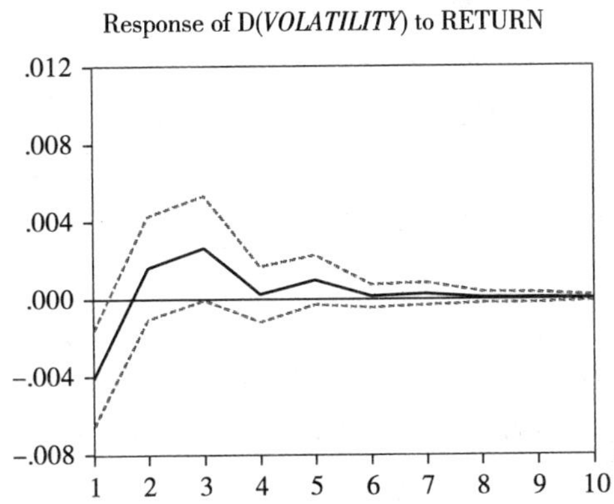

图7－3 收益率对波动率变化冲击图

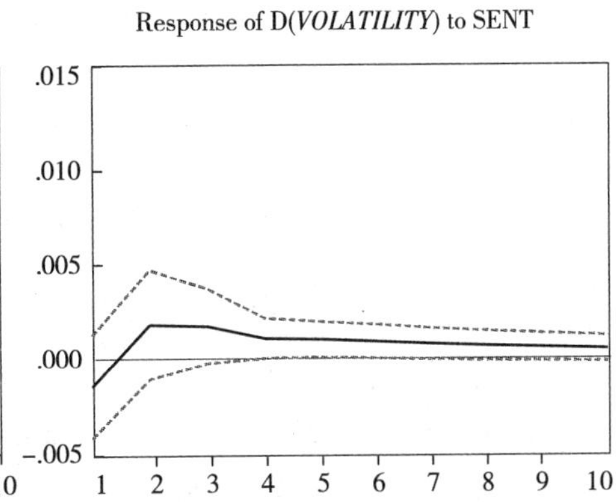

图7－4 情绪对波动率变化冲击图

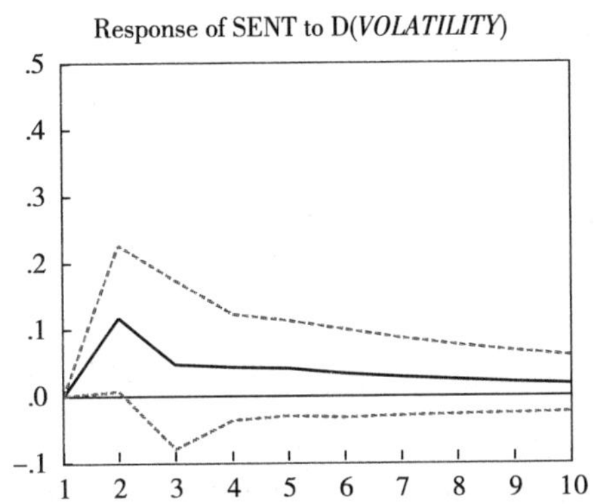

图7－5 波动率变化对情绪冲击图

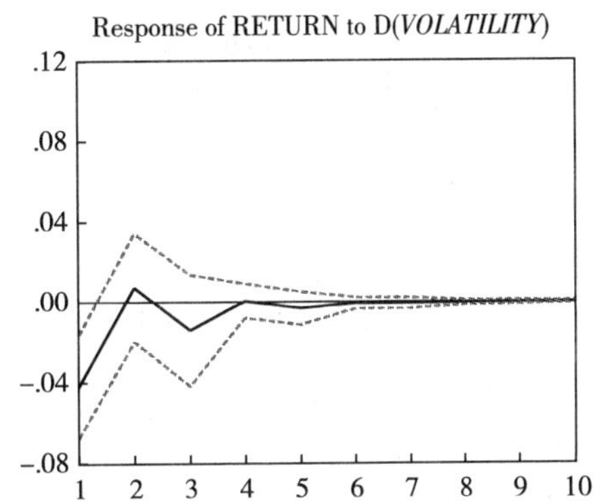

图7－6 波动率变化对收益率冲击图

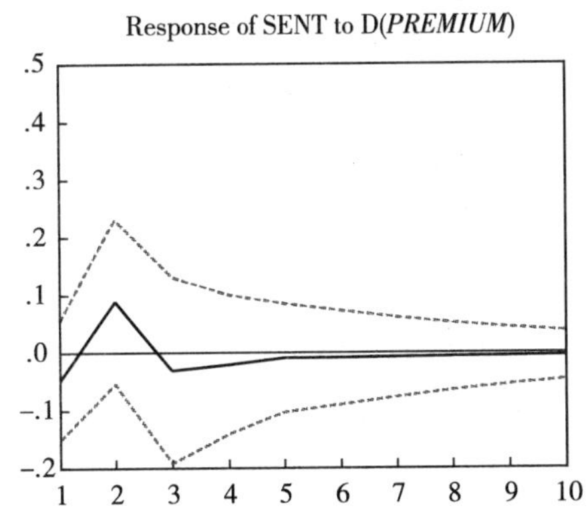

图7－7 主观风险溢价变化对投资者情绪冲击图

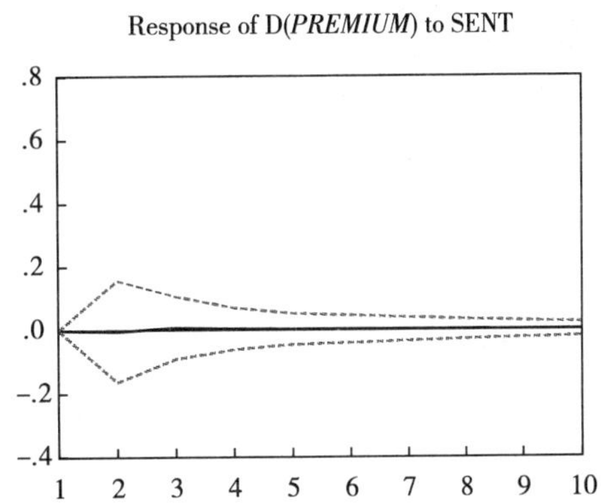

图7－8 情绪对主观风险溢价变化冲击图

2. 投资者情绪对不同风格资产收益率和波动性的冲击。采用申万风格指数分类，按照多元回归方法以不同风格指数波动率△*VOLATILITY* 为被解释变量进行多元回归分析，检验结果见表 7 - 3。侧重风格的投资者情绪检验结果与市场回归结果（见表 7 - 2）基本相符：市场收益率对市场波动率存在负的显著性影响，而主观风险溢价的一阶差分与投资者情绪均对不同风格资产产生显著正作用。

不同风格回归研究得出的结论与既有文献存在一定差异，为此本研究进一步对不同风格资产波动率影响因素进行回归分析。在市值风格分析中，投资者信念、情绪及股票型基金仓位对大盘股波动率影响更显著，即大盘股对情绪敏感度更高，这与 Baker 等（2006）得出的小盘股更易受到情绪影响的结论不同。剖析中国股市的投资者情绪风格效应“异象”，一方面说明在中国市场上，投资者情绪对大盘股的反应比对中小盘股更有效，大盘股更易形成一致预期，而中小盘的一致预期会较分散，基金持股和仓位（*FUNDS*）在很大程度上代表了机构投资者信念，股票型基金仓位变量与大盘股波动率密切相关；另一方面，在本章的特定研究区间（2006—2011 年）恰逢中国股市“蓝筹股泡沫”生成和泡沫破裂的过程，这与现实中大盘股往往也是基金等机构重仓股、受基金仓位波动影响较大有关，这一研究结论与刘莉亚等（2010）对 2001 年 8 月至 2007 年 5 月对中国股市特定投资风格的检验结论并不一致。超额流动性（*LIQUIDITY*）系数回归显著，说明流动性宽松往往向市场传递乐观情绪进而导致大盘股波动率增加。市盈率风格分析中，低 PE 的“便宜股”回归结果更理想。其收益率与波动率的负相关性更显著。即随着这种股票收益率不断提高，其股价波动率更易保持平稳波动。业绩因素分析中，投资者信念、情绪的变化对绩优股的波动率影响更显著。绩优股由于基本面良好，往往是价值投资者的首选，但其所受到市场主观风险溢价影响较显著。

表 7 – 3 不同风格资产波动率影响因素回归分析（Ⅰ）

	市值风格			市盈率风格			市净率风格		
	大盘股	中盘股	小盘股	高 PE	中 PE	低 PE	高 PB	中 PB	低 PB
RETURN	−0.057 ***	−0.037 ***	−0.031 **	−0.030 ***	−0.042 ***	−0.059 ***	−0.053 ***	−0.058 ***	−0.035 ***
CREDIT	−0.139 ***	−0.134 ***	−0.118 ***	−0.143 ***	−0.139 ***	−0.128 ***	−0.096 **	−0.156 ***	−0.138 ***
FUNDS	0.065 **	0.028	0.021	0.046 *	0.049 *	0.056 *	0.050 *	0.063 **	0.049 *
D(*INDUSTRY*)	−0.081	−0.103	−0.092	−0.104	−0.107	−0.054	−0.068	−0.084	−0.086
LIQUIDITY	0.082 ***	0.047	0.042	0.072 **	0.066 **	0.068 **	0.032	0.083 ***	0.064 **
D(*PREMIUM*)	0.008 ***	0.006 ***	0.005 ***	0.006 ***	0.007 ***	0.009 ***	0.005 ***	0.008 ***	0.007 ***
SENT	0.008 ***	0.007 ***	0.006 ***	0.008 ***	0.006 ***	0.009 ***	0.005 **	0.010 ***	0.009 ***
C	−0.032 *	−0.002	0.002	−0.016	−0.018	−0.026	−0.024	−0.028	−0.019
R – squared	0.4886	0.3811	0.3849	0.3789	0.4054	0.4787	0.4078	0.5417	0.3984
F	7.7786 ***	5.0151 ***	5.0949 ***	4.9684 ***	5.5520 ***	7.4769 ***	5.6081 ***	9.6251 ***	5.3922 ***

注：***、**、* 分别代表在 1%、5%、10% 水平下显著。

表 7 – 4　　不同风格资产波动率影响因素回归分析（Ⅱ）

	高低价股风格			业绩因素		
	高价股	中价股	低价股	亏损股	微利股	绩优股
RETURN	−0.071 ***	−0.038 ***	−0.046 ***	−0.039 ***	−0.038 ***	−0.062 ***
CREDIT	−0.132 ***	−0.125 ***	−0.194 ***	−0.156 ***	−0.181 ***	−0.133 **
FUNDS	0.074 ***	0.039	0.075 ***	0.057 **	0.067 **	0.062 *
D（*INDUSTRY*）	−0.073	−0.095	−0.127 *	−0.103	−0.138 *	−0.069
LIQUIDITY	0.078 ***	0.060 **	0.102 ***	0.077 **	0.092 **	0.074 **
D（*PREMIUM*）	0.006 ***	0.007 ***	0.005 **	0.004 *	0.005 **	0.008 ***
SENT	0.008 ***	0.007 ***	0.009 ***	0.008 ***	0.010 ***	0.009 ***
C	−0.040 **	−0.013	−0.032 *	−0.023	−0.027	−0.030
R – squared	0.5244	0.4387	0.4173	0.3507	0.3712	0.4015
F	8.9788 ***	6.3630 ***	5.8311 ***	4.3985 ***	4.8070 ***	5.4617 ***

注：***、**、* 分别代表在 1%、5%、10% 水平下显著。

3. 基于 GMM 的稳健性检验。为了保证检验结果的稳健性，本章采用 GMM 方法对表 7 – 2 中的 6 个模型进行了估计。GMM 稳健性检验结果基本证实前文结论，即收益波动率对股票指数的收益率存在显著的负向作用；情绪对收益率存在显著的正向作用（见表 7 – 5）。

表 7 – 5　　稳健性检验：基于 GMM 的估计结果

	RETURN			D（*VOLATILITY*）		
	（7）	（8）	（9）	（10）	（11）	（12）
D（*VOLATILITY*）	−5.348 ***	−2.315 **	−4.775 ***	—	—	—
CREDIT	4.675	1.661	2.873 *	0.874 *	0.608 **	0.895
D（*INDUSTRY*）	−4.048	0.318	−2.048	−0.757	−0.431	−0.698
FUNDS	−2.325	−1.901	−2.794 **	−0.435 *	−0.582 ***	−0.070
LIQUIDITY	−2.828	−0.739	−1.034	−0.529	−0.221	−0.580
D（*PREMIUM*）	−0.093	−0.145 ***		−0.017		−0.042 **
RETURN	—	—	—	−0.187 ***	−0.198 ***	−0.140 *
SENT	0.239 **		0.268 ***	0.045 **	0.055 ***	
C	2.153 *	1.446 *	2.416 **	0.403 **	0.503 ***	0.114
J 统计量	2.09E – 39	0.049	0.010	−5.44E – 37	0.010	0.024

注：***、**、* 分别代表在 1%、5%、10% 水平下显著。

（三）市场情绪与基金行为：基于2007年中国股市的特定区间讨论

前文通过构建理论模型论证投资者情绪、信念调整和市场波动之间的内在机制，考察投资者主观信念调整对投资者预期改变和市场冲击的过程。论文的理论分析和实证检验表明，市场上新信息通过改变参与者信念（预期）进而影响投资者情绪水平，并最终导致市场波动这一路径来逐渐被市场认知并反映。

为进一步论证投资者情绪对基金行为的影响，论证我国基金投资行为是否容易受到市场情绪的影响并存在高买高卖的正反馈效应，基金投资行为、市场情绪在市场剧烈波动期间如何变化？为说明上述问题，在此我们运用国内数据针对投资者情绪与股票市场价格变化的关系进行分阶段实证分析，具体采用 Lee、Shleifer 和 Thaler（1991）（LST）计量方法构建封闭式基金折价指数来衡量投资者情绪，利用上证综指来代表市场指数表示股票市场价格变化。我们构造了月度的封闭式基金价值加权的折价指数（a value－weighted index of discount，VWD），来测度国内投资者情绪，封基折价指数 VWD 越小则投资者情绪越高，反之亦然。计算方法如下：

$$VWD = \sum_{i=1}^{n_t} W_i DISC_{it}$$

其中，

$$W_i = \frac{NAV_{it}}{\sum_{i=1}^{n_t} NAV_{it}}, \quad DISC_{it} = \frac{NAV_{it} - SP_{it}}{NAV_{it}} \times 100 \qquad (7.16)$$

式中：NAV_{it} 为基金 i 在每 t 期末的净资产值；SP_{it} 为基金 i 在每 t 期末的交易价格；n_i 是可获得 $DISC_{it}$ 的封闭式基金数目。

根据以上公式，我们计算出2007年我国证券市场投资者情绪和市场指数指标序列（见图7－9）。从统计指标看，投资者情绪在很大程度上受到市场指数的影响，在直观上可以观测到两者存在一致性的关系。

为验证投资者情绪与市场指数指标序列之间的内在关联，在此应用 Granger 进行检验。从基金仓位变化 *Position*、投资者情绪 *Sentiment* 与上证指数涨幅 *Index* 之间的成对 Granger 因果检验结果来看，市场指数和投资者情绪之间，以及市场指数和基金仓位之间存在明显的互为因果的关系；从2007年全年度数据看，基金仓位变化与投资者情绪指标之间因果检验关系并不显著（见表7－5）。然而，从图7－9、图7－10看，投资者情绪在2007年“5·30”前后存在着显著性差异，在“5·30”之前基金采取负反馈策略，而“5·30”之后则采取正反馈策略，因此，为了更有效地检验基金仓位变化与投资者情绪指标之间的内在关系，我们有必要以“5·30”为时间窗口划分

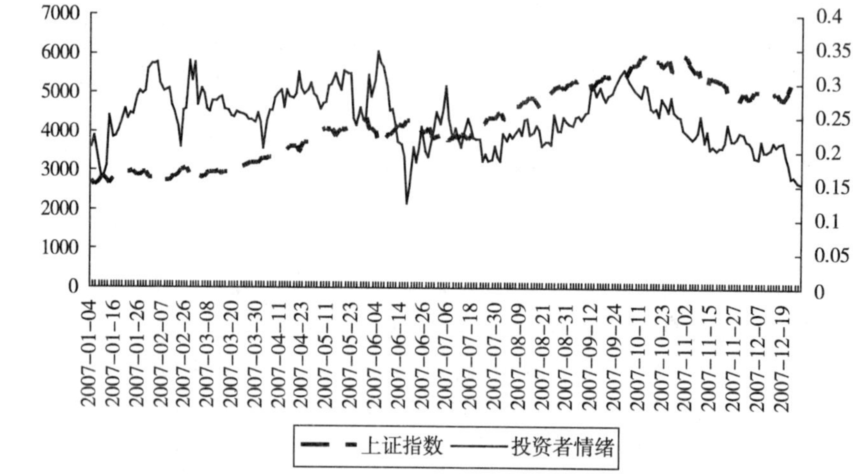

图 7 - 9　2007 年的中国 A 股市场情绪与股市波动

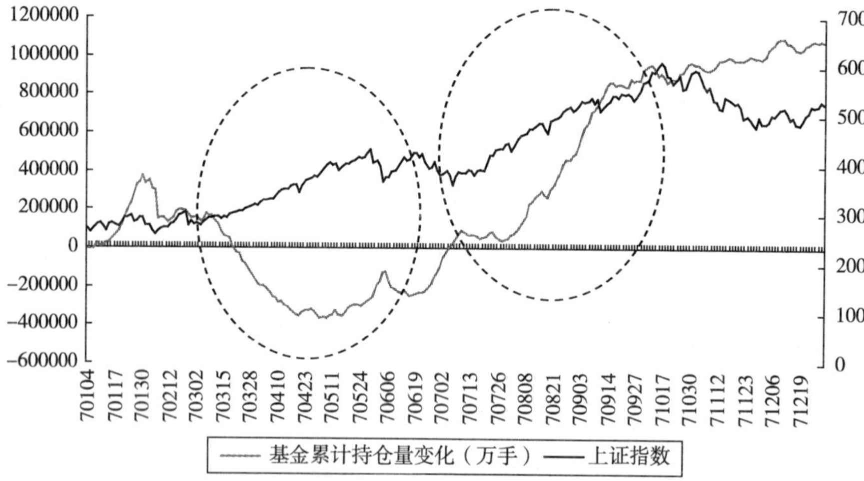

图 7 - 10　情绪感染与基金持仓

为两阶段进行检验，检验结果见表 7 - 6。从分段检验看，“5 · 30”前后的基金加减仓行为与市场情绪存在显著性差异，从而证实了我们对基金行为受到市场情绪影响的判断，即“5 · 30”之前市场情绪和基金仓位变化之间并没有显著的 Granger 因果关系，而“5 · 30”之后市场情绪明显导致了基金仓位变化，市场情绪和基金仓位变化之间存在显著的 Granger 因果关系。

表 7-6 市场情绪和基金仓位的 Granger 因果关系检验

零假设	F 统计量	Probability
Position 不是 *Sentiment* 的 Granger 原因	1.3496	0.1763
Sentiment 不是 *Position* 的 Granger 原因	1.2827	0.2162
Index 不是 *Sentiment* 的 Granger 原因	1.8343	0.0325
Sentiment 不是 *Index* 的 Granger 原因	1.8825	0.0270
Index 不是 *Position* 的 Granger 原因	1.5252	0.0993
Position 不是 *Index* 的 Granger 原因	1.5772	0.0830

表 7-7 市场情绪和基金仓位的分阶段 Granger 因果检验

零假设	F 统计量	Probability
(a) 阶段Ⅰ (2008.3.1~2008.5.31)		
Position 不是导致 *Sentiment* 的 Granger 原因	1.16433	0.34761
Sentiment 不是导致 *Position* 的 Granger 原因	0.74505	0.65179
(b) 阶段Ⅱ (2008.6.1~2008.10.31)		
Position 不是导致 *Sentiment* 的 Granger 原因	1.25162	0.28135
Sentiment 不是导致 *Position* 的 Granger 原因	2.03002	0.05366

7.3 中国证券投资基金行为与市场质量作用机制

7.3.1 基金持有人结构对证券投资行为的制约

从上述基金行为对市场质量的实证看，中国证券市场上基金投资行为受到市场情绪和正反馈效应的推动，证券投资基金非理性特征较为明显，市场质量不高在很大程度上是由于机构投资者行为及结构所致。开放式基金的运作和投资，越来越受到基金持有人的投资偏好的行为的影响，从而导致中国开放式基金投资者结构性悖论的产生，即机构投资者投资理念日益受到散户投资者情绪的影响。2005 年以来，个人投资者明显加大了开放式基金的投资，成为开放式基金投资的主力。在基金持有人结构中，个人投资者持有比例在 2007 年末曾高达 89.84%，这一数字比 2005 年提升了 35.6 个百分点，2008 年之后个人投资者比重一度降低，但仍维持在 80% 左右的高位（见图 7-11、图 7-12）。我国基金持有人趋于散户化，个人投资者的短期行为极大地影响了开放式基金的投资运作，使得投资理念和投资行为并不具有长期性，而是热衷于波段操作。据统计，2007 年中国全部证券投资基金的平均持股时间仅

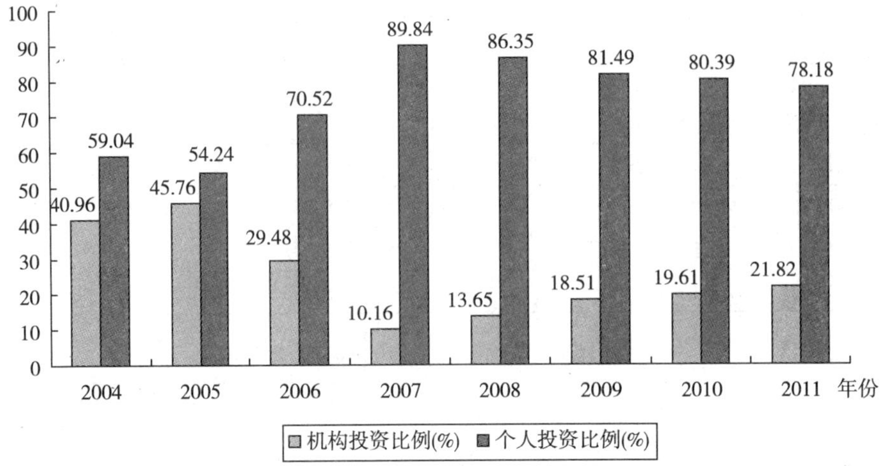

数据来源：天相金融数据库。

图 7-11　中国基金持有人结构

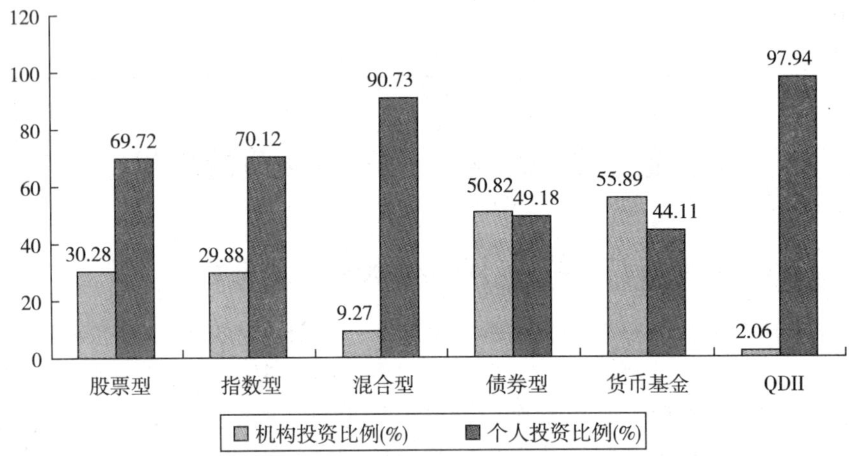

数据来源：天相金融数据库。

图 7-12　不同投资风格基金持有人结构（2011）

为0.19年，最短持股时间为0.02年（见图7-13）。一旦投资者的预期发生改变，特别是预期市场下跌时，可能发生大面积的赎回行为，迫使基金卖出股票应对赎回压力，导致市场加剧下跌，并造成基金赎回和股市下跌的恶性循环。相对而言，美国基金投资人对短期市场波动的抗干扰能力较强。美国共同基金以机构投资者持有为主，基金资金来源的机构化保证了美国基金业的稳定发展，为基金管理人实施投资目标提供了持续性保障。根据美国投资公司协会（ICI）调查，60%的基金持有人表示将持有基金6年以上，35%的持有人的投资期限大于10年，委托人长期投资的理念使作为受托人的基金。稳定持股成为可能，从而为机构投资者长期投资理念的实现提供了现实性条件。

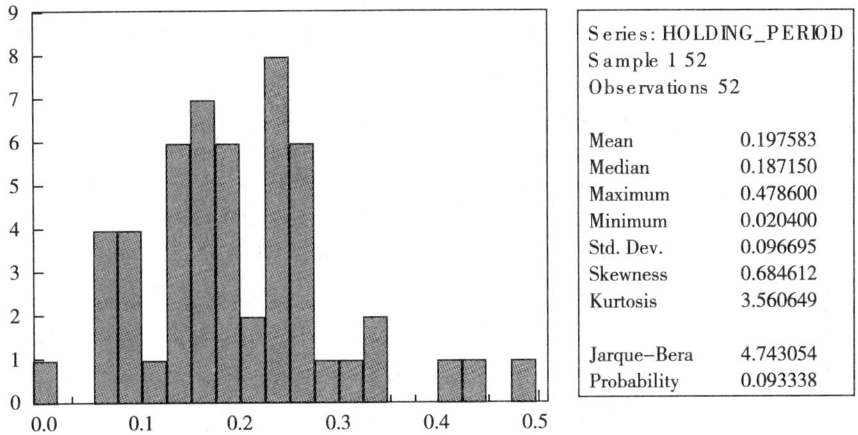

图7-13　2007年基金公司持股时间统计（单位：年）

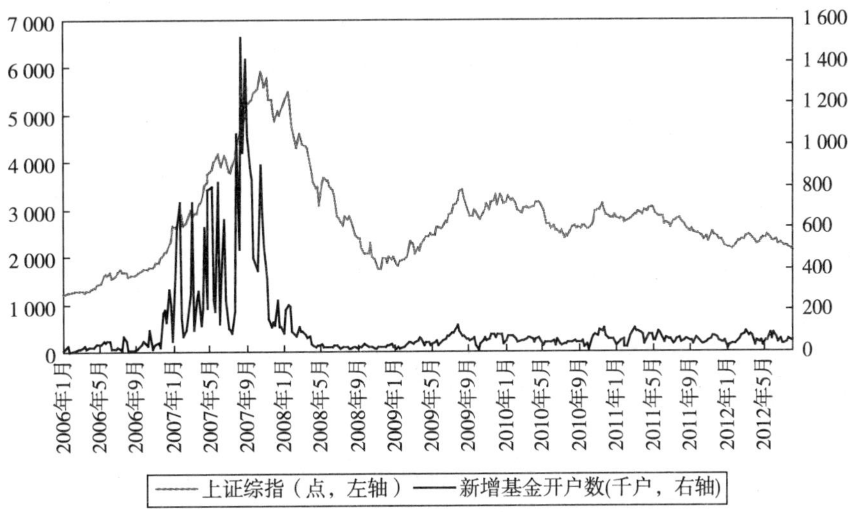

数据来源：中国证券登记结算有限责任公司。

图7-14　基金开户数与股票市场指数

中美两国投资人结构的悖论表明，机构投资者持有比率高低是基金规模稳定的重要前提，这间接决定了投资基金否具备长期的投资理念。基金行为追逐短期差价，则基金的赎回压力就大。海外证券市场和开放式基金赎回关系的大量研究表明，成熟市场上投资者更注重长期回报，具有理性投资的传统，因而更注重基金的业绩表现。Edwards 和 Zhang Xin（1998）研究发现美国市场上基金受到市场波动的影响较小。Jonathan 等（2004）对 1944—1995 年美国股票市场周期的研究发现，股市下挫并不必然导致基金赎回的增加。而在中国证券市场上，基金行为和市场波动存在互动关系和内在不稳定机制，基金持有人结构趋于散户化，并且在很大程度上受到市场行情和情绪的影响，从而导致中国证券市场长期投资理念的缺失和市场的异常波动。

7.3.2 机构投资者结构不合理对证券投资基金行为的影响

合理的机构投资者结构，是稳定市场机制发挥的重要前提和基础。从投资者结构角度看，我国股票市场不稳定的重要原因在于机构投资者发展不合理，机构投资者稳定市场的功能很难得到发挥。其中，机构投资者发展不合理主要体现在两个方面：一是开放式基金和封闭式基金发展的不协调性；二是过度注重证券投资基金的发展而忽略了市场其他机构投资者的培育。

由于受到赎回压力和流动性风险制约，开放式基金具有助涨助跌的特性，并不一定有利于市场稳定，而封闭式基金相对于开放式基金注重长期投资，尤其是股票市场处于剧烈震荡时期。然而，在中国证券市场上，近年开放式基金和封闭式基金发展一直不协调，封闭式基金规模和数量一直在萎缩，从 2003 年开始先后 23 只由封闭转为开放式基金和 3 只摘牌，截至 2007 年年底只有 33 只封闭式基金，封闭式基金市值占基金总规模的比重仅为 5.5%；2007 年之后，尽管封闭式基金数量有所增长，但大陆资本市场上基金结构并无明显改善，截至 2012 年 8 月，国内资本市场上共有封闭式基金 99 只，占同期全部基金份额的比重为 5.65%。而在美国市场上，基金规模从 2000 年的 69647 亿美元到 2007 年底的 119995 亿美元，年均增长 10.37%；而封闭式股票型基金数量从 2000 年的 123 只发展到 2007 年的 232 只，封闭式股票型基金数量增幅超过了同期基金总规模的增长幅度。

除了共同基金类型比重存在差异外，我国共同基金的风险结构也与海外市场存在巨大差别，这主要是风险偏好型投资品种比重高，稳健型基金比重偏低，这是直接导致中国资本市场波动偏高的重要原因。我国证券投资基金虽然在主要基金品种上已经与国外相差无几，但结构上仍存在较大的差别。我国证券投资基金中偏股型基金的占比超过 80%，高风险基金为主体，基金发展处于极度不均衡的状态。相比之下，美国共同基金中占比最大的是股票型基金和货币型基金，分别为 41% 和 37.4%。高风险和低风险基金相对均衡。我国证券市场投资者结构严重不合理，资金不稳定性较高。我国资本市场的投资者结构与海外资本市场有很大差异，资金不稳定的风险总体上远远大于海外市场。

表 7-8 美国共同基金资产结构分布 单位：10 亿美元

年份	股权基金	混合基金	债券基金	货币基金	总资产
1990	239.5	36.1	291.3	498.3	1065.2
1991	404.7	52.2	393.8	542.5	1393.2
1992	514.1	78.0	504.2	546.2	1642.5
1993	740.7	144.5	619.5	565.3	2070.0
1994	852.8	164.5	527.1	611.0	2155.4
1995	1249.1	210.5	598.9	753.0	2811.5
1996	1726.1	252.9	645.4	901.8	3526.3
1997	2368.0	317.1	724.2	1058.9	4468.2
1998	2978.2	364.7	830.6	1351.7	5525.2
1999	4041.9	383.2	808.1	1613.1	6846.3
2000	3962.0	346.3	811.1	1845.2	6964.7
2001	3418.2	346.3	925.1	2285.3	6975.0
2002	2667.0	327.4	1124.9	2272.0	6391.3
2003	3684.8	436.7	1240.9	2051.7	7414.1
2004	4384.0	519.3	1290.4	1913.2	8106.9
2005	4940.0	567.3	1357.4	2040.5	8905.2
2006	5911.4	653.1	1494.3	2354.8	10413.6
2007	6521.4	713.4	1678.9	3085.8	11999.5
2008	3708.1	494.2	1567.2	3832.3	9601.8
2009	4957.6	640.7	2206.2	3316.2	11120.7
2010	5666.6	738.9	2608.2	2803.9	11817.6
2011	5207.1	838.7	2886.4	2691.6	11623.8

资料来源：www.sifma.org.

在证券投资基金结构内部非均衡的同时，我国机构投资者结构之间的比例关系也不合理，社保资金、保险资金、企业年金投资资本市场的比例和规模都偏小，市场定价机制和监督反馈机制不能得到有效发挥。由于我国的机构投资者以开放式基金为主导，投资理念、操作手法的趋同性将导致严重的"羊群效应"，加剧市场的波动。根据 2008 年基金半年报统计，证券投资基金

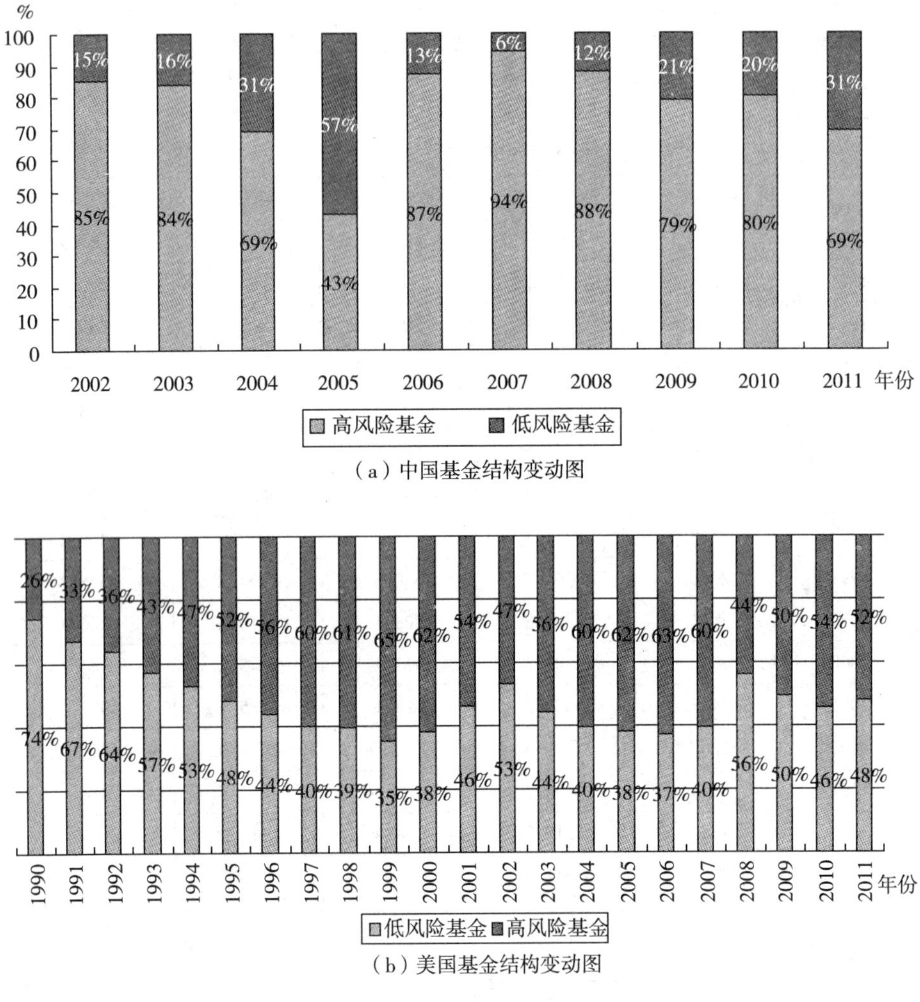

（a）中国基金结构变动图

（b）美国基金结构变动图

图 7－15　中美共同基金风险结构分析

所持股票的市值占市场流通市值的比重为 22.6%，约为机构投资者所持股票流通市值的 70%，而保险公司与社保基金所占比重仅为 5% 左右，这种机构投资者结构与西方市场养老基金、保险公司和共同基金协调发展格局形成了明显的差异（见图 7－16）。

从海外市场机构投资者结构看，养老基金（或社保基金）等长期稳定资金是资本市场机构投资者结构完善的重要标志。然而，考察我国的资本市场，价值投资理念难以形成，机构投资者缺乏长期持股动机，导致长期稳定资金如社保基金难以入市。长期以来，我国资本市场的股市低股息率状况意味着

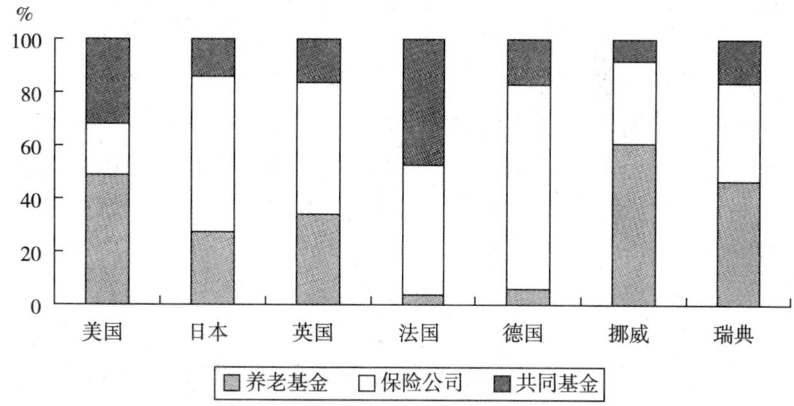

资料来源：美国证券业协会，《证券业和金融市场统计（2007）》。

图 7-16　海外主要资本市场机构投资者对比

投资者长期投资收益率较低，上市公司以及市场均缺乏长期投资吸引力，投资者更倾向于通过频繁操作获取股票价差赚取投资收益，这也是我国长期以来换手率高企不下的内在根源。从我国市场分红的实际数据看，2010 年全部 A 股公司股息率仅为 0.91%，上证综指股息率为 1.48%，这不但显著低于海外成熟市场标准普尔 500、德国 DAX、法国 CAC40 股息率，而且均显著低于定期存款利率 2.75% 水平（见图 7-17）。同时，当年股息率能够超过一年期

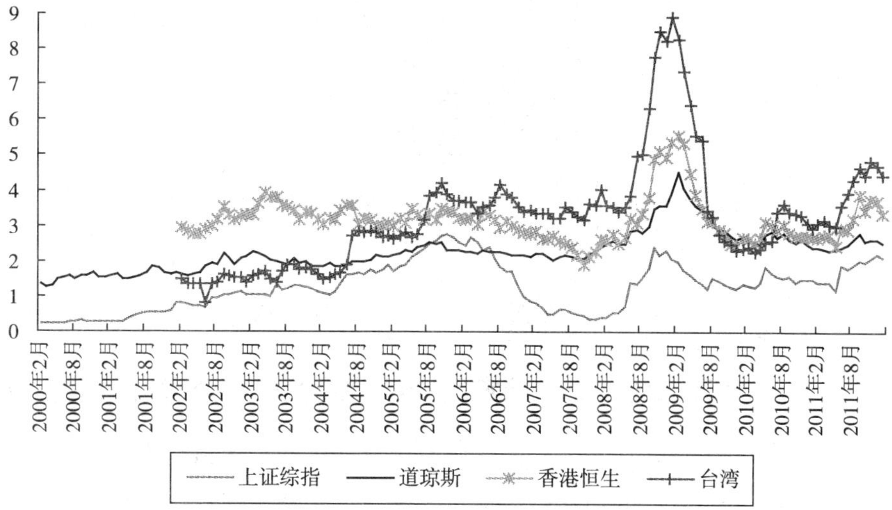

图 7-17　上证 A 股与海外市场股息率比较

定期存款利率的公司仅有42家。对于长期投资资金来说，股市整体股息率过低，风险资产无法获取风险溢价，甚至低于无风险资产回报，更无法跑赢物价涨幅，从而导致股票市场整体丧失了长期投资吸引力。从分红政策实施效果看，我国股票市场长期处于低股息率状态，上市公司分红不足，股市内在价值偏低。与发达市场比较，我国股市低股息率特征明显，即使以蓝筹股为主体的上证综指股息率在2001—2011年间平均仅为1.36%。过低的股息率水平，公司内含投资价值不足，投资者持有风险资产的长期回报率甚至无风险资产回报率（存款基准利率），价值投资理念难以倡导与实施。

虽然我国证券市场经历了20年的快速发展，但是市场仍然缺乏价值投资理念，市场的波动幅度大。中国证券市场不成熟的背后，其实与上市公司分红制度不完善存在重要的关联。一方面，从投资收益角度看，由于投资者缺乏稳定的、可预期投资收益，加大了投资者对资本利得的偏好，导致市场经常出现暴涨暴跌；另一方面，从市场参与者结构看，由于缺乏完善的红利制度体系，市场投机性强、波动大和风险难控，机构投资者结构相对单一，难以吸引保险资金、社保资金等长期稳定资金大规模入市。

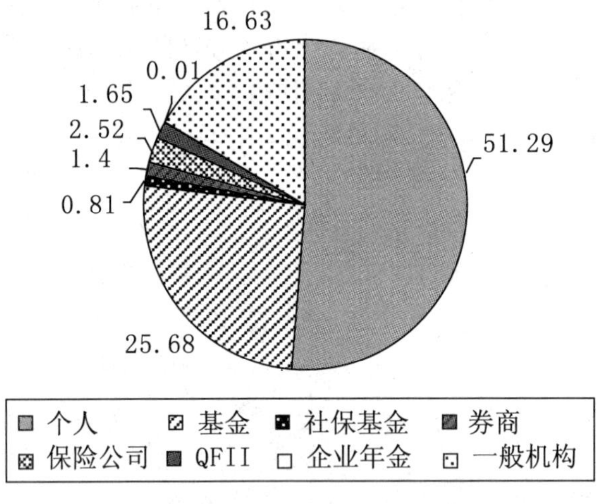

图7-18 中国A股市场投资者结构（%）

7.3.3 中国市场质量的特定股市结构对机构投资者行为的影响

交易机制直接决定着市场价格的形成过程，对基金交易行为具有重要影响。从市场质量而言，基金行为在很大程度上受到特定股市结构的影响，从而引生市场质量的差异。中国特定的市场结构，主要表现为市场结构和交易机制的“三重缺陷”。

首先，股指期货和融券交易引进尚未改变我国机构投资者交易行为，对冲机制尚未有效发挥。我国在2010年引进卖空机制，但卖空效应仍不完善（张宗新、张潇，2011）。相对海外成熟市场的各类基金利用股指期货和融资融券这些工具，形成了多样的投资风格，如市场中性策略、多空策略、指数增强策略、事件驱动套利策略、统计套利策略等。各种策略对股指期货和融资融券的应用方式不同，产生了多样化的需求。这些需求都是从不同的角度管理风险，而不是纯粹为了投机。这种以机构投资者管理风险为基础的市场才是健康合理的市场。对于我国来说，股指期货从推出后的相当长时间，机构投资者只有证券公司的自营业务参与交易，其余绝大多数的机构投资者还未进入市场，股指期货的交易很大程度上来自于原商品期货交易者、私募基金、有资金实力的散户。不合理的投资者结构和投资策略的应用，使沪深300股指期货在很大程度上沦落为“投机工具”。同时，从融资融券市场的运行看，融资融券虽然为投资者提供了对冲的工具，但从推出以来并没有起到避险的作用，更多的投资者沿着既有的做多投资模式，利用融资杠杆来追涨，即市场上行时融资行为增大了市场资金供给，加剧市场上攻；而当市场下行时，融券的卖空行为增大了市场压力，加剧市场的走弱。而被称为市场稳定器的融券业务对市场的影响微乎其微，并且更加令人担忧的是，融券余额增长的速度过于缓慢。从融资和融券的力量对比和对市场的影响来看，融资融券现阶段实际上助涨了市场追涨和逼空的能力，加剧了市场的风险。

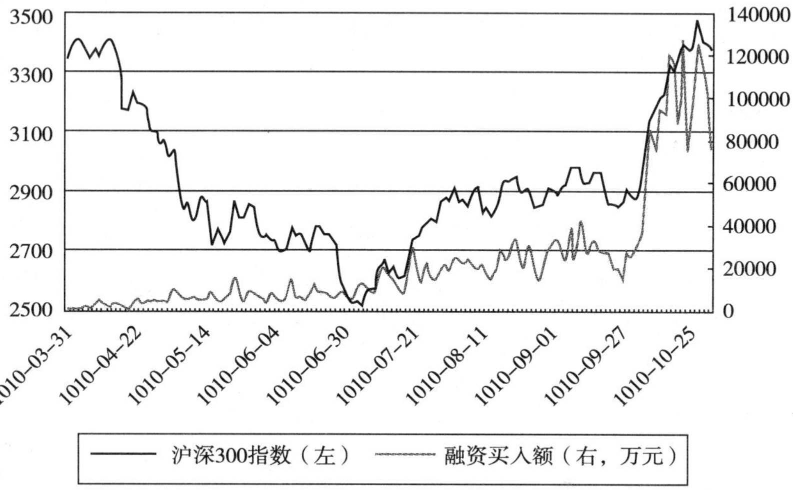

图7－19 融资交易情况与沪深300走势

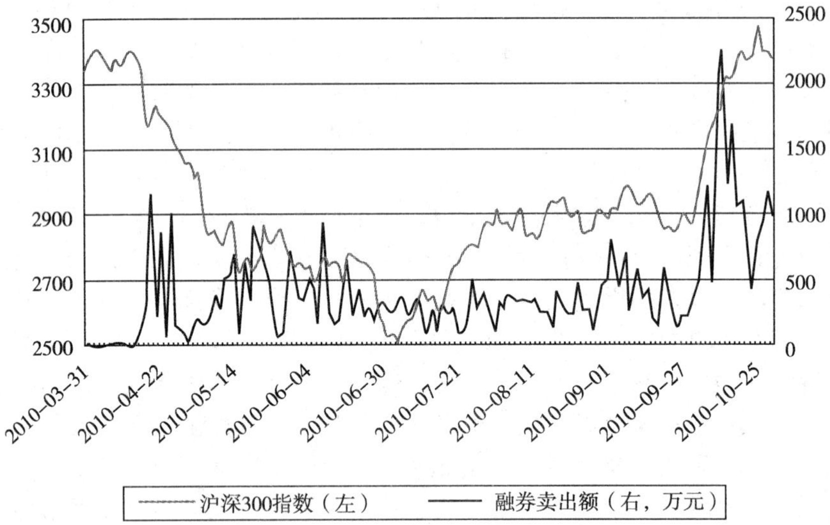

图7－20 融券交易情况与沪深300走势

第二，交易机制缺陷，证券交易所市场缺乏日内回转、做市商等市场机制，证券市场还不能完全适应不同种类产品的交易特性，无法满足机构投资者尤其是证券投资基金的交易需求。例如，日内回转机制缺乏，单向做多的投资思维和盈利模式，从而使得市场吸纳信息存在屏蔽，并在一定程度上导致交易聚集和操作策略趋同，从而诱发持续波动和波动聚集效应。

第三，市场结构存在缺陷，机构投资者交易行为导致市场质量冲击。市场广度和深度是衡量一个市场成熟程度的重要标志。由于受到金融管制、市场环境等因素制约，我国证券市场市场创新机制缺乏，金融产品单一，创新性金融产品不足，机构投资者缺乏避险工具和风险对冲工具，这在很大程度上助长了基金的非理性投资行为和加大了股票市场的单边波动性。尽管近年中国资本市场推出股指期货和融券交易卖空机制，但机构投资者仍缺乏驾驭对冲工具的能力和有效的对冲策略，以证券投资基金为代表的机构投资者难以有效通过构建风险对冲组合应对股票市场的剧烈波动，而被动采取正反馈策略，从而加剧市场波动。

表 7 -9　　证券交易所交易机制国际比较

交易机制	中国	美国	印度
股票信贷与卖空机制	不发达	有	有
日内回转交易	无	有	有
做市商交易制度	无	有	无
涨跌停制度	10% 或 5%	无	20% 或个股断路器
断路器	无	有	有
订单形式	较少	多	多
一揽子交易便利措施	无	有	有
场外市场	不发达	发达	较发达
结算周期	T+1	T+3	T+2
交易成本	较高	低	较高

资料来源：中国证监会。

8 规范发展证券投资基金与提高市场质量的政策建议

本书研究表明，伴随着中国证券市场机构投资者大力发展，证券投资基金已经成为影响市场的重要力量，基金加仓、减仓以及投资组合调整行为均对证券市场质量造成冲击。考察证券投资基金的市场功能，并非证券监管层所期冀的“有效稳定市场”，实证表明，证券投资基金持有行为可以降低股票波动率，但是对市场的稳定作用有限；基金加仓、减仓行为却极易受到市场情绪的影响，并进一步加大了市场波动率，尤其是减仓行为伴随着大量的噪声交易，显示出机构投资者的“非理性投资行为”，从而影响到市场的流动性与稳定性。从市场深层分析，中国证券投资基金的“非理性行为”是宏观监管体制和微观信息机制交互作用的结果。

在宏观规划证券监管体制的基础上，如何构建基于市场微观机构的投资基金监管框架，成为构建有序、合理的中国证券市场秩序的重要课题。根据我们的研究，在此提出规范和合理引导证券投资基金行为，加强基金业监管，完善市场交易机制，从而提高中国证券市场质量的相关政策建议。

8.1 加强证券投资基金行为规范和监管

8.1.1 实施“自下而上”方式引导基金行为的创新式监管体制

目前，我国证券投资基金并没有像监管当局和大多数国内学者所期望的发挥稳定市场、提高市场效率的作用。在考察2007年大牛市行情中，无论是市场上涨抑或是下跌、基金增仓抑或是减仓，基金参与程度越高、增仓幅度越大，其对市场的流动性冲击越大，尤其在2007年“2·27”、“5·30”暴跌的背景下无论是即期还是持续的冲击成本均异常高。在波动性冲击上，基金显著性加仓行为带来了市场较大的异质波动性，但基金作为机构投资者在牛市调整阶段可以起到部分维稳作用，尤其是在市场异动时期，至少可以维持一定的流动性。

无论是海外市场的经验还是中国市场的实证证据都表明，证券投资基金的投资行为对股票市场的波动具有比较强烈的解释作用，基金行为的一致性、协同性以及其正反馈交易策略可以增大股票市场波动水平，尤其是基金一致性加减仓行为可能对市场造成共振冲击效应。当然，基金行为本身是在市场驱动力下寻求市场有效投资机会和谋取市场化利益，可能会与政府监管层规范稳定市场的要求有所偏差。考察证券投资基金与证券监管层目标函数偏差的内在原因，在于证券投资基金追求的是投资收益，其投资者行为对市场质量的负面冲击并非其目标变量；而证券监管层是以证券市场和机构投资者规范、稳定发展为政策目标函数，不同目标函数导向必然会导致行为取向的偏离。

针对基金行为与证券监管部门所期望目标偏差的内在原因，建议监管部门创新监管体制，实施“自下而上”方式引导基金行为。为此，证券管理层对于基金投资行为的监控和引导，应该更多地从证券市场发展和运行视角进行考虑，在对法律法规建设予以规范的同时，合理引导市场参与者理性投资行为，对市场波动时期尤其是对市场下跌阶段的恶性循环和反馈机制进行监控；加强市场制度建设鼓励基金市场化创新行为的发挥，探索既能调动市场创新积极性，通过创新性金融投资产品为机构投资者提供资产组合调整工具，减弱基金投资组合调整对市场波动率和流动性负面冲击，又能创新失控和有效避免系统性风险的创新式监管新机制。

8.1.2 合理引导基金持有人行为，完善基金持有人机构

我国证券投资基金行为与市场质量的特定机制，机构投资者“被动助推”的背后根源在于我国基金投资的“散户化”背后受到基金持有人机构的影响，基金投资行为受到市场情绪和正反馈效应的推动，导致证券投资基金非理性特征突出。课题通过引入基金流量变量和运用动态面板模型，挖掘中国基金经理投资行为“异质性”背后的基金申赎行为因素，解析基金投资者的申购赎回行为即基金流量的变化如何影响基金的投资选择行为。实证检验表明，为应对市场波动和保持资产流动性，在中国证券投资基金行为“异质性”背后受到基金申赎行为和市场环境双重制约，基金经理投资策略选择引发基金组合动态调整与市场波动。基金在“牛市助涨”、“熊市助跌”背后的行为逻辑在于基金流量的制约因素，以及应对市场变化的资产组合动态调整因素所引致。牛市中，现金比例与基金流量的正向关系依旧稳定存在，而在熊市中，这种正向关系消失，此时投资者的投资行为出现了较大的差异甚至“不理性”，这在一定程度上会加剧市场波动。震荡市中，现金比例与基金流量的关系显著为负，针对市场波动基金经理会采取“恒定混合策略”，即市场越跌越

买、越涨越卖的投资逻辑。

基于课题研究的上述结论，我们提出如下建议：第一，推进中国版“401K”计划实施，推动养老基金、企业年金等机构入市，提高机构投资者在基金持有人中的比重，从而优化基金持有人结构，增强基金投资策略的稳定性，减小基金持有人对市场波动性的传递效应。第二，为克服基金持有人行为“非理性”对基金经理投资行为的传递效应，应打破基金持有人申赎行为和基金投资行为之间的“非理性正反馈效应”，增强基金经理在市场剧烈波动过程中的理性投资意识，削弱基金投资行为的“牛市助涨”、“熊市助跌”的正反馈机制。第三，建立有效的赎回预警机制。课题研究发现，当基金遭遇较大规模赎回时，市场波动性将上升。然而对于开放式基金而言，避免持有人赎回是不可能的，基金管理人所能实现的是通过一套完整有效的赎回预警机制避免出现集中的大量赎回。一方面，有必要建立一份投资者清单，根据投资者资金来源、投资目标和对市场波动敏感程度等特点将投资者分类，积极地与不同类型投资者，尤其是资金量大且对市场表现最为敏感的那部分投资者进行有效充分的沟通，定期对未来一段时间的赎回需求进行评估，从而做好应对措施。另一方面，基金管理人应密切注意市场情况和突发事件，当出现不利的市场条件，或是不利于公司的突发事件时，启动快速响应机制，充分运用公共媒介与投资者进行及时有效的信息披露和沟通工作。第四，适当控制基金为筹措资金而产生的短期借贷比例，限制投资杠杆化系数，从而避免严重的流动性危机的发生。第五，考虑到基金投资者申购赎回行为将会对基金经理的投资行为产生较大影响，基金管理公司有必要加强投资者关系管理，合理引导基金持有人的理性投资行为，从而影响市场运行的方向和稳定性。因此，适时的管理投资者情绪对基金公司日常运作至关重要，以防止由于巨额赎回等行为的产生而对基金的正常投资行为造成负面影响。

8.1.3 减少机构投资者情绪波动，积极引导价值投资理念形成

通过课题研究发现，作为机构投资者的证券投资者基金存在受情绪影响的偏好，且主观风险信念调整引致投资者情绪变化，即投资者信念对情绪存在正向冲击，而情绪对投资者信念几乎没有影响；投资者情绪对市场波动率及收益率均有着显著的正影响，即情绪与基金行为对股市收益率具有推动效应，这验证了投资者情绪对市场收益的正反馈效应的存在，并且情绪水平越高，股价偏离内在价值越远，股市波动性越大。同时，从情绪和资产风格视角，本书研究发现蓝筹股板块更受到情绪波动性冲击，这与2006—2011年中国股市“蓝筹股泡沫”生成和泡沫破裂的过程密切相关。

本课题的政策含义在于：首先，监管部门应合理引导投资者行为，并关注投资者预期形成对市场稳定的积极效应，避免投资者主观信念的非理性过度调整引发市场的异常冲击，抑制投资者非理性产生的追涨杀跌情绪动能，积极引导投资者价值投资理念的形成。其次，积极培育机构投资者并发挥机构投资者的市场稳定功能，平熨市场的非理性波动。从基金信念调整与投资者情绪与市场波动机制看，作为中国资本市场最重要的机构投资者并没有发挥市场稳定效应，而是基金仓位调整与市场波动发生共振效应。因此，有必要加大机构投资者入市和行为规范，切实发挥机构投资者的市场稳定作用。再次，提高市场的有效程度，从根本上加强对股市弱势投资群体的保护。从本质而言，投资者非理性情绪和市场过度波动不但增大了市场波动，推高了整体系统性风险，不利于中小投资者保护，而且更是市场低效率的表现。因此，有必要从根本上强化股市治理，提高证券市场信息透明度及提升市场效率，培育投资者的合理预期，推动资产价格的合理形成机制。

8.2 优化基金治理机制与机构投资者结构

8.2.1 推进基金公司治理机制优化

大量实证表明，目前我国证券投资基金并没有像监管当局和大多数国内学者所期望的发挥稳定市场作用，相反基金投资行为具有增大股票市场波动的作用。剖析其原因，发现我国证券投资基金存在委托—代理关系，容易产生道德风险，尤其在契约型基金。基金契约的委托代理关系所造成的潜在利益冲突，在于投资者和基金经理之间的激励不相容和信息不对称，容易引发后者的道德风险问题，从而扩大资产价格偏离价值，甚至产生投机性泡沫。正如 Goldman 和 Slezak（2003）通过构建模型分析了在代理投资模式下，信息如何反映到资产价格中。研究发现，在现实世界中基金经理是不断交替更换的，且任期往往要短于典型投资者的投资期限，也短于投资经理所收集的私人远期信息（long - terminformation）得以公开并反映到资产价格上的期限。[①] 由此，基金经理不会像雇用他们的家庭或个人那样有足够的激励去收集所投资资产的远期信息，因而基金经理更倾向于“急功近利”搜集短期信息，这必将影响市场的定价效率和资源配置效率。

推动中国证券投资基金治理结构优化，可以选择以下三条制度路径：首

① 截至 2012 年 9 月 30 日，中国证券市场共有公募基金经理 1690 人，基金经理平均任职年限仅为 1.64 年。

先，推动基金经理目标函数与声誉约束机制的协同，构建激励相容的机构投资者行为监管体制。针对现行激励体系的扭曲，基金行为“短视化”因素对基金投资行为产生负面作用，通过协同基金经理与基金持有人目标函数，改变当前注重“显性激励”忽视长期激励，注重短期信息而忽略长期信息的基金经理激励体系，同时逐步构建中国基金经理声誉约束机制，从而推动显性、隐性和长期激励相结合的激励体系。

其次，推出与业绩相挂钩的基金管理费选择，协同基金持有人和基金管理人的利益。长期以来，我国执行基金固定费率制度，在此制度安排下无论基金业绩优劣都按照固定比率提取管理费用，这必然会造成基金管理公司和基金持有人之间的利益冲突，而且不利于基金管理公司之间的奖优惩劣。在此，建议实行业绩奖惩制度，基金管理公司收取的管理费应与其业绩挂钩，以此推动基金业“优胜劣汰”机制建立并维护基金持有人利益。

再次，考虑引入公司制基金制度，协同基金持有人和基金管理层之间的利益冲突。考察海外发达基金市场，基金组织形态是以公司型为主，这样可以在很大程度上解决基金行为的委托—代理问题，即克服契约型基金持有人治理缺位、难以有效约束管理人行为等方面的缺陷。基于我国单一型的契约基金制度，有必要考虑逐步引入公司型基金，促进基金业的充分竞争，解决股东和持有人目标函数不一致的根本性冲突。

8.2.2 强化基金业绩持续性导向，保护基金持有人利益

我国基金流量实证研究表明，基金持有人异常赎回行为（简称“异赎行为”）影响到基金经理投资组合管理与操作，基金流量对基金投资行为具有传递效应。大量实证表明，我国基金市场上存在“异赎行为”，其存在的深层原因在于投资者对基金业绩持续性质疑和落袋为安的“处置效应”问题。若基金业绩保持稳定，则投资者会受理性预期影响而选择继续持有或增加基金投入，即表现为业绩高收益产生的理性预期引致基金流量持续为正；相反，若基金业绩不稳定，则容易导致理性投资者预期逆转并产生基金“异赎行为”问题。可见，破解中国基金市场上投资者“异赎行为”难题的关键，在于培养基金公司的工作重心从提高业绩导向转向保持业绩稳定持续增长导向，因而合理引导基金持有人行为取向。同时，有必要强化基金分红制度，通过基金分红强化基金持有人利益保护，从而改善基金持有人投资行为的合理预期。

8.2.3 优化机构投资者结构，吸引长期机构投资者入市

从机构投资者结构而言，存在制约因素：一是缺乏封闭式基金和开放式

基金互动发展机制。作为一种稳定的金融投资工具，封闭式基金可以避免开放式基金的大进大出以及随之而来的市场波动。封闭式基金确实有其独到的优势，特别是创新型封闭式基金更是值得期待的基金新的发展方向。二是股票市场机构投资者发展不均衡。

在进一步壮大机构投资者规模的同时，应切实采取措施优化机构投资者的结构。除了进一步发展证券投资基金等公募性机构投资者外，还需要大力发展社保基金、保险公司、企业年金等具有长期资金来源的机构投资者，形成不同的投资风格和特长，促进不同类型机构投资者的协调发展。

国际实践表明，在完善的制度体系以及有效的政策监管下，证券市场是长期资本保值增值的高效领域，具有市场容量大、流动性好、收益长期稳定、风险可控的特征。从美国养老金入市的历史看，不仅是美国基金发展的重要里程碑，也改变了市场机构投资者结构和机构投资者行为，统计数据显示：近年来，养老金资产是美国共同基金重要来源，2011 年末 91% 的共同基金来源于个人养老金账户和 DC 计划（雇主支持的养老金固定缴纳制度），截至 2011 年第三季度，美国个人养老金账户共有 4.6 万亿美元，其中 2 万亿美元，约 44% 的个人退休资产投资于共同基金，占 2011 年末共同基金资产的 39.6%。而我国 A 股投资者中，社保基金与企业年金所持有 A 股流通市值在 2007 年末仅为 0.82%。

随着我国社会保险制度的完善，规模资金长期投资渠道相对缺乏、保值增值实现难度大，这也与我国证券市场发展初期的现实有关。因此，对于我国资本市场而言，只有在建立并完善长期有效的现金股利分配政策下，降低市场系统性风险，通过上市公司现金股利政策的制定和引导，才能够吸引长期资本的有效进入，构筑投资者长期投资、价值投资理念，同时有助于增强市场的稳定性。

8.3 改革与完善交易机制，进一步优化市场微观结构

8.3.1 进一步引入做空交易，完善资产组合管理对冲机制

课题研究表明，在中国证券市场上，机构投资者对资产组合调整对证券市场流动性和波动性造成一定负面冲击，基金仓位调整较为显著地增加了市场波动，而这一现象背后的问题在于我国缺乏有效的金融衍生工具和对冲手段，可供证券投资基金选择的投资渠道较为狭窄，风险对冲和资产组合管理难以实现，证券投资基金的盈利模式或盈利空间在很大程度上依赖于市场指

数走高。同时，证券投资基金经理为保证基金的高盈利性和获得市场认可，在业绩上不输给同行，往往倾向于谋取短期盈利，并与其他基金经理的投资行为保持同步性，基金经理的这种反馈效应及“羊群行为”会导致股票市场的波动性，尤其是“羊群效应”较为严重时，会导致股票市场的剧烈波动。由于各种机构投资者缺乏实质性的卖空工具，看空而不能做空，只能被动做多，投资组合管理和风险管理难度加大，由此偏离了机构投资者本应具有的稳定市场的作用与理性投资理念的实施。

可见，我国证券市场交易机制的不完善已经成为制约基金行为和影响市场质量的重要因素。在交易机制中，卖空交易机制（如股指期货、股指期权或融资融券）具备四大基本功能：稳定市场、套期保值、价格发现和提供流动性。目前，我国做空机制的相对缺失，已经严重制约了基金行为对风险对冲的作用，从而导致市场质量的下降。在2007年市场暴涨行情中，证券投资基金行为的正反馈效应比较明显，充分验证了这一点。2010年，我国尽管推出股指期货和融资融券等做空机制，但是当前的做空手段更多地被机构利用为一种风险对冲的工具。以股指期货为例，股指期货开户保证金要求50万元以上，而据中国证券登记结算公司的统计，目前市场90%以上的投资者保证金不足10万元，这就相当于将绝大部分投资者拒绝于股指期货大门之外；而且由于受到期货市场投机性强、基金契约等因素限制，机构投资者对股指期货参与度普遍不高。从融资融券的实施效果看，融资融券的门槛较高，而且融券做空无论从券种来源、资金成本、保证金比例等方面，都使得融券做空的风险对冲效果弱化。

为此，我国有必要完善做空交易机制并加快引入期权等对冲工具，进一步满足机构投资者资产组合管理工具和风险管理需求，纠正市场的资产定价偏差，以此进一步活跃市场交易和提高市场流动性，提升市场质量和定价效率，并进一步发挥机构投资者的市场稳定功能。

8.3.2 实施差异化交易机制，满足不同投资者的交易需求

目前在我国证券市场上，除了对少数特定的股票（如ST股票和S股票）在交易上实现过差异化机制外，其他股票都实行统一的交易机制。这种高度统一的机制，其缺陷也是明显的，就是它对不同规模、不同质量股票，采取了完全均一化的交易模式，忽视了它们由于自身特征所形成的特殊需求，同时也在客观上抑制了金融创新的推进。长期以来，国内市场部分机构投资者（尤其是私募、游资）利用交易制度设计上的缺陷，近年在中小企业板、创业板新股、重组类题材股上市首日、复牌或者ST股摘帽等关键时点，往往出现

在高 PE 泡沫上的超高开盘，进而导致投资风险快速累积，参与者日后总体亏损特征明显和相关股价剧烈波动。

为提高市场质量和满足机构投资者交易需求，进一步打击市场非理性的投机性交易，提高证券市场效率和质量，在此建议有必要进一步引入差异化交易机制，将体现在针对不同类型的个股，实施不同的交易制度上。为此，我们建议有必要实施如下差异化交易机制：

1. 根据证券品种绝对价位设定差异化最小报价变动单位。差异化最小报价单位，申报价格最小变动单位，与市场成本以及流动性相关。申报价格最小变动单位越大，买卖价差则越大，投资者将面临较高的交易成本从而影响了市场流动性；然而，若申报价格最小变动单位太小，会降低在委托簿中“插队”（front running）的成本，投资者只需付出较少代价即可在委托簿中成为最优委托。从投资者利益角度出发，交易量较小的中小投资者偏向于较小的最小报价单位以降低交易成本，而机构投资者则偏好于较大的最小报价单位以保证其申报委托成交的可能性。从提升中国证券质量的角度，我们建议在市场条件允许的前提下，尽量缩小证券的最小报价单位，从而提高市场流动性和保护中小投资者权益。

2. 对不同风险类型的上市证券进行适当性管理，并实施不同的交易机制。建议适当放宽蓝筹股票的涨跌幅限制至15% ~20%，提高市场效率。同时，对 ST 类警示类公司股票，实行差别管理。2012 年7 月，上交所公布《风险警示股票交易实施细则（征求意见稿）》，拟对风险警示股票即 ST 类股票等实施不对称的涨跌幅制度，即涨幅 1%、跌幅 5%，但由于此政策给 ST 类公司股价造成较大影响，ST 板块出现“百股跌停”的现象；同时上交所和深交所对风险警示股票交易政策不统一，最终导致上交所尝试实施的差异化交易制度的失败。可见，交易制度改革需要整体规划和有序推进，否则反而加大了市场政策风险，违背了打击市场投机氛围和优化资源配置的政策初衷。

3. 在上证 50ETF、沪深 300ETF 以及上证 50 成分股、沪深 300 成分股进行 T+0 回转交易试点，提高市场流动性。目前，股指期货实行“T+0”交易机制而对应的现货市场却实行“T+1”交易机制，因此导致日间波动加剧，“T+1”不利于机构投资者的风险管理和风险对冲。因此，有必要尽快改革中国资本市场交易机制，建议对沪深300 指数股票实施 T+0 交易，使得股指期货与沪深300 指数股票在操作上可以同步，进而推动社保基金、券商自有资金和理财资金、公募和私募基金以及 QFII、RQFII 等机构投资者的套保交易和风险管理。

参考文献

［1］蔡庆丰、宋友勇：《机构投资者与市场定价效率的检验与反思》，载《证券市场导报》，2009（12）。

［2］蔡庆丰、宋友勇：《超常规发展的机构投资者能稳定市场吗？——对我国基金业跨越式发展的反思》，载《经济研究》，2010（1）。

［3］陈浪南：《市场微观结构研究》，中国财政经济出版社，2008。

［4］陈磊：《我国宏观经济指标周期波动相关性的互谱分析》，载《统计研究》，2001（9）。

［5］陈炜：《我国股票市场交易成本影响因素分析》，载《证券市场导报》，2008（5）。

［6］丁冬：《当前证券市场主流交易制度简述》，载《证券时报》，2011-06-07。

［7］董锋、韩立岩：《中国股市透明度提高对市场质量影响的实证分析》，载《经济研究》，2006（5）。

［8］董直庆、王林辉：《我国证券市场与宏观经济波动关联性基于小波变换和互谱分析的对比检验》，载《金融研究》，2008（8）。

［9］杜书明：《 基金流量与股票市场稳定性》，载《证券市场导报》，2008（2）。

［10］耿克红、张世英：《金融市场超高频时间序列 ACD-GARCH-V 模型研究》，载《统计与决策》，2007（2）。

［11］龚红：《基金经理激励体系对其投资行为的影响研究》，中国社会科学出版社，2011。

［12］何佳、何基报：《机构投资者一定能够稳定股市吗？来自中国的经验证据》，载《管理世界》，2007（8）。

［13］胡大金、金赛男：《基金持股比例与 A 股市场收益波动率的实证分析》，载《金融研究》，2007（4）。

［14］胡琦：《美国基金市场发展与启示》，深圳证券交易所研究报告，2010-05。

［15］黄峰、杨朝军：《基于机构投资者交易需求的中国股市流动性研

究》，载《经济理论与经济管理》，2007（2）。

［16］黄俊辉、王浣尘：《中国股市市场结构变迁与市场质量》，载《经济与管理研究》，2002（5）。

［17］蒋学雷等：《股票市场的流动性度量的动态 ACD 模型》，载《统计研究》，2004（4）。

［18］孔东民：《信念、交易行为与资产波动》，载《金融学季刊》，2009（5，2）。

［19］孔东明：《噪声交易、市场情绪与日内股价行为》，载《共同基金与投资者行为理论研究前沿》，科学出版社，2008。

［20］李子奈、潘文卿：《计量经济学》，第二版，高等教育出版社，2000。

［21］梁丽珍：《投资者情绪、流动性与资产收益》，中国财政经济出版社，2009。

［22］刘富兵、蒋瑛琨：《数量化研究系列之十三：市场情绪指数的建立及应用》，国泰君安证券研究所研究报告，2011－07。

［23］刘京军、徐浩萍：机构投资者：《长期投资者还是短期机会主义者?》，载《金融研究》，2012（9）。

［24］刘善存：《基于高频交易数据的上海证券市场投资者风险态度实证研究》，载《系统工程》，2007（3）。

［25］刘逖：《市场微观结构与交易机制设计：高级指南》，上海人民出版社，2012。

［26］刘莉亚等：《投资者情绪对资本市场稳定性的实证研究——来自截面效应的分析》，载《财经研究》，2010（3）。

［27］刘志远、姚颐：《开放式基金的“赎回困惑”现象研究》，载《证券市场导报》，2005（2）。

［28］陆蓉、陈百助、徐龙炳、谢新厚：《基金业绩与投资者的选择——中国开放式基金赎回异常现象的研究》，载《经济研究》，2007（6）。

［29］马丹、尹优平：《交易间隔、波动性和微观市场结构》，载《金融研究》，2007（7）。

［30］孟辉：《开放式基金流动性风险对金融稳定的影响》，载《证券市场导报》，2008（5）。

［31］祁斌、黄明、陈卓思：《机构投资者与股市波动性》，载《金融研究》，2006（9）。

［32］屈文洲、吴世农：《中国股票市场微观结构的特征分析——买卖报

价价差模式及影响因素的实证研究》，载《经济研究》，2002（1）。

［33］盛军锋、邓勇、汤大杰：《中国机构投资者的市场稳定性影响研究》，载《金融研究》，2008（9）。

［34］施东晖：《证券投资基金的交易行为及其市场影响》，载《世界经济》，2001（10）。

［35］施东晖、孙培源：《市场微观结构——理论与中国经验》，上海三联书店，2005。

［36］苏冬蔚：《噪声交易与市场质量》，载《经济研究》，2008（8）。

［37］谭地军、田益祥、黄文光：《持续期间、交易量、波动率与知情交易》，载《统计研究》，2008（2）。

［38］陶可、陈国进：《机构投资者持股与股市稳定》，中国金融出版社，2012。

［39］汤大为：《中国证券投资基金行为及其市场影响研究》，经济科学出版社，2008。

［40］涂登才、巫春洲：《ACD 模型在台湾股票市场的适用性分析》，载《管理与系统》，2010（17，1）。

［41］汪勇祥、许荣：《证券市场流动性、价格有效性与最有契约设计》，载《经济学（季刊）》，2004（3，2）。

［42］王连洲：《基金业当前面临八大问题》，载《中国经济时报》，2006－11－18。

［43］王美今：《中国股市收益、收益波动与投资者情绪》，载《经济研究》，2004（10）。

［44］王擎、吴玮、蔡栋梁：《基金评级与资金流动：基于中国开放式基金的经验研究》，载《金融研究》，2010（9）。

［45］王霞：《我国基金集中赎回问题研究》，深圳证券交易所研究报告，2009。

［46］王昕等：《上海证券市场质量分析与交易机制改进研究》，载《西南大学学报》，2008－01。

［47］谢赤等：《证券投资基金行为对中国股市波动性的影响》，载《中国社会科学》，2008（3）。

［48］肖峻、石劲：《基金业绩与资金流量：我国基金市场存在“赎回异象”吗?》，载《经济研究》，2011（1）。

［49］肖欣荣、杨锐：《中国证券投资基金投资行为研究》，科学出版社，2009。

［50］徐国祥、金登贵：《基于金融高频数据的 ACD 模型非参数设定检验》，载《统计研究》，2007（4）。

［51］徐龙炳等：《中国机构投资者投资行为研究 》，上海财经大学出版社，2011。

［52］徐妍等：《证券投资基金行为对市场影响的研究》，深交所获奖课题，2002。

［53］姚颐、刘志远：《震荡市场、机构投资者与市场稳定》，载《管理世界》，2008（8）。

［54］杨阳、万迪昉：《不同市态下投资者情绪与股市收益、收益波动的异化现象——基于上证股市的实证分析》，载《系统工程》，2010（28，1）。

［55］曾勇等：《证券市场微观结构研究》，科学出版社，2008。

［56］张强等：《中国股市投资者情绪与股票收益的实证研究》，载《系统工程》，2007（27，7）。

［57］张强、杨淑娥：《噪声交易、投资者情绪波动与股票收益》，载《系统工程理论与实践》，2009（3）。

［58］张圣平：《偏好、信念、信息与证券价格》，上海三联书店、上海人民出版社，2002。

［59］张宗新、缪婧倩：《基金流量与基金投资——基于动态面板数据模型的实证研究》，载《金融研究》，2012（4）。

［60］张宗新等：《证券投资基金行为对市场质量影响》，上交所联合研究计划报告，2008。

［61］张宗新、王海亮：《投资者情绪、主观信念调整与市场波动》，载《金融研究》，2013（4）。

［62］张宗新、张潇：《中国资本市场对冲机制：运行与监管》，载《新金融》，2011（1）。

［63］张宗新、张雪娇：《基金行为与市场波动—— 基于小波与互谱分析的数据挖掘》，载《管理工程学报》，2012（2）。

［64］朱伟骅、张宗新：《投资者情绪、市场波动与股市泡沫》，载《经济理论与经济管理》，2008（2）。

［65］庄新田、王健：《非理性信息交易者的羊群行为均衡分析》，载《管理学报》，2007（1）。

［66］郑振龙、杨伟：《信息风险与资产定价研究述评》，载《经济学动态》，2009（7）。

［67］上海证券交易所金融创新实验室：《市场质量报告》，2006－06。

［68］中国证监会：《中国资本市场发展报告》，中国金融出版社，2007。

［69］［美］伯杰：《统计决策论及贝叶斯分析》，中国统计出版社，1998。

［70］［挪］Lars Tvede：《金融心理学》（中译本），中国人民大学出版社，2003。

［71］［美］Joel Hahbrouck：《市场微观结构实证》（中译本），对外经济贸易大学出版社，2010。

［72］［英］Percival，D. B.，［美］Walden，A. T.：《时间序列分析的小波方法》（中译本），机械工业出版社，2006。

［73］［美］Maureen O'Hara：《市场的微观结构理论》（中译本），中国人民大学出版社，2007。

［74］Admati A. R.，P. Pfleiderer，1988，A theory of intraday patterns：Volume and price variability，Review of Financial Studies，Volume 1，number 1，3－40.

［75］Aitken M，Frino A，Jarnecic E，McCorry M，Winn R and Segara R.，1997，The microstructure of the Australian Stock Exchange：An introduction，*Asia Pacific Capital Markets Foundation.*

［76］Alovsat M.，Guleraras，2005，Institutional Investors and Stock Market Development：A Causality Study，*ISE Review*29，1－14.

［77］Amihud，Y.，and H. Mendelson，1988，Liquidity and asset prices：financial management，implications，*Financial Management*17，5－15.

［78］An－Sing Chen，Bi－Shia Hong，2006，Institutional ownership changes and returns around analysts' earnings forecast release events：Evidence from Taiwan，*Journal of Banking and Finance* 30，2471－2488.

［79］Arellano，M.，Bond，S.，1991，Some Tests of Specification for Panel Data：Monte Carlo Evidence and an Application to Employment Equations，*Review of Economic Studies* 58，277－297.

［80］Arnoud W. A. Boot，Radhakrishnan Gopaian，and Anjan V. Thakor，2006，Market Liquidity，Investor Participation and Managerial Autonomy：Why do Firms go Private? *CEPR Discussion Papers* 5510.

［81］Badrintath S. G. and Sunil Wahal，2002，Momentum trading by institutions，*journal of finance*57，2449－2475.

［82］BakerM.，and J. Wurgler，2007，"Investor Sentiment in the Stock Market"，*Journal of Economic Perspectives*，21（2）：129－151.

[83] Barber, B. M. , Odean, T. , 2003, All that glitters: the effect of attention and news on the buying behaviour of individual and institutional investors, *Berkeley working paper.*

[84] Barberis, N. , A. Shleifer, , and R. Vishny, 1998, "A Model of Investor Sentiment." *Journal of Financial Economics*, 49 (3): 307 -43.

[85] Berk, J. B. , Green, R. C. , 2004, Mutual Fund Flows and Performance in Rational Markets, *Journal of Political Economy*112, 1269 - 1295.

[86] Bessembinder H. , W. Maxwell and K. Venkataraman, 2006, Market transparency, liquidity externalities, and institutional trading costs in corporate bonds, *Journal of Financial Economics*82, 251 -288.

[87] BoehmerE. , and Kelley E. , 2007, Institutional Investors and the Informational Efficiency of Prices. *SSRN Working paper.*

[88] Bohl, M. T. and J. Brzeszczynski , 2006, Do institutional investors destabilize stock prices? evidence from an emerging market, *Journal of International Financial Markets, Institutions and Money* 16, 370 -383.

[89] Borensztein E. , Gelos G. , 2003, A panic - prone pack? The behavior of emerging market mutual funds. *IMF Staff paper.*

[90] Brad M. Barber, Terrance Odean, 2003, Are individual investors tax savvy? Evidence from retail and discount brokerage accounts, *Journal of Public Economics* 88, 419 -442.

[91] Brown K C, Brooke B A. , 1993, Institutional demand and security price pressure: the case of corporate spinoffs [J] . Financial Analyst Journal9, 53 -62.

[92] Brown, Gregory W, and Michael T Cliff, 2004, Investor Sentiment and the Near - Term Stock Marke", *Journal of Empirical Finance*11 (1), 1 -27.

[93] Brown, Gregory W, and Michael T Cliff, 2005, Investor Sentiment and Asset Valuation, *Journal of Business*78 (2), 405 -40.

[94] Campbell John Y. , Tuomo Vuolteenaho, 2004, "Inflation Illusion and Stock Prices", *the American Economic Review*, 94 (2): 19 -23.

[95] Campbell, John Y. , Ramadorai, Tarun and Schwartz Allie, Caught on Tape: Institutional Trading, Stock Returns, and Earnings Announcements, *Harvard University Workingpaper*, July 2007.

[96] Chan, L. , Lakonishok, J. , 1995. The behavior of stock prices around institutional trades, *Journal of Finance* 50, 1147 - 1174.

[97] Chakravarty, S. , 1991, Stealth Trading: Which Traders' Trades Move Stock Prices? *Journal of Financial Economics*61, 289 – 307.

[98] Chang, Eric C. , and Sen Dong, 2005, Idiosyncratic Volatility, Fundamentals, and Institutional Herding: Evidence from the Japanese Stock Market, *SSRN Working paper.*

[99] Chevalier J. A. and G. D. Ellison, 1997, Risk Taking by Mutual Funds as a Response to Incentives, *Journal of Political Economy* 105, 1167 – 1200.

[100] Cao C. , E. C. Chang , Wang Ying, 2008, An empirical analysis of the dynamic relationship between mutual fund flow and market return volatility, *Journal of Banking and Finance* 32, 2111 – 2123.

[101] Cellier A. , 2003, Duration – Volume – Volatility: A VAR GARCH model, Working paper of JEREM.

[102] Chordia, T. , R. Roll and A. Subrahmanyam, 2001, Market Liquidity and Trading Activity, *Journal of Finance* 56, 501 – 530.

[103] Chun Liu, John M. Maheu, 2010, Intraday Dynamics of Volatility and Duration: Evidence from the Chinese Stock Market, working paper, University of Toronto.

[104] Cohen, R. B, Gompers, P. A, and Vuolteenaho T. , 2002. Who Underreacts to Cash – Flow News? Evidence from Trading between Individuals and Institutions. *Journal of Financial Economics*66 , 409 – 462.

[105] Constantinides, G. M. , 1986, Capital Market Equilibrium with Transaction Costs, *Journal of Political Economy*94, 842 – 862.

[106] De Long J B, Shleifer A, Summers L H. , 1990, Waldmann R J. Positive Feedback Investment Strategies and Destabilizing Rational Speculation. *Journal of Finance*45 , 379 – 395.

[107] DeLong, J. Bradford, Andrei Shleifer, Lawrence H. Summers, and Robert J. Waldmann, 1990, Noise trader risk in financial markets, *Journal of Political Economy* , 98: 703 – 738.

[108] Dennis P, D. Strickland, 2002, Who Blinks in Volatile Markets, Individuals or Institutions?, *Journal of Finance*57, 1923 – 1950.

[109] DelGuereio D. , P. Tkac, 2001, Star Power: The Effect of Morningstar Ratings on Mutual Fund Flows, Working Paper, Federal Reserve Bank of Atlanta.

[110] Diamond W. , and Verrecchia E. R. , 1987, Constraints on Short – selling and asset price adjustment to private information, *Journal of Financial Eco-*

nomics 18, 277 -311.

[111] Dionne G. , Pierre Duchesne , and Maria Pacurar, 2009, Intraday Value at Risk (IVaR) using tick - by - tick data with application to the Toronto Stock Exchange, *Journal of Empirical Finance*16, 777 -792.

[112] Dubofsky, D. A. , 2010, Mutual Fund Portfolio Trading and Investor Flow. *Journal of Banking and Finance* 34, 802 -812.

[113] Dufour, A. and R F Engle , 2000, The ACD model: Predictability of the time between consecutive trades. Working paper, University of Reading and University of California.

[114] Easley D. , M O' Hara , 1992, Time and the process of security price adjustment, *Journal of Finance* 47, 577 -606.

[115] Edelen, R. , 1999, Investor Flows and the Assessed Performance of Open - end Mutual Funds, *Journal of Financial Economics*53, 439 -466.

[116] Edelen, R. , Evans, R. , Kadlec, G. , 2007, Scale Effects in Mutual Fund Performance: The Role of Trading Costs, Working paper, Virginia Tech.

[117] Edwin J. Elton, Martin J. Gruber, and Jeffrey A. Busse, 1998, Do Investors Care about Sentiment, *the Journal of Business*, 71 (4): 477 -500.

[118] Edwards, F. R. and Zhang Xin , 1998, Mutual Funds and Stock and Bond Market Stability, *Journal of Financial Service Research*13, 257 -282.

[119] Elton, E. J. , Gruber, M. J. and J. A. Busse, 1998. Do Investors Care about Sentiment. *Journal of Business*71, 477 -500.

[120] Engle Robert F. , 2000, The econometrics of ultra - high - frequency data, *Econometrica*68, 1 -22.

[121] Engle Robert F. , Jeffrey R. Russell, 1998, Autoregressive conditional duration: A new model for irregularly spaced transaction data, *Econometrica*66, 1127 -1162.

[122] Fernandes M. , and J. Grammig, 2006, A family of autoregressive conditional duration models, *Journal of Econometrics* 127, 1 -23.

[123] FinterP. , and S. Ruenzi, 2012, The Impact of Investor Sentiment on the German Stock Market, *Zeitschrift für Betriebswirtschaft* , ZfB, 82: 1 -31.

[124] Frino, A. , Lepone, A. , Wong, B. , 2009. Derivative Use, Fund Flows and Investment Manager Performance. *Journal of Banking & Finance*33, 925 -933.

[125] Froot, K. A. , O' Connell P. G. , Seasholes, M. , 2001, The Portfolio

Flows of International Investors. *Journal of Financial Economics* 59, 151 – 193.

[126] Gabaix, X. , P. Gopikrishnan, V. Plerou , H. E. Stanley. , 2006. Institutional Investors and Stock Market Volatility . *The Quarter Journal of Economics*121 (2), 461 – 504.

[127] Gaston G. , Shang – Jin Wei, 2002. Transparency and International Investor Behavior, *NBER Working Paper* No. 9260.

[128] Geert B. , Compbell. R. H. , and Christiann L. , 2005, Liquiditiy and Expected Returns: Lessons from Emergering Markets, *NBER Working Paper* No. 11413.

[129] Gerhard Kling, Lei Gao, 2008, Chinese institutional investors' sentiment, *Journal of International Financial Markets, Institutions & Money*, 18: 374 – 387.

[130] Goldman, E. , and S. L. Slezak, 2003, Delegated Portfolio Management and Rational Prolonged Mispricing, *The Journal of Finance* 58, 283 – 311.

[131] Gompers, P. , and A. Metrick, 2001, Institutional. investors and equity prices, *Quarterly Journal of. Economics*116, 229 – 260.

[132] Greene, J. T. , Ciccotello, C. S. , 2006, Mutual Fund Dilution from Market Timing Trades. *Journal of Investment Management* 4, 42 – 66.

[133] Grossman, Sanford, J. , 1976, On the Efficiency of Competitive Stock Market Where Traders Have Diverse Information, *Journal of Finance*, 31: 573 – 585.

[134] Grossman, Sanford, J. , J. E. Stiglitz. , 1980, On the Impossibility of Informationally Efficient Markets , American Economic Review 70 (3), 393 – 408.

[135] Gruber, M. , 1996, Another Puzzle: The Growth in Actively Managed Mutual Funds, *Journal of Finance*51, 783 – 810.

[136] Harris, Lawrence E. , 1990, Liquidity, Trading Rules and Electronic Trading Systems, *Monograph Series in Finance and Economics*4, 1 – 59.

[137] Hasbrouck, J. , 1991, Measuring the Information Content of Stock Trades, *Journal of. Finance*46, 179 – 207.

[138] Hasbrouck, J. , 1993, Assessing the quality of a security market: A new approach to transaction cost measurement, *Review of Financial Studies*6, 191 – 212.

[139] Hasbrouck, J. , 1999. The dynamics of discrete bid and ask quotes.

Journal of Finance 54, 2109 -2142.

[140] Hendrik B. , W. Maxwell and Kumar V. , 2006. Market transparency, liquidity externalities, and institutional trading costs in corporate bonds. *Journal of Financial Economics*82, 251 -288.

[141] Holthausen R. W. , Leftwich R W, Mayers D. , 1990, Large - block transactions, the speed of response, and temporary and permanent stock price effect, *Journal of Financial Economics*26, 71 -95.

[142] Hong, H. & J. C. Stein. , 1999, A Unified Theory of Underreaction, Momentum Trading, and Overreaction in Asset Markets , *Journal of Finance*54 (6), 2143 -2184.

[143] Hu Changsheng, Wang Yongfeng, 2012, Investor sentiment and assets valuation, *Systems Engineering Procedia*, 3: 166 -171.

[144] ICI, 1996, Mutual Fund Shareholder Activity During US Stock Market Cycles, 1944 -1995. *Investment Company Institute Perspective*2, 1 -16.

[145] Ippolito, R. , 1992, Consumer Reaction to Measures of Poor Quality: Evidence from the Mutual Fund Industry. *Journal of Law and Economics* 35, 45 -70.

[146] Ivkovich, Zoran and Weisbenner, Scott J. , 2008. Individual Investor Mutual - Fund Flows. *NBER Working Paper* No. 14583.

[147] Jain, P. C. , Wu, J. S. , 2000, Truth in Mutual Fund Advertising: Evidence on Future Performance and Fund Flows. *Journal of Finance* 55, 937 -958.

[148] Jennifer S. Conrad, Sunil Wahal, and Kevin Johnson, 2003. Institutional. trading costs and alternative trading systems, *Journal of Financial Economics* 70, 99 -134.

[149] Jianfeng Yu a, 1, YuYuan, 2011, Investor sentiment and the mean - variance relation, *Journal of Financial Economics*, 100: 367 -381.

[150] Jonathsan B. Berk, Richard C. Green, 2004, Mutual Fund Flows and Performance in Rational Markets, *Journal of Political Economy* 112, 1269 -1295.

[151] Jones, C. M. and M. L. Lipson, 2004, Are retail orders different? Working paper, Columbia University.

[152] Karceski, J. , 2002, Returns - Chasing Behavior, Mutual Funds, and Beta' s Death, *Journal of Financial and Quantitative Analysis* 37, 559 -594.

[153] Kenneth L. Fisher and Meir Statman, 2000, "Investor Sentiment and Stock Returns", *Financial Analysts Journal*, 56 (2): 16 -23.

[154] Keim D. B. , A. Madhavan, 1995, Anatomy of the trading process: Empirical evidence on the behavior of institutional traders, *Journal of Financial Economics* 37 , 371 -398.

[155] Keim D. B. , A. Madhavan, 1997, Transactions costs and investment style: an inter - exchange analysis of institutional equity trades, *Journal of Financial Economics*46 , 265 -292.

[156] Kothare M, Laux P A. 1995, Trading costs and the trading systems for Nasdaq Stocks. *Financial Analyst Journal*51, 42 -53.

[157] Kyle, Albert S. , 1985, Continuous Auctions and Insider Trading, *Econometrica* 53, 1315 -1365.

[158] Kyle, Albert S. , 1989, Informed Speculation With Imperfect Competition, *Review of Economic Studies*, 56: 317 -356.

[159] Kyong Shik Eom, Jinho Ok, and Jong - Ho Park, 2007, Pre - trade transparency and market quality, *Journal of Financial Marketw*10 (4), 319 -341.

[160] Lakonishok, J, Shleifer, A, and Vishny, R. W. 1991, Do Institutional Investors Destabilize Stock Price? Evidence on Herding and Feedback Trading. *NBER Working paper*, No. 3846.

[161] Lakonishok, J. , A. Shleifer and R. W. Vishny. 1992, The impact of institutional trading on stock prices , *Journal of Financial Economics*32, 23 -43.

[162] Lakonishok, J. , A. Shleifer and R. W. Vishny. 1994, Contrarian investment, extrapolation and risk, *Journal of Finance* 49, 1541 -1578.

[163] Lee, Charles M. C. , Andrei Shleifer, and Richard H. Thaler, 1991, Investor sentiment and the. closed - end fund puzzle, *Journal of Finance* 46, 75 -109.

[164] Lipson M. , and W. A. Puckett, 2007, Volatile Markets and Institutional Trading, *SSRN working paper.*

[165] Madhavan. A. , 2000, Market Microstructure: A Survy , *Journal of Financial Markets* 3 , 205 -258.

[166] Maik Schmeling, 2007, Institutional and individual sentiment: Smart money and noise trader risk, *International Journal of Forecasting*, 23: 127 -145.

[167] Malcolm Baker, Jeffrey Wurgler, 2006, Investor Sentiment and the Cross - Section of Stock ReturnsAuthor, *the Journal of Finance*, 61 (4): 1645 -1680.

[168] Malcolm Baker, Jeffrey Wurgler, Yu Yuan, 2012, Global, local, and

contagious investor sentiment, *Journal of Financial Economics*, 104: 272 -287.

[169] Manganelli S., 2005, Duration, volume and volatility impact on trades, *Journal of Financial markets* 5, 377 -399.

[170] Massa, M., Phalippou, L., 2005, Mutual Funds and the Market for Liquidity, Working paper, INSEAD.

[171] Meitz M., and T. Teräsvirta, 2006, Evaluating models of autoregressive conditional duration, *Journal of Business and Economic Statistics*24, 104 -124.

[172] Miao, Hui and Wensheng Peng, 2007, Why is A - share volatility so high? *China economic. issues*, No. 4, June 2007.

[173] Michael A. Goldsteinand Kenneth A. Kavajecz, 2005, Trading strategies during circuit breakers and extreme market movements, *Journal of Financial Markets*7, 301 -333.

[174] Michael Schuppli, Martin T. Bohl, 2010, Do foreign institutional investors destabilize China' s A - share markets, *Journal of International Financial Markets, Institutions & Money*, 20: 36 -50.

[175] Nanda, V., Wang, Z. J., Zheng, L., 2004, Family Values and the Star Phenomenon: Strategies of Mutual Fund Families, *Review of Financial Studies*17, 667 -698.

[176] Nofsinger J. R., Richard W. Sias, 1999, Herding and Feedback Trading by Institutional and Individual Investors, *Journal of Finance*54, 2263 -2295.

[177] O'Neal, E., 2004, Purchase and Redemption Patterns of US Equity Mutual Funds, *Financial Management*, 33 (1), 63 -90.

[178] Opler, T., L. Pinkowitz, R. Stulz and R. Williamson, 1999, The Determinants and Implications of Cash Holdings, *Journal of Financial Economics*52, 3 -46.

[179] Pagano, Marco, and Roell, Ailsa, 1996. Transparency and Liquidity: A Comparison of Auction and Dealer Markets with Informed Trading, *Journal of Finance*51, 579 -611.

[180] Patrick J Dennis, Deon Strickland, 2002, Who Blinks in volatile markets, individual or institutions? *The Journal of Finance*57, 1923 -1949.

[181] Philip Davis, Benn Steil, Institutional Investors, *The MIT Press*, 2001.

[182] Rahul Verma, Priti Verma, 2007, Noise trading and stock market vola-

tility, *Journal of Multinational Financial Management*, 17, 231 -243.

[183] Robert Cumby , Stephen Figlewski, Joel Hasbrouck, 1993, Forecasting Volatilities and Correlations with EGARCH Models, *Journal of Derivatives* 1, 51 -63.

[184] Robert J. Schiller, 1984, Theories of Aggregate Stock Price Movements, *Journal of Portfolio Management*10, 28 -37.

[185] Robert J. Schiller, 1990, Market Volatility and Investor Behavior . *American Economic Review*80 (2), 58 -62.

[186] Roger M. Edelen, Jerold B. Warner, 2001, Aggregate price effects of institutional trading: a study of mutual fund and market returns, *Journal of Financial Economics* 59, 195 -220.

[187] Roodman, D. , 2006, How to Do Xtabond2: An Introduction to Difference and System GMM in Stata, Center for Global Development Working Paper No. 103.

[188] Shefrin, Hersh, 2005, A Behavioral Approach to Asset Pricing, Boston: Elsevier Academic Press.

[189] Schultz, Paul H. , 2007, Rational Cross - Sectional Differences in Market Efficiency: Evidence from Mutual Fund Returns , *SSRN Workingpaper*, November 2007.

[190] Sias, R. W. , 1996, Volatility and the Institutional Investor. *Financial Analysts Journal*52, 13 -20.

[191] Sias, R. W. , L. T. Starks and S. Titman, 2001, The Price Impact of Institutional Trading, Unpublished paper, http: //ssrn. com/abstract =283779.

[192] Sias, R. W, and Starks, L. T. , 1997, Return Autocorre - lation and Institutional Investors . *Journal of Financial Economics*46 , 103 -121.

[193] Sirri E. , Tufano P. , 1998, Costly Search and Mutual Fund Returns, *Journal of Finance* 53, 1589 -1622.

[194] Subrahmanyam, Avanidhar, 1991, Risk aversion, market liquidity, and price efficiency. *Review of Financial Studies* 4, 416 -441.

[195] Sugato Chakravarty , 2001 , Stealth - trading: Which traders' trades move stock prices? *Journal of Financial Economics* 61, 289 -307.

[196] Vayanos D. , S. , 2001, Professor of Finance Strategic Trading in a Dynamic Noisy Market, *Journal of Finance*56, 131 -171.

[197] Wayne Y. Lee, Christine X Jiang, Daniel C Indro, 2002, Stock mar-

ket volatility, excess returns, and the role of investor sentiment, *Journal of Banking & Finance* 26, 2277 – 2299.

[198] Wermers R., 1999, Mutual Fund Herding and the Impact on Stock Prices. *Journal of Finance*54, 581 – 622.

[199] Yan, X. Sterling., 2006, The Determinants and Implications of Mutual Fund Cash Holdings: Theory and Evidence, *Financial Management*35, 67 – 91.

[200] Yuxing Yan., and Shaojun Zhang. 2006. An Improved Estimation Method and Empirical Properties of the. Probability of Informed Trading. *SSRN Working Paper*, No. 890486.

[201] Zhang, M Y., Russell, J., Tsay, R. S., 2001, A nonlinear autoregressive conditional duration model with applications to financial transaction data, *Journal of Econometrics* 104, 179 – 207.

[202] Zhang Zongxin, Zhang Xiao, Trading duration, mutual funds behavior and stock market shock: Based on ACD model to mine mutual funds investment behavior, *China Finance Review International*, Vol. 1 (3), pp. 220 – 240.

[203] Zweig, Martin E., 1973, An investor expectations stock price predictive model using closed – end fund premiums, *Journal of Finance* 28, 67 – 78.